An Inquisitive Approach to Discovering Britain

周康梁　著

英国那一套

带着好奇心探寻大不列颠

南方日报出版社
NANFANG DAILY PRESS
中国·广州

图书在版编目（CIP）数据

英国那一套 ：带着好奇心探寻大不列颠 / 周康梁著．—广州：南方日报出版社，2018.7
ISBN 978-7-5491-1814-4

Ⅰ. ①英… Ⅱ. ①周… Ⅲ. ①比较文化—中国、英国 Ⅳ. ①G12 ②G156.1

中国版本图书馆 CIP 数据核字（2018）第 078420 号

出 版 人：周洪威
出版统筹：谭庭浩
责任编辑：阮清钰
责任技编：王　兰
责任校对：阮昌汉
封面设计：易　界

YINGGUO NA YI TAO

英国那一套——带着好奇心探寻大不列颠

著　　者：周康梁
出版发行：南方日报出版社
地　　址：广州市广州大道中 289 号
经　　销：全国新华书店
印　　刷：广州市尚铭印刷有限公司
开　　本：889mm×1194mm　1/32
印　　张：9.25
字　　数：270 千字
版　　次：2018 年 7 月第 1 版
印　　次：2018 年 7 月第 1 次印刷
定　　价：58.00 元

投稿热线：（020）87373998-8503　读者热线：（020）87373998-8502
网址：http://www.nanfangdaily.com.cn/press　http://www.southcn.com/ebook
发现印装质量问题，影响阅读，请与承印厂联系调换。（020）36749805

献给我的父亲和母亲

Preface

Congratulations !

In opening this book you are about to step into a special tour of the United Kingdom. From the significance of blue badges to green city living this book gives a fascinating insight into Britain past and present. You can read about the history behind some of the iconic buildings which litter London's skyline, learn about the large scale city renovation plans of Cardiff city and how the humble red telephone box and double decker bus have become famous around the world. Also explained is the social culture of the people from leisure time pursuits to some of the rules and regulations by which the population abide.

Prof. Zhou went to the UK for the first time as a government-sponsored visiting scholar over ten years ago. He has published several books introducing Chinese readers to the UK's history, urban development, culture, celebrities and the practices of UK's broadcasting industry. Welcomed by the Chinese broadcasting industry who took a keen interest in learning from the UK's experience, his books have helped to establish important media and journalism bridges between UK and China. I am delighted to see that he was honoured as the only Chinese scholar introduced by the Reuters Institute for the Study of Journalism (RISJ) in its 30th anniversary album.

As well as the above, Prof Zhou worked with UK government and non-government organisations and participated in various activities and events to promote UK culture in local communities. Sharing his experience and views of the UK media through the eyes of a Chinese RISJ scholar in Oxford has been invaluable to other journalists across SW China, whether as part of a media gathering or in media workshops organised by the British Consulate General. His in-depth presentations on UK culture and education during the GREAT Britain in Kunming Week campaign impressed both audiences and organisers.

With his passion, curiosity and professional skills, Prof Zhou observed, explored and discovered familiar and unfamiliar customs and details within UK cities and its countryside and recorded it all in this delightful book. I hope you enjoy this book and that it inspires you to visit the United Kingdom and experience the wonders first hand.

Cecille El Beleidi

British Consul-General, Chongqing

Feb. 28th 2018

序

祝贺!

翻开这本书你将步入一次大不列颠联合王国的奇妙之旅。从蓝徽的重要性到绿色的城市生态，本书对英国的过去和现在进行了引人入胜的观察。你能透过很多错落构成伦敦天际线的标志性建筑看到背后的历史，从卡迪夫大规模的城市改建计划经验中、从“低调”的红色电话亭和双层巴士为何闻名世界中有所感悟。同时，也解析了从人们日常闲暇时间的追求到大众都遵守的法律法规的社会文化。

周康梁教授十多年前以公派访问学者身份首次赴英国，此后，他出版了多部著作，向中国读者介绍英国历史、城市发展、文化、名人以及公共服务广电体系，受到对英国传媒经验抱有浓厚兴趣的中国广电行业的欢迎，他的书在中英媒体文化交流间构建起了重要的媒介和桥梁。我也很高兴地看到，在牛津大学路透新闻研究所成立30周年纪念册中，他是唯一被专门介绍的中国学者。

同时，周康梁教授与英国官方和民间组织合作，参与到在当地推广英国文化的各种活动中。无论是总领事馆组织的媒体聚会，还是媒体工作坊，作为一名在牛津的中国路透学者，与来自中国西南的媒体人分享他对英国媒体的观察和观点是十分有价值的。在“英国昆明周”期间，他关于英国文化和教育全面深入的两场讲座，给观众和组织者留下深刻印象。

带着热情、好奇心和专业技能，在英国城市和乡村，周康梁教授观察、探索和发现那些既熟悉又陌生的风土人情和细微之处，并将其记录在这本令人欣喜的书中。我希望读者喜欢这本书，它能激起你前往英伦的欲望，去亲身感受与众不同。

艾佩诗

英国驻重庆总领事

2018年2月28日

前言

Foreword

带着好奇心上路

A Curious Approach

2006年10月，应朋友托付，我陪同两位英国摄影师拍摄云南境内的长江上游，他们更习惯于称这条江为“扬子江”，一周的合作经历让我第一次强烈感受到不同文化背景所带来的冲击。

与我们同行的还有一位喜爱摄影的音响器材专家，因为长年游走于这些山水之间，特别邀请他客串司机兼向导，本来这是一次有着共同兴趣点和目的的旅程，但从第一天开始，“碰撞”就没停止过。比如，英国摄影师提出的要求是介绍流域附近最有特点的景观和走访典型的乡村社区，当向导朋友兴奋地载着大家到达他认为值得推荐的地方时，不列颠人有时连眼皮都懒得抬一下，有时则只是以他们特有的客套口头赞美一下，却并没有开工干活的意思。而当驱车匆匆赶路时，他们可能会毫无征兆地要求停车，并对着窗外看似平淡的风景大呼“Beautiful”（漂亮），然后搬下大型摄影器材猛拍一气。如此反复数次后，搞得我们的向导很茫然，不知该如何是好。

另外，一路上在饮食起居、行程安排、对当地风土民情和中国国情的理解等方面一直存在分歧，沟通也时有不畅，为了能顺利完成拍摄计划，双方还如谈判般认真严肃地交流过数次。最终，这趟工作之旅在艰难地相互磨合与妥协中结束，幸好，英国人拍到了他们想要的东西。多年后，随着对英国了解的加深，我发现来自大不列颠的摄影师和画家早在一个半世纪以前就几乎走遍了中国主要城市乡村，更早期时候，受印刷技术限制，他们则用版画形式向本国人直观形象地展现古老中国的风土人情，留下大量宝贵资料，而我们陪同的摄影师采用的拍摄方法和思路与他们的前辈如出一辙。

行摄旅程结束不久，我开始准备自己的第一次英国访学之行，向周围曾经在这个国度有过生活、学习和工作经历的朋友咨询，希望除了书本上的介绍外，能对“传说”中的日不落帝国有更多了解，也试图从只言片语中拼凑出大不列颠的形象。

一位刚留学归来不久的女孩告诉我，在英格兰西南部的生活很惬意，那里的阳光、海岸、草地和城堡给她留下美好回忆，言语间充满了陶醉和幸福，兴奋的面颊好像要开出花儿；而另一位更早些的海归说得更多的是苏格兰北部漫长的冬季和难熬的长夜，“那一年，简直是噩梦！”说话间，额头似乎能拧出水。“人的记忆是有选择的！”这时，一位前辈插话道，这也更激发了我对即将登陆岛国的好奇心。

2007年1月17日下午4点，我第一次踏上大不列颠及北爱尔兰联合王国的土地，走出希斯罗机场，空气中弥漫的是一股淡淡的、甜甜的香草味。数日后一个朝阳晃得人睁不开眼的清晨，第一次离开伦敦去往其他城市，窗外如画般的美景向后飞驰，令人目不暇接。冬日湛蓝的天空，成片青绿的山丘和上面悠闲吃草的牛羊，让我似乎明白了为什么英国同行在中国看到类似场景时的反应。我们有被冠之以“香格里拉”的高原风光，不列颠有名为“高地”的壮美景色，我们总以为自己身处的地方是最美的，而对见多识广、走遍世界的英国摄影师，则可能只是他们见识过的众多风景中的一处，眼界决定了人们看待世界的方式和态度。

其实，再漂亮的英格兰南部也有疾风暴雨，苏格兰漫长的冬夜换来的是夏季晚上10点多还能看到美丽晚霞的夜空，只是每个人由于心境不同，记住了截然相反的部分而已。如果总是想着那些细雨霏霏、雾霭沉沉，英国就是冰冷、阴暗和潮湿，避之不及的“老英格兰”；而眼前浮现房前屋后怒放的花朵和人们脸上的笑容，还有甜得发腻的各色布丁时，大不列颠就是开朗、热情和令人回味的。

这就是我们生活的世界，因为审视角度不同，体验相去甚远。

我想起了行前去与一位同事道别的情景，当他得知我即将赴英访学一段时间后，略带不屑地说：“你去学他们那一套呀！”

他们那一套是哪一套？我们对他们那一套有多少了解？这是一个并不容易回答的问题。很多时候，我们往往太过自信于自己的这一套，而忽略了世界之大，天外还有天。更为遗憾的是，很多人，既没有弄明白自己这一套，更不愿意搞清楚别人那一套。

所以，有色眼镜不总是架在别人的眼睛前。

所以，时至今日，总还有人问我：伦敦还是雾都吗？泰晤士河仍然臭气熏天吗？而恰恰我们自己生活的城市，从北方到南方，正在成为一座座新的“雾都”，一条条清澈的河流变成冒着黑泡的排污道。

所以，不止一位初到伦敦的中国人面对市中心黄金地段的大片公共绿地略带惋惜地感叹：这能盖多少高档楼盘啊？ 他们已经习惯了满眼热火朝天的工地和置身钢筋水泥森林中，觉得那才是现代化，并且对伦敦“居然”没什么太多摩天高楼表示不解。

一百多年前，米字旗插遍半个地球，统计数据记载，1848年大英帝国的人口总数是两亿两千两百万人，约占当时全球人口的1/5，领土面积达500万平方公里。如丘吉尔所说，一帮豪饮的、打硬仗的、爱游戏的、诗意的、粗犷的岛民最终成为世界四分之一疆土的统治者。伴着坚船利炮，他们输出工业发明、现代体育运动项目和殖民统治，至今还影响着世界，而这一切背后必定有原因。当真正踏上这片土地，生活在不同的文化中时，我发现：他们，确实有一套。

早在85年前，在剑桥的诗人徐志摩就说过：“至少我们得承认英国，就它本身说，是一个站得住的国家，英国人是有出息的民族，它的是有组织的生活，它的是有活气的文化。”美国哲学家爱默生则在更早时夸赞英国人“不是靠机遇，也不是靠人多势众，而是靠他们的品质和个人非凡的能力，引领者当今世界的潮流”，把一个原本寒冷、贫瘠的北极小岛，建设成“整个世界上最盛产、最奢侈、最威风的国度”。

作为一名调查记者，职业的习惯总让我对陌生和未知的事物充满好奇，希望看到现象后面的背景。随后的日子里，我以十足的精力游走了这个岛国的很多地方。虽然废寝忘食，甚至是贪婪地记录、观察和查阅资料，试图距离这个国家和人民更近些，但它悠久的历史、灿烂的文化、纯朴的民风、秀丽的风光、傲视全球的眼光让人眼花缭乱，海量信息更是令人目不暇接，我所能涉足和关注的内容连沧海一粟、冰山一角都算不上。

关于英国的宏观历史介绍和旅游指南、宝典已经有很多，我所关注的一些选题则是大家貌似熟知，但是又没有深入了解的，内容涉及历史沿革、政治体制、城市管理、社区规划、法律法规、社会文化和民风民俗等。于是，采访和挖掘背后的故事，拍摄图片和视频便成为我乐此不疲的事情，每每有所斩获，便恍然大悟、兴奋不已，其中很多故事就连英国人自己都知之不详，由此也让他们对面前这个探寻不列颠历史、文化的中国媒体人另眼相看。

在写作英国电视研究专著的间歇，我开始在报纸和杂志上发表专栏，当时的想法是利用专栏定期刊发的压力作为动力，让自己在本来已经很繁忙的工作间隙不懈怠，把散乱和零碎的内容整理出来，积少成多，最终集结成册。此后，在专栏基础上，陆续对篇幅和内容进行了大幅扩充、修订和完善，并且增加原创拍摄的图片，为让读者对涉及的历史部分有更形象理解，还从相关机构搜集了一些资料图片。

散点是系列专栏的特征之一，主题涉及英国社会方方面面，内容都是一个中国人在异国他乡，基于自己以前生活、工作经历的所思所感，看起来记述的是英国的人、物、事，落脚点却无一不在万里之外的祖国。如果按照英国电视制作的路数，这本书有可能会是一部同名纪录片配套发行的读物，英国人对历史、文化的介绍不止停留在书本上，很多电视节目也不是一次性消费的“易耗品”，纪录片是传播某个领域知识的很好载体，对此我的不列颠同行们花样翻新，新意倍出。不得不说，无论作为学者、媒体人、摄影师，还是专栏作者，我的创作思路受到他们很大启发。

现在有越来越多的中国人来到英国学习、生活、工作和旅游，但由于受到生活环境、个人能力、工作性质、人生阅历等限制，如前面的例子一样，每个人看到、理解和经历的英国大相径庭。作为读者，我曾经阅读过不少前人写下的他们眼中的英国，时光荏苒，当年的文字变成了我们比照历史和当下的范本。我希望，今天您手里的这本书在未来也能成为人们了解21世纪初的中国人是如何看待英国的一个标本。

用于本书封面设计的原始图片拍摄于伦敦塔，那是一个风云变换的下午，太阳被翻滚的乌云遮蔽，但不时透过云层把阳光投向泰晤士河边的昔日皇家城堡，这一场景很符合我心目中的英国形象和元素，日不落帝国虽然已经风光不再，但还极力保持昔日的威严。下面呈剪影状的塔楼用一位艺术家朋友的话说就是：“太英国了。”四辑首页的风景选自两个春夏秋冬在同一地点拍摄的众多图片，我想用这种形式区别于普通旅游指南，只有经历足够时间的观察和思考，对一座城市、一个国家和一个民族的了解才有尽量接近其本来面目的可能。总之，本书希望从外到内，从图片到文字传达浓浓的英伦风味。

带着好奇心、发现的目光、勤快的双腿和思考的头脑上路，这不仅成为我的标签与符号，也在影响着我身边的人和学生。行走英伦的日日夜夜，一直在尝试解读不同文化，探寻“他们那一套”。

于是，有了本书的书名。

周康梁

目 录

Contents

第二辑

第三辑

第四辑

An
Inquisitive Approach
to
Discovering Britain

第一辑

中国作家老舍在伦敦的故居

让建筑诉说历史传奇

Living in the Past

这个项目把建筑用一种特殊而触手可及的方式展现给公众，把过去融入现在，在历史和历史的氛围中教育大众，让这里乃至整个国家都感到无尚光荣。

伦敦西北部有片叫做“诺丁山”的地区，因为美国女影星朱莉亚·罗伯茨和英国影星休·格兰特主演的同名电影《诺丁山》而被中国观众乃至全世界影迷所熟知。诺丁山以维多利亚时代风格的建筑居多，同时也因为伦敦一年一度最重要的文化活动之一——嘉年华狂欢节在此举办而洋溢着异国情调。周六开市的波特贝罗路古董跳蚤市场是很多人到伦敦的必访之地。诺丁山又被称为“伦敦富人区”，是不少显赫人物的私宅所在地。

诺丁山有一块公共绿地名叫圣詹姆斯花园，周围环绕外形一致的四层白色台阶排式建筑，浅色外立面和铁艺栏杆装饰整洁典雅。花园北侧的一排房子中间，也就是31号，曾经是中国作家老舍（1899—1966）的住所，他1925—1928年间客居英国时在此居住。

标示这段历史的线索是悬挂在圣詹姆斯花园31号建筑外墙上的一面蓝色圆牌，高度与行人的视线平齐，十分引人注目。为了纪念这位曾经在英国工作、学习的中国著名作家，2003年11月22日，英国遗产协会为这处老舍故居举行“蓝徽”揭幕仪式，老舍的儿子舒乙也参加了活动，并在伦敦大学亚非学院开设讲座，主题是“科林·C·舒在中国现代文学中的地位和作用”。

1918年，一个名叫舒庆春的年轻人从北京师范学校毕业。此后，他利用业余时间去英文夜校学习，在那里结识伦敦大学神学院毕业生宝乐山，继而

（左）圣詹姆斯花园旁的老舍故居　（右）科林·C·舒在伦敦诺丁山圣詹姆斯花园31号

通过宝牧师的引荐认识了英国教授艾温士。1923年，舒庆春在燕京大学跟随艾温士教授补习英文，当伦敦大学东方学院委托这位在中国的教授推荐一名教官话的中国教师时，艾温士第一个想到的便是他。

第二年夏天，经过40多天的航行，25岁的舒庆春来到伦敦，在伦敦大学东方学院担任汉语讲师，他给自己起了一个英文名字——科林·C·舒，系主任是大名鼎鼎的庄士敦。老舍后来回忆这段生活时，常常提起自己的一篇名为“东方学院”的小品文，这篇发表于1937年的文章以生动有趣的语言描述了他的英国同事们的汉学研究。

“设若英国人愿意，他们很可以用较低的薪水去到德法等国聘请较好的教授。可是他们不肯。他们的教授必须是英国人，不管学问怎样。就我所知道的，这个学院里的中国语文学系的教授，还没有一位真正有点学问的。这在学术上是吃了亏，可是英国人自有英国人的办法，决不会听别人的。”[1]

那时汉语教学远没有现在正规和普及，学生也是五花八门，老舍回忆道：“有的学言语，有的念书，有的要在伦敦大学得学位而来预备论文，有的念元曲，有的念《汉书》，有的是要往中国去，所以先来学几句话，有的是已在中国住过十年八年而想深造……总而言之，他们学的功课不同，程度不同，上课的时间不同，所要的教师也不同。这样，一个人一班，教授

［1］老舍：《东方学院：留英回忆之三》，载1937年3月《西风》第七期，后收入《老舍散文集》。

与两个讲师便一天忙到晚了。”虽然对英国同事们的水准持质疑态度，但科林·C·舒老师总是鼓励学生，对他们研究中国或者和中国有关的课题给予大力支持。在舒老师的“门徒”中，甚至有两位年届耄耋的“老绅士”，一位学写中国字，另一位则学说中国话。

客居英国，五年的时光很惬意。舒老师的课程排得并不紧，周六下午没有课，每周除了休息日以外，学院还额外放他半天假。不过，这位中国年轻人可没闲着，为了提高英文水平，他阅读了大量原文作品，图书馆是他最喜欢去的地方。

在伦敦的异国生活、不同文化和知识的浸染让老舍大开眼界，也激发了他的文学和创作热情。在图书馆和诺丁山圣詹姆斯花园31号的房子里，他完成了第一部长篇小说《老张的哲学》，于1926年在《小说月报》17卷第7号上连载，并从第8号起首次使用笔名“老舍”，这部作品的发表是老舍文学创作道路的开端。随后，老舍又发表了《赵子曰》和《二马》，虽然人在伦敦，但是其作品已经以文笔轻松酣畅，富有北京地方色彩，善于刻画市民生活和心理引起关注，奠定了在中国现代文学史上的地位。

时光荏苒，当时的“东方研究学院”已经扩充为世界知名的“东方和非洲研究学院”[1]，80年的岁月一如白驹过隙，物是人非，留下的是作家不朽的作品和墙上纪念他的一面蓝色徽章。

在英国的大街小巷，行人会经常看到这样的蓝色徽章，它们以醒目的方式提醒你留意这里曾经居住过的名人和发生的历史事件，房子的拥有者也会为此感到自豪和骄傲。

在建筑物上设置纪念性标志牌的设想最初是1863年一位名叫威廉·尤尔特的下议院议员提出的，这个提议得到发明家亨利·科尔[2]的支持，并获得议会通过，1866年正式实施，被认为是世界上最早的历史文化标示体系。最初考虑的授牌人选有：美国物理学家、发明家、政治家和社会活动家本杰明·富兰克林，他是英国移民的后裔。海军上将霍雷肖·纳尔逊，1805年10月

[1] School of Oriental and African Studies，简称SOAS，亚非学院。

[2] 1837—1840年，他作为邮票之父罗兰·希尔的助手，参与了世界上第一枚邮票——黑便士的设计；1843年，又推动了世界上第一张作为商业用途的圣诞贺卡的使用。

21日，他指挥英国舰队与法国、西班牙联合舰队在西班牙的特拉法尔加港海面上激战，中流弹牺牲。现在人们能在伦敦市中心的特拉法嘉广场看到，纳尔逊5.3米的铜像高高矗立在52米的圆柱形纪念碑顶端，俯视着伦敦城。还有一位候选人是英国18世纪的演员、剧作家戴维·加里克。

1867年皇家艺术学会正式颁发了第一面纪念牌，镶嵌在伦敦牛津圆圈区霍利斯街24号的一幢房子上，获得这项殊荣的却不是上面提到的那些名人，而是诗人拜伦，他出生于此，遗憾的是房子已经于1889年被拆毁。

当时很多房子都面临被拆毁的危险，而设立纪念牌的初衷就是为了建立起名人和建筑之间的联系，按照1873年《泰晤士报》记者撰写的报道就是“让我们的房子诉说他们的传奇”，同时也希望通过颁发和悬挂纪念牌的方式鼓励大家更好地保护具有历史意义和价值的建筑，“用永久性方式标示出名人的房子能拯救很多遗迹，使它们免于被粗暴地推倒”。此后英国还先后成立了“古建筑保护学会”和“国家基金会”之类的组织，以唤起人们对伦敦老建筑的保护意识。后来颁发纪念牌的工作于1901年和1965年先后转给了伦敦郡自治委员会和大伦敦议会。

其实，最早的纪念牌并不是蓝色，也不叫“蓝徽”，当时的名称是“伦敦有历史价值的房子的标志”。“蓝徽”是第二次世界大战后才确定的称呼，之所以确定蓝色为永久使用色，主要原因是它在英国传统建筑的红砖墙上看起来比较醒目。除了颜色之外，纪念牌的形状、材质和制作工艺此前也不统一，曾经使用过铜、铅等金属材料和石材，后来使用上釉的陶片手工制作。1938年，一名艺术学校的学生重新设计，删去早期纪念牌中过多的装饰性元素，使得字体更大，逐渐形成现在看到的样式。

历经近140年风雨后，皇家艺术学会最初颁发的35面纪念牌至今还有半数留存。1985年，蓝徽的颁发工作传递到英国遗产协会；1998年，英国遗产协会开始向全国推广这项旨在保护文化历史遗迹的工作。蓝徽体系的倡议者威廉·尤尔特分别因为提出建立公共图书馆的法案和其他改革而拥有由英国遗产协会和伦敦市政府颁发的两块蓝徽。

现在，蓝徽颁发已经形成了严格标准，对候选人的要求主要有这几项：

一、必须去世至少20年，或者到了诞辰百年的纪念日。

二、在自己的领域内必须是公认的杰出人物，而且在英国，特别是伦敦

“蓝徽”标识使用150年

的时间至少五年，并且这段时间对于他们所取得的成就具有重要意义。

三、为人类的福祉做出过杰出贡献。

四、在全国享有很高声誉，让见多识广的行人马上就能识别出来。

五、如果是外国候选人，他们需要具备国际声誉，或者在本国享有很高地位。

六、在英国范围内，一位名人拥有的蓝徽不能超过两块，伦敦地区只能有一块。

对于悬挂蓝徽的建筑也有标准，比如至少有一座与候选人相关的老建筑存在，并且临街，以便让行人很容易地辨识；虽然与名人有关联，但教堂、学校、剧场等公共建筑通常不悬挂蓝徽；一座建筑上只能有一面蓝徽标识等。

无论是候选人，还是相关建筑的选择，都充分考虑了资源的合理分配、对名人历史功过的充分认定、人与建筑之间的关联程度等。独立评审会由13位以历史学家和资深媒体人为主的专家学者组成，通常在一年中的2月、6月和10月召开三次会议，对众多申请进行筛选，为英国遗产协会最终决策提供建议。评审的议程是公开的，有兴趣者可以向协会秘书部门索取。

除了英国遗产协会颁发的蓝徽以外，英国各地的不同机构也会设置属于他们自己的纪念牌，以缅怀那些虽然达不到国家级蓝徽标准，但是对于当地人很有纪念意义和价值的人物，在设计上，他们也都选择了“蓝徽模式”。

英国各地不同形式的“蓝徽”

2011年5月19日，伦敦哈利街146号，由威斯敏斯特议会颁发的一面“绿牌”在此揭幕，牌子上标着“莱昂内尔·洛格，乔治六世的言语矫治师，1926—1952年在此执业”。这里发生的故事后来被莱昂内尔的孙子马克写成书，并拍成电影《国王的演讲》[1]。参与揭牌的议员说：“我们很高兴授予莱昂内尔·洛格这项荣誉，他恪尽职守，不在乎社会地位和背景，为各行各业的人们提供服务，希望这面在首都核心区的徽记是对他工作的最好褒奖。”

“蓝徽”标识体系使用150年后，仅伦敦就有900余块蓝徽。2016年，英国遗产协会开发了手机应用，使用者可以像搜索附近餐馆、商场一样，发现附近的蓝徽，并通过导航找到遍布城市各处的名人故居。手机屏幕上密密麻麻的蓝徽标识是一个个曾经鲜活的生命留下的印记，直观地展示出城市丰厚的人文积淀，令人叹为观止，点击蓝点，仿佛能触摸到他们的脉搏。现代科技的进步，使这些名人的印记不仅悬挂在建筑外立面上，还握在我们的手中。

在这个重视历史文化保护的国度，人们会不经意间在街头巷尾发现各种蓝徽，它们就像散落在不列颠岛上的“蓝色珍珠”一样，散发着璀璨的光芒，折射出大不列颠丰厚的人文和历史积淀，引领着如我一样的路人透过老建筑去探寻背后的传奇，潜移默化地实现文化传承和公众教育的目的。

蓝徽上的外国名人们则给这些“珍珠”增添了异国情趣，正如那个伦敦冬日的上午，我怎么也不会想到能在异国他乡和一位中国作家以这种方式“不期而遇”，是满眼英文中的两个汉字——“老舍”吸引了我的视线，我凝望着墙上的蓝徽，身处伦敦，耳边响起的却是浓重的京腔京韵和《茶馆》开场那一幕市井喧嚣的场景。

“这是任何一个人都想拥有的荣誉，而最有意思的是，这些名人无法知道他们拥有蓝徽。”一位英国作家曾经在一次蓝徽揭幕仪式上说，“该项目将建筑用一种特殊而触手可及的方式展现给公众，把过去融入现在，在历史和历史的氛围中教育大众，让此地乃至整个国家都感到无上光荣。”

---

[1] 2011年第83届奥斯卡提名名单上，《国王的演讲》获得12项提名，并最终拿到最佳影片、最佳导演、最佳男主角、最佳原创剧本四项大奖。

Oxfordshire Jubilee Wildlife
Space
CPRE OXFORD GREEN BELT WAY
PUBLIC FOOTPATH
Thames Path National Trail
Public Footpath

泰晤士河步道的指示牌

深入不列颠的步道

New String，Old Pearls

通过徒步发现的方式探寻英国历史文化时，明显感受到历史人物和事件不是教科书上空洞的描述，他们就在身边，在脚下，这源于人们很好地保护历史遗迹，老房子、老街道就像DNA一样传承着远古的信息，让人不经意间就置身其中，感受跨越时空的气息。

如果说蓝徽是英国历史和文化散落在都市、乡村中的“蓝色珍珠”，那么“步道”则是串起这些珍珠的项链，它是深入了解英国最好的途径之一。按照一条规划好的路线和主题走街串巷，既能在最短时间里领略精华，又可以避免走冤枉路。

比如由伦敦博物馆设计的“行走伦敦城墙”步道，沿着罗马时期遗留的城墙遗址步行，从途中含有“Gate（门）”的地名可知，当时的伦敦城也像中国古城一样有很多城门，这属于“伦敦老城”主题步道。而英国遗产组织规划的“行走遗产”步道，把伦敦重要的历史文化遗迹串起来，提供了一次让游人走马观花的机会。1977年6月9日，为纪念女王伊丽莎白二世登基25周年设立的“伦敦银朱比利步道”，全程13.2英里（约21.24公里），由女王亲自揭幕，则把伦敦市中心泰晤士河两岸的主要景点“一网打尽”。此外还有如1996年开通的“泰晤士步道”这样的长距离步道，沿英格兰最长的河流——泰晤士河行走，全程296公里，可以饱览沿途的城市和乡村美景。

除官方步道外，徒步爱好者或民间组织也会设计一些特色步道，比如以餐饮、演艺、酒吧等为线索展开不同寻常的旅行，还有人以文学为主线，寻找那些留下宝贵文化遗产的作家、剧作家和诗人们的生活轨迹，顺便讲述他

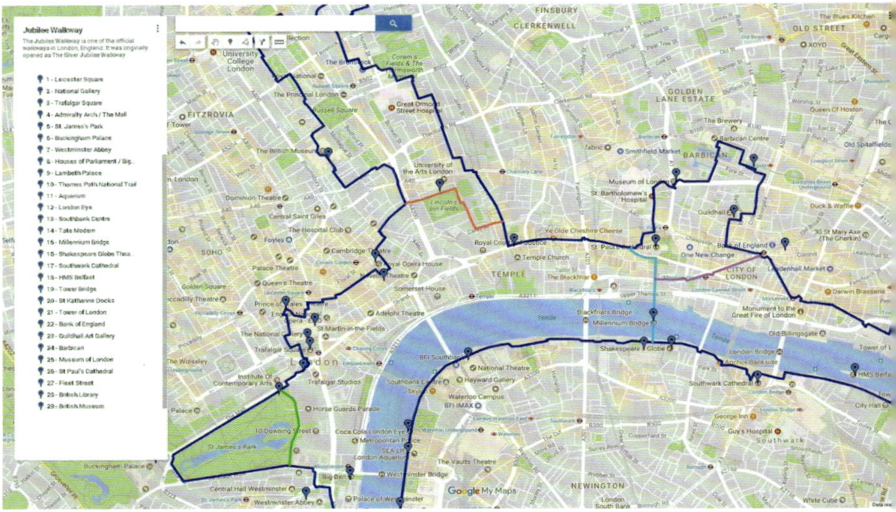

“银朱比利步道”线路图，串起了伦敦市中心的主要景点

们的八卦故事。

在伦敦按图索骥的行走，因为有了地铁变得很方便，路线设计者把起点和终点都放在地铁站，在两点之间清晰准确地告诉你能看到什么景致和相关故事背景。每条步道的长度从三四公里到十公里不等，可以根据个人喜好和行走能力决定，只要不是对方向和地图完全没有感觉的人，一般都能完成线路。我对伦敦和不少英国城市的深入探访，就连当地朋友也感到惊讶，因为一些地方本地人也未必涉足过，比如我曾经踏上的一条不断收获惊喜的“发现之旅”。

行走的起点选择在巴比肯地铁站，附近有欧洲著名的演艺场所——巴比肯中心。这座1982年开放的建筑是伦敦交响乐团和英国广播公司交响乐团的常驻演出地，主会堂能容纳1949人，剧场有1166个座位，如果需要还可以增加200个席位。中心设三座电影院，可分别供288人、255人和155人观影；还有画廊、三个餐厅、七间会议室和两个商务大厅。按照指南，距离巴比肯中心不远就是伦敦博物馆，这里没有大英博物馆的游人如织，安静的环境更容易让参观者静下心来体会伦敦的古老历史。

走进一条小巷，一座规模不大的教堂掩映在树丛中，别看它其貌不扬，这可是伦敦第一座教堂——圣巴塞罗缪教堂。正当我站在路边低头查阅手册时，一位路过的男士停下脚步向我讲解它的历史：“教堂建于1123年，是英国国教会的教堂，你找对地方了！”看得出他惊讶于有人专程寻访此地，也为居住在附近感到自豪，类似的热心人在英国各地随处可遇。

教堂一侧镶嵌彩色玻璃的长廊吸引了我的视线，阳光透过玻璃在地面上投射出斑斓的色彩。正举起相机拍摄，旁边的神职人员告诉我要关门了，同时还不忘提醒：“这里可是很多著名电影中婚礼场景的外景地哦！”原来，《四个婚礼和一个葬礼》《侠盗王子罗宾汉》《莎翁情史》《爱到尽头》《奇异的恩典》《伊丽莎白：黄金年代》和《美人心机》以及英国广播公司2009年出品的《大侦探福尔摩斯》都有场景在此拍摄，看来还真是导演们格外青睐的宝地。厚重的木门随着我的离开而关上，我心中暗自庆幸赶上了今天教堂开放的最后时刻。

距离教堂不到100米就是英格兰最早的医院——圣巴塞罗缪医院，它同样建于1123年，入口处为一座古老建筑，上面竖立的是1546年重建医院的英国国王亨利八世（1491—1547）的塑像，这也是他在伦敦的唯一一座雕像。在位38年，他最重要的功绩是发动了16世纪的宗教改革，与罗马教廷决裂，使英国成为完全的民族国家。圣巴塞罗缪医院拥有388个床位，从设立至今，在原址存在了900多年，幸运地躲过了1666年的伦敦大火和1940—1941年间纳粹德国发动的闪电战攻击，仍然作为公共设施为伦敦市民服务。

刚过一条街，面前就是一排恢弘的维多利亚风格建筑。说它“恢弘”是因为体量大，钢架结构配以华丽的装饰和色彩，地图上标明的是“肉类批发市场”，但从外观看怎么都不像，直到透过已经关了门的栅栏，看见里面悬挂的一只只火腿，我才相信这里确实是肉类批发市场。市场营业时间是凌晨4点到中午12点，我经过时早已经打烊了。史密斯菲尔德市场修建于19世纪中叶，建筑师霍勒斯·琼斯是著名的“伦敦塔桥”的设计者之一。在冰箱出现以前，这种钢架结构建筑的顶部开有天窗，既能增加自然采光，又通风透气，市场内的温度甚至比阴影处还低，对肉制品保鲜大有益处。

市场的历史可以追溯到中世纪，当时它是伦敦城墙外的一块空地，用于骑士的长矛比武、马术比赛，集市和集会，也是刑场。历史上在此处被处决

（左上）圣巴塞罗缪教堂的走廊，到电影中去找找看有没有熟悉的场景
（左下）威廉·华莱士的画像
（右）伦敦第一座教堂——圣巴塞罗缪教堂

的最有名的人物是威廉·华莱士，他的故事曾经被搬上荧幕，就是那部荣获第68届奥斯卡奖“最佳摄影”和“最佳导演”的电影——《勇敢的心》。

威廉·华莱士是苏格兰独立战争的民族英雄，他1305年8月5日被俘，然后迅速解送伦敦。8月23日，赤身裸体的华莱士被拴在马后游街示众，到达史密斯菲尔德，凌迟处死。电影的结尾处，梅尔·吉布森扮演的威廉·华莱士声嘶力竭地喊出“Freedom（自由）”，不知让多少观众感动落泪。700年后的2005年，人们在附近的圣巴塞罗缪教堂为他举行了纪念仪式，这是他死后的第一个正式葬礼。

1945年二战期间，史密斯菲尔德市场在德国发起的闪电战中遭到轰炸，造成160人死亡，其中，鱼市和蔬菜水果市场被摧毁。后来它又遭遇火灾破坏，但都没能阻挡顽强的经营者们一次次重建。2005年，市场也曾经面临拆迁的危险，房地产开发商想建一座七层的写字楼。此计划一出便遭到“英国遗产”和“拯救不列颠遗产”等组织的反对，通过宣传，公众知道了这座维多利亚时代建筑的重要性。

最终，在社会和媒体的强烈抗议，以及政府组织的听证下，市场得以保全，纳入一项新的城市发展计划，成为该区域的历史标志之一。现在史密斯菲尔德市场是伦敦的中心市场，也是英国最大的肉类批发市场，经营的肉类来自新西兰、澳大利亚、非洲和南美，规模在欧洲也能排得上号。

已经打烊的市场，主通道两边用黄色展览板展示着饱经风霜老建筑的历史，其中那些当年的小贩们看似平常的留影很是感人，他们身穿白大褂，头戴白帽子，一个个干净整洁，凝望镜头的眼神祥和平静。在最后一块展板上，一群年轻经营者的笑脸下面印有三行字：

昨天，我们在这里；
今天，我们在这里；
明天，我们还将在这里。

那天是周日，一路走街串巷，沿着并不热闹的城市道路，穿行于历史建筑和普通居住社区间，虽是夏季，因为有间或出现的绿地和林荫道，加上对路线上一个个“景点”的期待，行走起来并不觉得疲惫。

在本次徒步终点安杰尔地铁站附近，一座红砖和玻璃墙面构成的建筑物——萨德勒斯·韦尔斯剧院映入眼帘，别看它外观中规中矩，与市中心那些古典风格的公共建筑比起来“低调”很多，但也是大有来头。剧院名称意译是“萨德勒斯的井”，据历史记载这里以前真有一眼泉水，萨德勒斯家声称井里的“矿泉水”能治疗水肿、黄疸、坏血病、贫血等疑难杂症。剧院就建于那一时期的1683年，是伦敦城历史上的第二座公共演出场所，现在的建筑建盖于1998年，已经是同一地点翻建的第六座了。三层看台的剧场拥有1560个座位，是世界著名的舞蹈演出场所。

在剧场的广告栏里我意外地看到青春版《牡丹亭》和少林武僧的演出预告，为了吸引英国观众，《牡丹亭》的招贴画用上了中国戏曲刀马旦的扮

史密斯菲尔德市场各个时期的影像

相，这与我们印象中传统昆曲粉黛佳人的形象大相径庭，以至于一开始并没认出是昆曲名剧。巧合的是，几天后，伦敦大学亚非学院的礼堂里，该剧导演白先勇先生开设英文讲座，配合精美的剧照，对中国昆曲进行了深入浅出的介绍，让我深受启发，对此后研究和传播京剧艺术的实践大有帮助。

作为参观者，我不得不为在这么小的范围内有如此密集的古迹和由此引出的深邃历史感到惊讶，如果不是置身活生生的实物和遗迹旁，仅凭抽象的地名和街边竖立的简介，是很难引起人们追寻历史的兴趣的。英国人为拥有一座历史悠久的建筑而感到自豪，以能够展示人文和自然相结合的美丽风景倍感骄傲。有了步道地图和沿途标志物的引领，无论在城市，还是乡村，徒步变得如探险般刺激，像游戏般有趣，在行走中收获知识、快乐、健康和感悟。

以上见闻只是全程3.2公里步道中的一部分，有历史遗迹，有在原址上重建、未改变使用功能的新建筑，无论哪种，它们无一例外地在醒目位置标明自己的年代和历史介绍。这次徒步行走经历提醒我千万不要忽略伦敦街边的一座普通建筑，即便是一座农贸市场，背后也许都隐藏着悠久的历史、沧桑的故事和城市发展的理念。

透过建筑看到的是一个个历史片段，它们都和当下有着千丝万缕的联系，并没有因为年代久远而干瘪枯萎。历史人物和事件不是教科书上空洞的描述，他们就在身边、在脚下。老房子、老街道就像DNA一样传承着远古的信息，让人不经意间就置身其中，感受跨越时空的气息。

现在有越来越多的中国城市在旅游景点或者自然风景区为游客和健身者们修建步道，而如英国人那样在城市中心区规划步道的则很少，除了文化和习惯不同之外，一个重要原因是现在大多数中国城市在经过30多年日新月异的改造后，老房子、旧街道、窄胡同、古码头淹没或消失在商业开发、旧城改造和所谓的“城市化进程”中，原有的老城区能串起来让游人边走边看的非旅游景点的遗迹已经很少。

那些若干年前评为“历史文化名城”的地方，如今多半面孔雷同、千篇一律，被高架桥、下穿隧道如蜘蛛网上上下下地缠绕于钢筋水泥森林般的摩天大楼间。历史如果能存在于一条车水马龙、灯红酒绿的街道名称中，那已经算是很幸运了。

伦敦史密斯菲尔德肉类批发市场里保留的K2和K6

来自墓地的灵感

Inspiration from a Churchyard

那时的伦敦还是世界著名的"雾都"，邮电部门觉得使用红色更好，这样能把这个立式的盒子与周围环境区别开来，特别是在紧急情况下，红色因为鲜艳更容易识别。

2008年北京奥运会开幕前，英国代表团专门从本土空运了一只红色电话亭放置在奥运村里，此前四届奥运会也都是这样做的，为的是给英国选手们营造一种"家"的感觉，因为看见它就会让人联想到大不列颠。如果要找一个既能代表英国特色，又运送方便、安装容易的物件，那么恐怕非红色电话亭莫属了。

不知英国运动员们在北京奥运会上奖牌排名第四的成绩与这只"盒子"有没有直接联系，但是提供电话亭的公司说："有不少胜利的好消息是通过它传递回家的。2012年伦敦奥运会的比赛地点也将会放置这种电话亭，届时中国运动员可以在里面给家人拨打一个报喜电话。"在红色电话亭里打电话被赋予了行为艺术般的意义。

其实，英国最早的电话亭既不是红色，也不是现在的模样，它经历了很多版本的演变。

英国公用电话的历史可以追溯到19世纪80年代，第一个电话亭则是1920年才出现在伦敦街头，编号为K1，意思是Kiosk No.1[1]。这种"亭子"当时的造价为35英镑一个，一共生产了50个，材料用的是预制板，主要特征是配

[1] Kiosk在英语里的意思是"亭子"。

有装饰性的金字塔形尖顶，上面写着“TELEPHONE（电话）”，门和窗为红色。看起来总觉得如果加两根杠子，立马就能变成中国传统的大花轿。K1有三款改进型，分别是Mk234、Mk235 和Mk236，此后不同版本的电话亭都以K字母起头命名，俨然成了一款工业设计系列产品。

那时，通信技术还不发达，长途电话的信号损失很严重，常常需要大声吼叫，对方才能听见，这在讲究礼仪的英国人看来很粗鲁，也不利于“保密”。于是，不少人都乐意到户外的“盒子”里去“喊话”，这样就不会影响家人和邻居。

1924年，英国邮政部门举办了一次全国设计竞赛，征集新电话亭的样式，最终，建筑师加尔斯·吉尔伯特·斯科特（1880—1960）的方案胜出，这就是著名的K2。

斯科特出生于建筑师世家，祖父乔治·吉尔伯特·斯科特的代表作是伦敦海德公园旁金碧辉煌的阿尔伯特纪念碑和现在作为欧洲之星英国起点的圣潘克勒斯国际车站，后者为一座维多利亚风格的红色建筑，旁边坐落的就是著名的英国国家图书馆。他的父亲则在伦敦和约克郡设计了不少风格各异的教堂。斯科特的叔叔、兄弟和儿子等也是业界人士，在英国各地甚至国外都能看到斯科特家族的作品。

早在1902年，斯科特还是个22岁毫无经验的年轻人时，就已经在一次设计竞赛中崭露头角。当时，英国主要港口城市利物浦决定在圣詹姆斯山上修建一座基督教大教堂，于是举办“为了20世纪大教堂而设计”的比赛，吸引了100多名参赛者，其中不乏知名设计师。

家住伦敦南区巴特西的斯科特利用业余时间画出了一幅以双塔造型为特征的设计图，出人意料的是，方案居然在几轮评选后胜出！不过因为受到一战和二战以及其他因素的影响，大教堂的建设进度缓慢，直到斯科特去世也没能竣工。

作为建筑师，斯科特当然不只设计了这一座建筑，在利物浦的一举成名，为他赢得更多施展身手的机会。各地的一些宗教建筑、剑桥大学图书馆、泰晤士河边的巴特西热电厂和岸边热电厂都是他的杰作，岸边热电厂现在已经改为世界知名的泰特现代艺术馆，洋溢着艺术与时尚的气息。

和这些体量巨大的建筑相比，小小电话亭似乎“微不足道”，但是它的

斯科特建筑设计作品，高高的塔楼是标志性特征
（上左）圣詹姆斯山上的利物浦大教堂
（上右）泰特现代艺术馆
（中左）剑桥大学图书馆
（中右）巴特西热电厂

（下右）建筑师加尔斯·吉尔伯特·斯科特

影响力和知名度却远远超过其他作品，成为英国的象征之一，又被称为“街头艺术品”。作为一名设计师，斯科特给英国留下了这么多大大小小的“财富”，充分体现了自身的价值。

斯科特的众多作品几乎都有一个共同特征，那就是高高耸立的塔楼，这其中蕴含着他的设计思想。1933年，他就任英国皇家建筑师学会主席时发表就职演说，主张在设计中用一根“中心线”兼顾技术进步和人居质量的提高。我们从斯科特留下的代表作品中能清晰地看到这种理念的痕迹，比如两座规模宏大、相距不远的热电厂和剑桥大学图书馆，他用哥特式的外观隐藏了建筑背后的工业和其他用途，这似乎很符合英国设计的主流。

我们可以把伫立在英国大街小巷的电话亭看成是“中心线”的单独运用，这可是加尔斯的强项，他在电话亭造型上做的最大改变就是把K1原来的尖顶换成了圆顶，看起来很饱满，而这一设计的灵感居然来自一座坟墓。

墓地主人叫约翰·索恩（1753—1837），是英国新古典主义建筑代表人物，作品以清晰的线条、简单造型的叠加、明快的细节和细腻的均衡见长。英格兰银行是他的代表作，这座建筑对后来的商业建筑产生过广泛影响。

1815年，索恩为妻子在伦敦市中心、欧洲之星起点站附近的圣潘克勒斯教堂墓地设计好了坟墓，后来作为家族墓地，索恩和儿子也葬于此，这块修建于1816年的墓地至今还完整地矗立在一片树林中，供人们瞻仰。据说这是伦敦两座被列入一级名录的墓地之一，另外一座的主人是卡尔·马克思。现在，教堂用铁栅栏圈起一个直径约40米的圆，位于中间的T字形墓地显得格外醒目和孤寂，墓碑被雕刻的石栏杆包围，上面则叠加了两层大小不等的碑亭，最外面的便是电话亭的原型。

圣潘克勒斯教堂的约翰·索恩家族墓地

斯科特出生于1880年，当时索恩已经去世43年。年轻的设计师就是从前辈给自己和家人设计的最后一座“建筑”里汲取营养，把坟墓的主题造型移植到电话亭的设计中，以此表达敬意。

电话亭造型借鉴经典，当然也融入了其他元素，斯科特巧妙地利用镂空的皇冠徽记解决了狭窄空间的通风问题，门窗上的小格子设计考虑的是如果玻璃有磨损，容易更换。材质方面，他原打算采用轻型钢结构，但是邮政部门可能从稳定性和牢固性角度考虑，坚持更换为铸铁。

在斯科特的最初设计中，K2并不是红色，也许是受到墓地肃穆气氛的影响，外部刷银色，内部喷灰绿色。只是那时的伦敦还是世界著名的“雾都”，邮政部门觉得使用红色更好，这样能把立式盒子与周围环境区别开来，特别是在紧急情况下，红色因为鲜艳更容易识别。就这样，一个来自墓地的造型，加上喜庆的红色和各种小细节最终成就了伦敦标志性的电话亭。

1926年，K2出现在伦敦街头，它有2.82米高，1.07米宽，每个制造成本为50英镑，较K1高，首批生产1500个。它被称作“杰作、经典的设计和一个建筑学的胜利，甚至影响了街头其他设施的设计”。然而，因为成本和尺寸的问题，K2很难“走出”都市，服务于乡村地区。于是，按照特定需求，加尔斯又设计了简化版的K3以降低造价。随后的6年里，12,000个K3遍布英国乡村，方便了人们的通信联系，但因为材料为易碎的预制板，现在留存已经很少了。

1920—1968年，前后有八个版本的电话亭在英国大街小巷“亮相”。最失败的是1927年推出的K4，它整合了两台售邮票机、一个邮筒和电话功能，体积是K2的两倍，显得有些臃肿，也很占地方，被戏称为“红色巨无霸”。“亭子”的长边写着“邮政”，短边标着“邮票”，门的上面则是“电话”。售邮票机噪声很大，会影响打电话时的通话效果。另外，因为没有防风雨功能，常常发生故障，最终K4只生产了50个。值得一提的是，这个款式是按照斯科特的K2改造的，但斯科特并未参与，从中也可以看出他的创意从功能到审美的独一无二。

K5则是为了在展览会、交易会等场所临时提供服务设计的，基本沿用之前的外形，为便于运输和组装，主体材料没有使用铸铁和预制板，而是多层胶合板，并替换窗口和门上的玻璃。

（上）K6的生产和吊装
（下）K2和K6顶部造型的细节比较

1935年，为了庆祝英王乔治五世登基25周年，英国邮政部门希望推出一款“纪念版电话亭”，鉴于之前成功和失败的经验，经过反复考虑，他们请回原设计者加尔斯·吉尔伯特·斯科特，而此时已经是著名设计师的斯科特没有让大家失望。他在K2的基础上做了优化，比如，把K2顶部皇冠造型中为了通风透气而镂空的洞改为K6“TELEPHONE”字样下面的一条缝隙；四面玻璃框条也由原来的平均划分变成中间宽，旁边窄，打破中规中矩的格局，也增加通透性；还有就是简化亭子顶部的造型，缩小体积，目的当然都是为了降低造价。

K6于1936年大量出现在伦敦街头，因为造型简洁、成本合理、占地不大、运输安装简便等特点受到好评，一共生产了六万多个，成为史上最成功的电话亭版本，此后在英国广泛使用，农村地区的K6也允许刷绿色、黄色、白色和灰色。

加尔斯·吉尔伯特·斯科特去世的前一年，也就是1959年，邮政部门希望有新造型的电话亭问世，他们从三位设计者的方案中选择了英国战后以现代设计著称的建筑师内维尔·康德的方案，既然是“现代设计”，材料就得体现出时代特点，几个方案采用的都是铝合金和玻璃，它们所代表的“现代感”确实让人眼前一亮。

1962年，K7投入使用，出人意料的是，不列颠岛潮湿、多雨的天气让它很快就“黯然失色”，并且锈迹斑斑。英国邮政部门并没有放弃用新设计替代K6的想法，1968年又推出了由布鲁斯·马丁设计的K8，这一次布鲁斯沿用了K6的一些元素，采用整块玻璃的设计增加通透性，不给想在亭子里“干坏事”的人以可乘之机，经典的红色也予以保留。事实证明这种在传统基础上的改进比之前K7的“另起炉灶”更容易被人接受。

至此，K8成了英国邮政部门组织下设计的最后一款电话亭，历经90年的发展、变迁，最终只有K2和K6得到公众最广泛的认可，并一直沿用至今。

据一个“电话亭”网站统计，目前存留下来的K1有5个，K2有205个，K3有3个，K4有5个，K5和K7已经找不到 ，K6有1850个，K8有12个。无论它们各自在历史上发挥过多大作用，最成功的一款留存数量也不到2000个，足以让珍爱历史的英国人看重，并好好保护起来，红色电话亭甚至成了备受青睐的收藏品种。现在，人们除了在街头能看到一些基本没有实用功能的红色电话亭外，如果还有兴趣进一步了解它的历史，可以到专门收藏和陈列老古董的露天博物馆去见证电话亭从K1到K8的变化。

20世纪60年代后，英国还出现了KX100、KX200、KX300、KX410等用金属、玻璃和合成材料制成的新型电话亭，通透明亮，但在文化、艺术价值上再没能超过之前的“红色盒子”。

英国人一直在寻找红色电话亭的最佳外观，内部的功能和设置则变化不大。一般墙上都挂有当地的电话号码，电话机也随着技术发展不断更新。当然在闹市区的电话亭里也会粘贴着花花绿绿的“有色”服务小广告，为有特殊需求的人提供一个说秘密的地方，这也展示了花花世界的另一面。

但是，随着新通信技术的普及，公用电话使用率越来越低，人们手中的移动电话成了“红盒子”的最大敌人，英国电信集团公司也决定拆除一部分电话亭。这让许多怀旧的英国人难以接受，不少地方议会说，无论是否拆除公用电话，他们都希望在当地保留红色电话亭。面对这种呼声，英国电信集团公司表示，如果地方政府支付一定费用，允许各地“出于美学或者（继

电话亭从K1到K8的剪影图

承）传统等原因”保留电话亭。若选择拆除电话而保留电话亭，地方政府须向公司支付250英镑；若选择连亭带电话一起保留，地方政府须支付500英镑。也有一些机构会收藏几款“原装”老电话亭放在庭院里作为装饰。

《消失的伦敦》是英国广播公司的一档电视节目，曾经做过一次街头采访，受访者无一例外地说喜欢红色电话亭，希望保留它。2006年3月，英国设计博物馆和英国广播公司组织的一个“英国自1900年以来最受欢迎的标志”活动中，这个红色盒子被选为十佳之一。2006年11月，英国公布的一项互联网调查结果显示，伦敦地铁地图、红色电话亭和英国特有的天气等被网民列入英格兰主要文化标志名单，并被视为英国文化遗产的一部分。

一位英国电视主持人到中国拍摄专题片，特地采访了一家房地产公司的“英伦风尚”高档楼盘，虽然里面的别墅并不是纯正的不列颠风格，但英国人发现了沿小区街道摆放的红色电话亭，他打开一瞧，里面啥也没有，这哥们摆了个姿势开玩笑地说：“也许我可以站在里面打移动电话。”开发商当然明白，房子是什么风尚并不十分重要，放个红色电话亭立马有了英国味，房价自然也就上去了，由此可看出小小电话亭的巨大符号效应产生的经济价值。

作为英国的标志之一，红色电话亭也经常出现在影视作品里。比如位于苏格兰班夫郡彭南镇的电话亭就因为作为电影《本地英雄》中的道具而出名。班夫郡沿海旅游合作组织的负责人表示，这个享有盛誉的红色电话亭，不仅是世界上最出名的电话亭，也是彭南镇的标志。

他们长期组织一项名为“电话亭装人”的世界纪录挑战，现在的最好成绩是一个电话亭容纳14人。如果你也有兴趣参加这项破世界纪录的活动，不妨与班夫郡沿海旅游合作组织联系，到素有“英国最佳影片拍摄地”之称的地方和红色电话亭亲密接触。萨摩赛特郡则把购买来的旧K6电话亭改造成微型图书馆，存放150本书和DVD光碟供社区居民取用。红色电话亭已经不仅仅是通讯工具，从它身上能读出城市变迁、历史沿革、技术发展、审美情趣、传播趣事以及市民素质等等丰富的信息。

中国各地的城市街头也曾经出现过各式各样的电话亭，当年这些本来给人们提供方便的电信设施常常被推倒在地、玻璃被砸碎、里里外外贴满小广告，甚至散发着尿腥味、电话线被割断、有机玻璃的保护罩被盗走、电话磁卡口被用各种东西堵塞等等。而随着移动通信的发展和普及，既没有设计特色，又失去实用价值，这些电话亭的命运就可想而知了。

世界各地的电话亭有无数造型，但是没有一款像伦敦红色电话亭那样可以成为一个国家的标识。从它90多年的发展演变历程中可以看出，英国人根据自己的实际情况，一直在实用性、美观和传统间寻找最佳的结合点，尊重使用者的选择，并没有一味地追求变化和时髦，所以才有了历经风雨而终成经典的红色K2和K6。

15路巴士行驶在伦敦圣保罗大教堂前

巴士“路王”

Icon in Motion

伦敦巴士的演变就是一部汽车技术发展史，一部不断服务大众、以人为本的历史，安全、舒适、便捷的公共交通工具既方便了市民，也缓解交通压力和减少机动车尾气污染，让车里车外的人都拥有一个良好的环境。

2010年5月17日，一辆伦敦人似曾相识，但是又从未见过的红色巴士停靠在著名的圣保罗大教堂前，时任伦敦市长的鲍瑞斯·约翰逊向媒体宣布，此前推出的“伦敦新巴士”设计竞赛结果正式揭晓，大家看到的就是新一代伦敦巴士的样车，它在2012年伦敦奥运会前正式投入使用。

新巴士使用混合动力，比老式公车提高15%的燃油效率，同时，增加40%载客量，而且行驶更加安静。车身前方后圆，两条交错的大车窗贯穿前后，打破巨大车体的笨重感，不对称设计显得很时尚。整体采用大面积玻璃和轻型材质，为乘客营造了一个通透舒适的空间。

鲍瑞斯说：“这个我们公交运营系统中的新成员不仅漂亮，而且在富于动感的外观下还有一颗‘绿色心脏’，尾气排放更少。伦敦人会为这样一辆拥有先锋设计和因为开放空间带来自由感的巴士而感到自豪。”伦敦双层公车经历过很多次改头换面，每一次变化都带给这座城市的人们更多新奇和便捷。

据考证，最早的双层巴士1662年3月诞生于法国，在很多人眼里，当时的法兰西是一个总能冒出新东西的地方。这种八个座位的车辆只运送贵族和有钱人，但是有钱人越来越多，想尝鲜者也不在少数，法国人没有借机扩大生意，反而终止了这项运营业务。创意沉睡150多年，直到1826年前后才又被一名法国退役军官斯坦尼古拉斯·鲍得里重新想起。

尼古拉斯在法国西部的南特城郊经营着一家蒸汽浴室，为了招揽生意，他用马车接送想去洗澡，但是又住得远的客人。这个项目很快也吸引了那些不想去洗澡的人们，因为大家发现，穿城而过的车子方便而且快捷。尼古拉斯歪打正着地找到了一条新的生财之道，于是他放弃浴室生意，开始运营两辆16座马车，这就是最早的公共交通。

马车服务的一个终点站靠近一家拉丁语名为“Omnes Omnibus”的女士帽子店，Omnes是老板奥姆尼斯先生的姓，意思是“所有的”，Omnibus则是拉丁语“为了大众”的意思，组合起来是双关语，中文可以套用成“为人民服务”。现在已经没法考证当时尼古拉斯是借用这个名称作为自己新企业的宣传语，还是为了简化，只说后面一个单词，总之南特当地人开始把这种公共交通工具称为Omnibus，这也就是我们熟知的“巴士（Bus）”的来源。

两年的时间，尼古拉斯把业务拓展到红酒之乡波尔多和法国首都巴黎，建立起多条运营线路。但是他的成功引来了众多效仿者和竞争者，没多久尼古拉斯的企业就濒临破产，1830年，这位公共交通的创始人跳入了塞纳河。

马车巴士何时出现在伦敦大街上，有很多不同说法和版本，现在已经很难准确考证了，但是人们相对比较认可的是作为商业用途的双层巴士可以追溯到1829年前后。工业化带来繁荣，也改变了传统的生活和工作方式，人们不再只局限于家门口的作坊，而是要到比较远的地方去上班。贵族和有钱人因为可以骑马或者坐自家的马车，所以即便是住在郊区，也没什么问题，但普通人要往返于城市里的工厂和郊区的家就很麻烦，廉价公共交通刚好迎合了他们的需求。

乔治·希尔比尔是最早把法国公车概念带过英吉利海峡的人，他曾在皇家海军服役，然后去伦敦学习制作马车。1825年，28岁的手艺人乔治到巴黎创业，他的企业专门为法国北部一家马车公司生产车辆。没多久，巴黎“为人民服务”的“马巴士”便进入激烈竞争的时期，他也接到了生产加长车厢的订单。路上熙熙攘攘的马车激发了乔治的灵感，“为什么不在伦敦开展这项业务？”

于是，他卖掉车厢生产企业，回到英国，与约翰·卡维尔合伙在伦敦附近的布鲁姆斯伯里办了家公司，最早在伦敦西部的帕丁顿和市中心之间做起他的“马巴士”生意。三匹马是巴士的动力，能拉18名乘客，外观比传统马车花哨，内部也宽敞，最主要的是车体上有个敞开的平台，门和楼梯都在后部。1829年7月4日，“马巴士”正式上路运营，配备穿制服的驾车人和售票员各一名，他们都是乔治以前海军战友的儿子。当时，全程票价车厢里面是1先令6便士，车顶则去掉了零头。不难看出，从一开始，它就具备伦敦公车的主要特征，到1831年时已经有53辆投入运营。

其后一些游乐场也争相仿造这种上层敞开的车子，设置座位，像当年法国人尼古拉斯一样招揽生意。为鼓励大家乘坐，上面的票价只是下层车厢里的一半，然而，因为马拉的车子毕竟不够大，没形成什么气候。一直到1852年这种局面才有所改变，约翰·格林伍德造了一种更大的车辆，能载42名乘客，马匹也相应增加，上第二层则借助一把梯子，像中国过去长途班车的顶上货架一样，从后面爬上去，需要乘客身手敏捷。

双层巴士真正成为城市主要交通工具是因为在车体上增加了一个楼梯间，使上下方便，而不用去爬陡峭的梯子，这个改进对双层巴士的推广至关重要。同时，二层一排排“花园椅”代替长条板凳也让乘车多了些情趣。

这种设计特别吸引了不少时尚女性的青睐，风和日丽的夏季，身着漂亮裙子，头戴蕾丝帽，打着小阳伞，坐在双层马车上招摇过市很吸引眼球，成为当时的一种时尚。今天，敞篷巴士还在伦敦和很多英国城市的大街上发挥

（左）早期马拉的双层巴士 （右）敞篷的双层巴士（图片来源：伦敦交通博物馆）

着其他用途，给旅游者们提供一个流动的观景平台，只不过上面的乘客从想吸引路人的眼球，变成了观赏车外的人和风景。

1855年，伦敦通用公共马车公司成立，至19世纪末期，已经形成有规模的载客运营，此后马车动力的双层车因为票价便宜，加入了有轨电车和火车的激烈竞争；1862年使用发动机的双层巴士车出现；1909年，一个叫托马斯·克拉克逊的人成立国家蒸汽汽车公司，蒸汽动力巴士上路。所以在一段时间里，伦敦街头可以同时看到马拉的、发动机的、电的和蒸汽的不同动力交通工具以及多家公司竞争的场面，但最终畜力在新技术面前逐渐衰败。1911年10月25日[1]，最后的“马巴士”在城市里消失。

此后的车子第二层也有了车厢，可以遮风挡雨，座位变得更加舒适，一些车型后面圆弧形的楼梯很有特点。巴士公司不断开辟新线路，比走固定轨道的电车机动灵活很多，除了历史照片以外，那一时期的绘画中也逐渐出现了这些车子的身影。

巴士车型在使用中不断地优化和更新，历史上曾经有过B型、K型、S型、NS型、STL型等不同造型，直到一种名为“Routemaster”的双层车出现。在伦敦双层巴士历史上，最著名的、使用时间最长的就要算这款车型了，英国人把这款服务大众的公交车命名为“路王”。

当年，对伦敦交通体系建设产生重要影响的“伦敦旅客交通董事会”副主席、首席执行官弗兰克·皮克对新车型的设想是：具有好看的外表，是一件“街道上的家具”，必须像警察的头盔或者红色电话亭一样，能抓住人们的眼球。“路王”的研发、计划和设计从1947年开始，经历十年，有人开玩笑说俄国人将卫星发射到太空也没花这么长时间。

相较之前的公车，新车型有很多革命性的设计，比如使用轻型铝材和第二次世界大战中发展出来的制造哈利法克斯轰炸机的铆接技术。“路王”随后取代了无轨电车[2]成为伦敦街头真正的“路王”。1954—1968年，奇西克生产线一共制造2876辆，现在保存下来的还有1000辆左右。

第一辆“路王”巴士1954年9月在联合设备公司下线，1956年2月8日正

[1] 还有一种说法是1914年8月4日。马车公共交通服务在英国乡村一直持续到1932年。

[2] 无轨电车此前取代了有轨电车。

（上）B型双层巴士
（左二、三）K型双层巴士
（右二、三）NS型双层巴士
（下）规模化双层巴士运营

艺术家笔下马车和敞篷双层巴士共存的场面

式开始为伦敦市民提供服务。它有一套供暖系统，这在当时是很超前的设计，对于伦敦湿冷的天气挺实用；车轮各自有独立悬挂；全自动变速箱让车辆行驶起来更加平稳。与内在机械结构相比，由工业设计师道格拉斯·斯科特设计的弧形车顶、车厢内部细节等更加广为人知。因为引擎前置，所以“路王”的前脸一半是卡车模样，另一半则与车头平齐。一眼看去，就像是车头被抠去一块，少了半边脸颊，而另一边的驾驶室里端坐的是司机，很有卡通的喜剧效果，充满灵性，有变化的设计让其外形生动了起来，这也许正是“路王”讨人喜欢的主要原因。

车尾左侧开放，售票员有个站立的小隔间，这样不会阻碍乘客上下车，英国老电影里常常能看到男主角扒在车后的栏杆上，随时跳上跳下，看起来很潇洒，实际体验一下，确实很方便。为了拍摄车厢内部的图片，我曾经数次搭乘“路王”，随意上下的感觉比坐在车里更有意思。

新式公车的投入需要大量驾驶员，汽车公司到巴巴多斯岛、牙买加和特立尼达岛等地招募驾驶员和售票员，“路王”在替代无轨电车，改变伦敦人出行方式的同时，也改变了很多加勒比地区人民的命运，公交也由此成为移民们的“传统”行业。

除了数量最多的8.4米RM标准型，针对不同用途，“路王”还有一些变型，比如9.12米的长款RML型；内部乘坐更舒适，自动门替代开放平台，涂刷成绿色，用于乡村通勤的RMC和RCL型；前门上车，供航空公司运送旅客使用的RMF和RMA型等。

“路王”一跑就是50年，并成为伦敦流动的红色标志驶出了不列颠岛，到过很多地方。北京奥运会和残奥会闭幕式上，英国人在两个八分钟的表演中都采用了同一件道具——伦敦的红色双层巴士，看见这辆充当表演舞台和背景的交通工具就像看见了伦敦，选择它代表2012年奥运会主办城市在全世界面前亮相是再合适不过的了。经过改装的敞篷双层巴士也一直是英国人民游行狂欢时不可或缺的道具，英国的职业足球俱乐部赢了重大比赛，游泳运动员奥运夺金凯旋等，都要乘着红色巴士上街欢庆的。

现在，双层巴士车穿行在世界各地很多地方，人们从中或多或少都能看到“路王”的影子。伦敦巴士经过一个半世纪的发展演变已经广为人知，最多时每天有超过6800辆公车穿梭在700多条不同线路上为伦敦市民服务。不少到英国观光的游客也都会选择一辆小车模作为自己伦敦之行的纪念。难怪曾经有人开玩笑，如果没有红色巴士和电话亭，没有拿着长把伞的绅士，他会怀疑是不是搭错了航班，降落在其他城市。伦敦前市长肯·利文斯通也说过：只有失去人性的傻瓜才会取消“路王”。

“路王”的前后和内部

然而，随着时代的发展，这个城市道路上的“霸主”开始有点力不从心了。由于服务时间长，维修费用不断上升，司机和售票员两名工作人员使得人力成本不低，开放式的后门设计和楼上楼下人员的流动给售票增加了难度，让一些人逃票有可乘之机；更为重要的是，这种车的底盘距离地面较高，老人、孩子和残疾人上下不方便，车内也没有足够的空间停放轮椅和小推车。

2004年，围绕取消还是保留“路王”的问题，经过支持者和反对者多次争论，在利文斯通的第二个任期内，他宣布，为了维护残疾人权益，让使用轮椅的乘客能够更好地享受公共交通服务，从2005年12月9日起正式停运“路王”，他也成了自己口中“失去人性的傻瓜”。

正式停运那天是周五，一早伦敦起了雾，很多市民专程上街去乘坐有着50年历史的交通工具，在他们眼里，“路王”已经成为生活的一部分。最后一趟常规行驶的是159路编号为RM2217的巴士，司机温斯顿·布利斯科是1962年移民来的牙买加人，开了36年巴士，售票员劳埃德·利科瑞施则来自另外一个拉丁美洲国家巴巴多斯，他比司机晚到英国三年，英国人很详细地记录下了这一历史时刻的诸多细节。告别的日子总是有点悲壮，这些即将退役公车的前后指示牌上写着“The end（结束）”和“Farewell（永别）”字样缓缓行驶在伦敦街头，消失在人们的视线里。

作为“补偿”，政府保留两条穿行于伦敦市核心区域的短途“路王”线路，它们分别是9路和15路，起点都在市中心的特拉法加广场，全程各是5公里，由不同的公司运营，站牌上用红字特别标注线路属于文化遗产，每天运行，间隔时间为15分钟，鉴于车厢构造的原因，不能搭载轮椅。

15路公车线路最早运行是在1908年11月，距今已经有110多年历史。目前保留下来的“路王”只在中间的三分之一路段载客，经过的地方都是伦敦老城区最具代表性的景点，沿途可以看到伦敦塔、塔山纪念碑、圣保罗大教堂、伦敦证券交易所、特拉法加广场等，更像是一趟自助观光专车。因为沿途建筑多年没有大变化，每次乘坐在同样历史悠久的车厢里凝望窗外，总有一种时光倒流的感觉。而对于路上的行人，这辆“老爷车”也是一道流动的景观，岁月似乎在它这里凝固。

现在在伦敦大街小巷穿梭的还有一种低底盘巴士，采用后置引擎，降低

（上）15路车站牌说明　（下）低底盘巴士载客量大，运行平稳

重心，增加乘坐的平稳性和舒适性；作为改变的最重要部分，车身设置前门和双扇对开的中门，车体到站后会自动向站台倾斜，方便乘客，特别是残疾人无障碍通过；车厢中部留有宽敞空间，供残疾人轮椅和婴幼儿推车停放，车头附近设有放置行李、包裹的台子。

独立分隔的驾驶座，虽然影响一层乘客视线，但可以有效保护驾驶员的安全；乘坐巴士鼓励刷卡消费，这样比用现金便宜，还可以提高运营效率；车厢内设置有屏幕，但是滚动播放的是全车四五个不同位置的监视器画面，无论你在车上什么部位，都能被拍到，而且还可看见车前方和后方的图像，时刻提醒乘客注意自己的举止。发生在伦敦的多起刑事犯罪暴力事件和恐怖袭击都是借助巴士录下来的画面侦破的。公车到站前，乘客可以按分布在不同位置的红色提示钮，司机就知道有人要下车，如果没人提示，车就一直开下去，提高运行的效率。

过去，伦敦巴士最大的缺点就是不报站，这让初来乍到的人很不方便，总是处于紧张状态，生怕下错了站。不过如果嘴勤快点，问问周围的乘客，或者干脆请司机到站提示一下也不会错过目的地。现在有了改进，车上安装电子屏幕，配合语音报站，及时提醒终点站方向和下一站的站名。日常生活中，英国人与时俱进的步伐并没有我们想象的那么快。

总体而言，乘车时，大家还是会互相礼让，有个先来后到，但是伦敦现在已经很少看见站台上整齐排队的场景了。这也是一些英国人不喜欢伦敦之处，国际化大都市的人们来自五湖四海，难免冲淡了原有的好传统，不像牛津、剑桥等地，市民仍然自觉挨个排队乘车。我甚至在伦敦住地附近的公车站见过一群印巴少年和当地的白人女青年为了挤上巴士发生口角，最后大打出手，一旁的英国老太太气得边摇头边说：“这还是伦敦吗？”

虽然新巴士比“路王”先进不少，但伦敦人还是一直牵挂着那个老古董，毕竟它在这座城市的大街小巷晃悠了半个多世纪。2008年8月，当时新上任的伦敦市长鲍瑞斯·约翰逊推出一项名为“伦敦新巴士”的设计竞赛，鼓励市民为伦敦的新交通工具出谋划策，一等奖奖金是25,000英镑。组织方提出新车设计要满足伦敦公共交通需求，具有亲和力，安全，减少排放，经久耐用，燃油效率更高，车厢中通风透气更好，乘客上下车容易等特点。

此招标方案一出，有支持的，但也有因为研发费用可能高达1000万英镑而引来的批评，有人就质疑这是一次新市长的“面子工程”。不过鲍瑞斯坚持认为新车的设计是一次创新，能为城市公车设定新标准，甚至对世界各地的巴士都会产生积极影响。

伦敦巴士的演变就是一部汽车技术发展史，一部不断服务大众、以人为本的历史，安全、舒适、便捷的公共交通工具既方便了市民，又缓解交通压力和减少机动车尾气污染，让车里车外的人都拥有良好环境。对于很注重传统和历史的英国人来说，新版本“路王”将是一辆什么样的车？它会带给人

参加设计竞赛的方案，大家都尽量保留传统特征

停靠在伦敦圣保罗大教堂前的样车

们什么样的惊喜?

有一点是肯定的，它一定还是红色。

2008年伦敦运输部门公开征集新巴士设计方案，吸引了众多设计师的目光，组织者收到700余份达到参赛要求的材料，其中不乏世界知名设计公司，他们把这些方案分为“设计”和“概念”两类。有意思的是无论哪一类，绝大多数设计都采用红色为基调，保留“前脸”一侧凹进去和车尾开放式的特点，看来这三个要素似乎成为伦敦巴士不可或缺的部分。最终的获胜方案也体现了这些标志性特点，前部用大面积玻璃“暗示”那块凹陷，后面则恢复了50年经典“路王”的设计理念，让乘客可以“跳上跳下”，三个门和两部楼梯也增加了上下车的速度和流畅性。

因为保留了开放式车尾设计，巴士在运行中可能需要增加人手，比如为了安全，协助人们“跳上跳下”，同时监督乘客刷卡。也就是说除了司机，还会有一个类似以前售票员的人员出现在车上。当然如果只有驾驶员一个人，那后门在行驶中是关上的，到站通过驾驶台自动控制开合。

“我期待着几百辆漂亮的新车驶上伦敦大街小巷，以此吸引世界各座城市羡慕的目光，成为伦敦21世纪新标志之一。”伦敦运输部门负责人彼得·亨迪在样车亮相仪式上说，“为伦敦设计和生产新巴士是一个令人兴奋的项目，能参与其中，我们深感荣幸。”汽车制造商马克·诺德也给予了很高评价：“该项目不是改进，而是革命，新设计是一次很彻底的突破，会给行走在伦敦的路人眼前一亮之感。”

2010年11月11日，新“路王”样车再次在伦敦交通博物馆展出，鲍瑞斯在车的各个部位摆姿势，很开心地让记者们拍照。虽然新车最终叫什么还没有确定，但市长似乎很看好它的前景，并通过这样的方式告诉大家，伦敦人将要乘上新巴士了。

如果没有在英国或者伦敦生活经验的中国读者对新红色巴士车的来龙去脉略感陌生的话，那么有一样东西大家会比较熟悉，那就是2010年上海世博会里的英国馆“蒲公英”，这个以种子为理念设计的“大绒球”是世博园里人气最旺的场馆之一，传递着人与自然和谐相处的美好愿望，它的设计者就是“新路王”方案竞赛的获胜者之一托马斯·希瑟瑞克。

每年11月前后，英国随处可见的红色罂粟花

温情罂粟花

Red Poppy

如果你们背弃我们牺牲生命所追求的信念
纵然罂粟花盛开
我们也不会安息在这
弗兰德斯的战场上

——约翰·麦克雷

伦敦塔毗邻泰晤士河，是伦敦市区著名的旅游景点，每天人来人往，熙熙攘攘。从2014年7月14日起，平时长满青草的护城河道里有一群人开始在宽阔平整的河床上“种植”红色“罂粟花”，而且规模越来越大，到8月5日，从城堡窗口“倾泻”而出的大片鲜红“罂粟花”似乎已经把伦敦塔周围的护城河道淹没覆盖，场面震撼，颇为壮观，引来众多参观者。

这是由陶瓷艺术家保罗·康明斯和舞台设计师汤姆·派珀共同完成的大型艺术装置展览，展览的场地——伦敦塔壕沟在一战时是用于新兵训练的操场，现场布置的所有“罂粟花”则是在德比郡一家陶瓷工厂手工制作的，17,500名志愿者插下的888,246朵“罂粟花”代表着在一战中阵亡的888,246名英国和殖民地军人。9月1日—11月10日间的每天傍晚，现场都会有人高声诵读阵亡将士的名录，场面庄重感人。

展览的名称叫“血染的土地和红色的海”，取自一首诗的第一句——Blood Swept Lands and Seas of Red，作者是一战时在比利时弗兰德斯服役的一位不知名的阵亡士兵，康明斯在老档案里发现了这首没有签名的诗。

展览期间，参观人数超过500万人次，英国女王和亲王在内的皇室主要

（上）铺满伦敦塔护城河床的陶瓷罂粟花
（下）艺术家笔下的弗兰德斯罂粟花

成员、时任英国首相的戴维·卡梅伦及其妻子等也都曾下到壕沟的“花海”中去祭奠，他们胸前佩戴着一朵红色罂粟花，小花由两片花瓣和一片绿叶构成，中间的黑色花蕊上写着“POPPY APPEAL”字样。

提起罂粟，可能很多人脑海中立刻浮现的是白粉、海洛因、金三角、艾滋病和吸毒者的形象，但英国用于纪念阵亡将士的象征物——罂粟花与此无关。准确地说，它是罂粟科下的一种叫做“虞美人”的草本植物，拉丁语学名为“Papaver rhoeas”，“Papaver”即罂粟，“rhoeas”为希腊语原植物名，意为“红色”。成片开放时，漫山遍野，颇为壮观，被誉为世界上“最美丽的花”之一。而用于提取鸦片的罂粟学名是“Papaver somniferum”，“somniferum”为“催眠”之意。两种同科植物主要区别是虞美人花果小，果实略似橄榄，而鸦片罂粟的蒴果与鸡蛋形状相似，花朵大而妖艳。

英国人之所以用这种罂粟花作为对卫国牺牲士兵的纪念，还要从第一次世界大战说起。1914—1918年的一战期间，英军与德军曾在比利时伊普尔的田野中展开过一场激烈战斗，很多士兵倒在火红的罂粟花丛中，战士的鲜血和红色的花从交融在一起，甚为悲壮。

还有一种说法是发生在“血染的土地和红色的海”的写作地——弗兰德斯，这是法国北部和比利时西南部的一个重要军事地区，防线沿英吉利海峡一带，一直抵达瑞士边境，十分关键。为了抵抗德军，弗兰德斯曾经发生过数次大规模、惨烈的战斗，对当地造成巨大破坏。地表的建筑物、道路、树木和植被都消失了，昔日家园和农场变成一片沼泽和泥潭，同时也埋葬着那些在这片土地上曾经鲜活的生命，但有一种植物却幸存下来，它就是罂粟花。

这种植物有个特点，就是对生长环境不挑剔，不需要施肥、浇灌和管理，它的根在土上，种子可以在地面“躺”很多年不发芽，一旦地表遭到破坏和翻动，反而能够茁壮成长，弗兰德斯战时的残酷环境就这样成为罂粟花理想的生长之地。

1915年，加拿大医生约翰·麦克雷随部队来到弗兰德斯，他目睹自己的朋友、22岁的亚力克西斯·赫尔默中尉在战斗中牺牲。埋葬战友后，受条件限制，他们只能用木棍捆成一个个十字架插在墓地上以示纪念。而此时，墓地周围已经开满了野生的罂粟花，红艳艳的一大片。约翰·麦克雷为自己无法帮助朋友和那些倒下的战士而感到无奈和内疚，望着成片罂粟花，第二天，他从笔记本中撕下一张纸，用法国十五行体诗歌的句式写下了“在弗兰德斯战场上”。

在弗兰德斯战场上，罂粟花随风摇荡

一行行十字架间，它昭示这里是我们安息的地方

百灵鸟在空中勇敢地歌唱和翱翔
下面却听不见枪声作响

不久前，我们战死沙场
我们曾经活着，感受过日出的灿烂和夕阳的霞光
我们曾经爱过和被爱，现在我们长眠在弗兰德斯的战场上

我们要继续与敌人作战
你从我们垂下的手中接过火炬
并把它高高举起
如果你们背弃我们牺牲生命所追求的信念
纵然罂粟花盛开
我们也不会安息在这
弗兰德斯的战场上

1915年12月8日，伦敦的流行周刊《笨拙》刊登了这篇《在弗兰德斯战场上》，美国教授、人道主义者莫娜·迈克尔受到启发，以“我们忠于信念”为题应和了约翰·麦克雷的诗歌，她写道：“现在，火炬和罂粟花都红了，我们会佩戴它，以表达崇敬之情。”这句诗成为英美等国采用佩戴罂粟花方式纪念战争死难者的开端，而红红的罂粟花让人联想起战士的鲜血，也成为在战斗中献出生命的人们的象征。

1918年11月11日德国投降，第一次世界大战以协约国胜利告终。这场历时四年多的战争，波及全世界，7000多万人走上战场，1000万战士丧生，英国损失惨重，并自此逐渐失去世界经济霸主地位。1919年11月7日，英王乔治五世提议纪念在战争中牺牲的士兵，1921年11月11日，英国举行了首个“纪念日”活动。

这天，红色罂粟花作为纪念物首次出现，当时街头售价每枝3便士[1]，生意出人意料的火爆，900万枝供不应求，就连白金汉宫的一位皇室成员也

[1] 英国旧时的3便士银币。

只买到两支，据说克里斯蒂拍卖行一篮子罂粟花拍出了500英镑的高价。这些来自法国的新鲜罂粟花共卖了10.6万英镑，相当于现在的3000万英镑。

同年，一个旨在为一战退伍军人，特别是伤残军人和他们家庭提供帮助和关照的慈善机构——“英国退伍军人协会”[1]成立。1922年，年轻军官乔治·豪森建议在伦敦西郊里士满军队康复营地附近建立一座工厂，既为一战伤残的退伍军人提供工作机会，也为1922年的战争纪念日制作罂粟花。

因为设计简单，容易操作，成本不高，人工罂粟花比鲜花便宜很多，订货量增加了三倍，1922年销售罂粟花的收入是20.4万英镑。此后按照《慈善法》规定，罂粟花不能用于销售牟利，而是作为慈善机构募捐的载体，从此，纪念日期间佩戴罂粟花逐渐成为传统延续下来。现在，位于里士满地区的福利企业“罂粟花工厂”70%的工人都身带残疾，或者是慢性病患者，每

（左）1920年代英国街头用罂粟花募捐的人们
（右上）约翰·麦克雷
（右下）莫娜·迈克尔

[1] 1971 年 5 月 29 日，该组织成立 50 周年纪念时，获得特许，名称改为“皇家英国退伍军人协会”。

年生产3000万个用于佩戴的罂粟花、50万个其他类型的罂粟花纪念品、500万片花瓣、10万只花环、75万个小十字架。

为了方便全国性纪念，英国后来规定在每年11月的第二个周日上午11点举行纪念活动，将这一天称作“纪念星期日”。在伦敦市中心连接大本钟和特拉法加广场的一条名为“白厅”的主干道上，路的中段有两座纪念碑。届时，皇家成员、政府官员、军官、英联邦国家的使节和老兵齐聚于此，依次向纪念碑敬献用红色罂粟花扎制的花环，并默哀两分钟。自1946年起，英国广播公司每年都要对纪念仪式进行现场直播，这也是世界电视历史上连续直播之最。

最近几年，除了官方庄严肃穆的仪式以外，纪念日已经成为英国全民参与的活动，公众用不同方式表达对为国家做出贡献，甚至牺牲生命的人们的敬意。社会名流走上街头，利用自己的知名度为慈善事业募捐，电视台主持人们佩戴红花出镜，英国首相也会参加一些主题时尚活动和派对，以吸引年轻人的参与，让这一传统延续和传承下去。

皇家英国退伍军人协会等慈善组织的公益活动，则从一开始概念化、口号式的单一宣传，逐渐转变为人性化、具象化的推广，他们还设计了一个卡通“罂粟人”，作为流动标识出现在大街小巷，让更多人了解活动意义。其中一组“罂粟人”的海报创意独特，通过一个用罂粟花扎制的虚拟人物，请公众记住有90万退伍军人身带残疾，4万个家庭需要帮助，100多万老兵面临贫困威胁，其中18万无人关照，用数字和形象画面传递关爱老兵的主题任重道远。

皇家英国退伍军人协会现有35万会员，30万志愿者，2010年获得资金1.15亿英镑，其中3500万由募捐得来，其余则通过遗赠、资助、赞助和活动筹集。慈善活动收到900多万个求助电话，对50万经济困难、健康状况欠佳或者长期受到疾病困扰、缺乏照顾的老兵进行资助，2010年这项工作支出1.14亿英镑。

2011年是皇家英国退伍军人协会成立90周年，主题“肩并肩”呼吁公众“为了他们，请佩戴罂粟花”，也就是为老兵募捐。慈善机构还邀请来自英国不同地区的明星“量身定制”公益海报，英格兰著名女演员海伦·米伦的口号为“我们的军队是真正的明星”，苏格兰网球选手安迪·穆雷说的是“请记

英国不同时期形式多样的纪念日活动

REMEMBER OVER ONE MILLION OLDER VETERANS LIVING IN POVERTY.
REMEMBER 900,000 EX-SERVICE PEOPLE WITH A DISABILITY.
REMEMBER 40,000 FAMILIES WHO NEED OUR SUPPORT.
REMEMBER 180,000 EX-SERVICE PEOPLE WITHOUT VISITORS.
POPPY SUPPORT
DON'T FORGET YOUR POPPY
www.poppy.org.uk

“罂粟人”系列海报

住那些没能归来的人们”，威尔士女歌唱家凯瑟琳·詹金斯表示“默默无闻的英雄们理应得到喝彩”，苏格兰电视主持人罗琳·凯莉认为“我们应该谈谈军队的勇气和无畏”。

6月10—12日，皇家英国退伍军人协会发起全国性“罂粟花派对周末”活动，通过公众在社区自发组织烧烤、卡拉OK演唱会、化妆舞会、乡村舞会、游戏之夜等各种形式的活动募集资金，招贴海报上是一名红衣女孩凌空跃起，青春洋溢。对战争和逝者的纪念，对老兵的关照演变成节日，特别是孩子们在参与公益活动中潜移默化地了解历史，谁能说这些温馨的公益宣传和快乐派对不是很好的爱国主义教育呢？而当一项慈善活动连续不断地开展了90年，它本身也已经有资格被载入史册。

初到伦敦时，在距离公寓不远处看见一块镌刻着“我们会记住他们”字样的石碑，前面放着花环，地上密密麻麻插满用小木片做的十字架和塑料罂粟花，夕阳下的场景给我留下很深的印象。曾经去英格兰东部一座很普通的小镇做客，主人家门前的候车亭吸引了我的视线，里面刻有铭文的铜牌已经锈迹斑斑，茅草顶因为风吹日晒也变了颜色。当地人说这是为纪念1939—1945年在二战中失去生命的乡亲们修建的，既是纪念性建筑，又为候车乘客遮风挡雨。我先后工作和学习过的几所大学里都能见到显眼处的大理石墙壁上镌刻着为国家献出生命的校友名单。

在英国的各座城市行走，路边、教堂绿地、街心花园和公园等公共场所，此类纪念战争牺牲者的建筑比比皆是，从大型雕塑到街边花坛里的一块小石碑前，不时能看到用罂粟花编制的红色花环，时刻提醒着人们战争带来的创伤，历史并不因为时间流逝而被淡忘。英国人的历史情结不仅表现在对日不落帝国昔日辉煌的沉浸，对承载历史老建筑的呵护，对一段传奇的津津乐道，也体现在对为国家做出贡献人们的纪念和尊重上。

2014年11月11日是一战停战100周年纪念，此后，布置在伦敦塔的陶瓷罂粟花在8000名志愿者的帮助下，逐渐拆除。其中大部分邮寄给已经提前支付了25英镑和邮费预定购买的人，收入所得的一部分分别捐赠给英国皇家退伍军人协会、回家、救助英雄等六家军事慈善机构，用于为老兵服务。剩下的罂粟花继续赴各地巡展至2018年，最终放置在伦敦和曼彻斯特的帝国战争博物馆永久展示。时任英国首相卡梅伦表示，这一展览“在非常短的时间内

皇家英国退伍军人协会的公益海报

成为颇受尊重和热爱的纪念碑”，英国人的创新精神再一次得以体现，既起到轰动效应，又募集善款，一举两得。

每次驻足观看那些和我毫无关系的战争牺牲者纪念标识时，总会想起儿时学校组织郊游和小朋友们玩捉迷藏，撞见荒草丛中的“南洋机工抗战纪念碑”时的茫然和不解；去西南联大旧址寻找位于偏僻角落的“抗战以来从军学生题名碑”时所费的周折；更不用提近年才逐渐走出历史阴影的“国殇墓园”、中国远征军和70多年前发生的正面战场惨烈战争：这些本应赢得敬意、获得掌声的先辈，那段虽然悲壮但足以激励后代不屈不挠的真实历史却不可思议地长期置于人们的视野之外。

2009年，我带领纪录片摄制组与平面媒体同行一起赴缅甸访问遗存的中国远征军老兵，协助他们寻找失散多年的亲人，并克服重重困难组织他们回乡省亲。当时除了以团队名义带去的问候和民间募集的有限资金，能做的很少，这似乎是公益慈善机构面对的共同问题。相比英国，我们也有各种各样的纪念日、活动和假期，各地纪念建筑也不少，但却缺乏一种具有包容性、开放性的形式让公众自发地缅怀所有为国牺牲的先烈，并对老兵进行有效救助。其实这背后一定程度反映出一个民族对待历史的态度，也许英国慈善机构的做法能给艰难探索中的中国志愿者们一些启发。

每当我想起那些缺少关照和过问，在异域和被遗忘的角落里风烛残年，如荒山上的树叶一样悄无声息地自生自灭的老兵，脑海里总会浮现远在欧洲，弗兰德斯那漫山遍野的罂粟花，心中默念加拿大医生约翰·麦克雷的诗句：

如果你们背弃我们牺牲生命所追求的信念
纵然罂粟花盛开
我们也不会安息在这
弗兰德斯的战场上

伦敦肯特路31号，我在伦敦的家

跨进黄色的门

Behind the Yellow Door

远远地，看到夜幕下新家的门和窗户里透出温暖的灯光。推开我的房门，初次去闻到的油漆味已经完全没有了，床上是洁白、干净的被褥，散发着阳光的味道，“回家”的感觉真好。那一晚睡得特别沉，我在英国普通人家的新生活就从这里开始了。

薇妮和吉姆是我的房东，他们的家是我到英国后的第二个住处，也可以说是我在伦敦的“家”。

第一次看房是在7月的一天，当时即将去欧洲自助旅行，想退掉公寓宿舍，寻找新住所，并借此机会了解英国普通人家的日常生活。经朋友介绍，来到这座距离学校步行25分钟、有着黄色大门的房子，房东薇妮太太带我上上下下、里里外外参观了未来的“家”。我的屋子在一楼，有十多平方米，弥漫着新刷油漆的味道，薇妮特别提醒不要碰到柜子和墙面。原来，他们趁着房间的空档，把墙面和家具都粉刷了一遍，希望给新房客提供一个全新舒适的环境。

房间基本生活设施齐全，有冰箱、微波炉、电视、桌子、衣柜，还有一张双人床。屋子有两扇门，一扇朝向房子里面，另一扇双开冲着花园，落地窗宽敞明亮，仅需跨越一步，就能走进花团锦簇的院子。屋子虽说不大，却可随时拥有整座花园，方便使用一层的客厅、餐厅、厨房和电视房。随后，我和薇妮在院里的木桌旁落座，她开门见山地说明租金及注意事项，其中最重要的一条就是不能带朋友回来，理由很充分，“虽然是你的朋友，但对家里的其他成员则是陌生人，会给别人造成不安全感，所以大家都要遵守

（上）房东薇妮和吉姆　（下）隔壁邻居家的猫也喜欢跑过来玩耍

规定。”

喜欢房东的直率，租金也比较公道，于是我欣然订下房间，然后向她提出能不能把行李提前存放过来，薇妮爽快地答应了，她还免去旅行一个月期间的房租，只从正式入住才开始收租金，第一次见面就给人干脆利落的感觉。离开时，薇妮提醒我，回伦敦前给她打电话或者发短信，她会准备好房间里的一切。没有了“后顾之忧”，我第二天就踏上了旅途，在热浪中探访欧罗巴文明。

28天的游走结束后，我从巴黎出发，换乘渡船穿过英吉利海峡，回到伦敦，再转地铁和公车，此时天色已暗，下了公车步行五分钟，远远地，看到夜幕下新家的门和窗户里透出温暖的灯光。推开我的房门，初次去闻到的油漆味已经完全没有了，床上是洁白、干净的被褥，散发着阳光的味道，“回家”的感觉真好。那一晚睡得很沉，我在英国普通人家的新生活就从这里开始了。

薇妮很瘦，瘦到有点皮包骨头，眼睛深深陷在窄窄的脸上，目光深邃而忧郁，说话带有明显的爱尔兰口音，但做起事来却很干练，是家里的“女王”。她在一家医院工作，出于职业习惯，很爱干净，甚至有点洁癖，到处打扫得干干净净，收拾得井井有条。家中的两台洗衣机是最“辛苦”的电器，轮番搅动着各种东西，院里的绳子上永远挂着晾不完的衣服和被单。和薇妮相反的是，从事装修行业的男主人吉姆人高马大，强壮结实，面色红润，一双丹凤眼上挑，声音洪亮富有磁性，性格爽朗，虽然也来自爱尔兰，说的却是一口伦敦腔。第一次见面我就觉得看他眼熟，后来私下琢磨了很长时间，有一天突然想起来，他像极了中国的关老爷。

20世纪80年代，爱尔兰处于动荡之中，常有恐怖爆炸事件发生，经济状况也不好。当时薇妮有两个哥哥在伦敦工作，于是他们1986年移民到这里寻找新的机会。精明能干的夫妇俩没多久就买了两套房子，一套出租，一套自用，通过这样的理财方式积累了在伦敦生活的经济基础。

他们的大儿子迈克个头不高，性格随了父母的直率豪爽，举家来到伦敦时只有三岁，现在与父亲合作承接装修工程。小儿子菲利浦则出生在伦敦，很健硕，但金黄卷发下是一张稚嫩的脸庞，性格内向腼腆，在伦敦大学国王学院学习数学专业，是家里受教育程度最高的成员，薇妮太太每次提起这个儿子，总会不自主地嘴角上扬，那是他们全家的骄傲。

家里还有一名很重要的成员——老猫凯特，它有着和房东太太一样犀利的目光，在这个家已经很长时间，深受薇妮喜爱，她每天回来进门就喊猫的名字。因为有薇妮的庇护，凯特很是“肆无忌惮”，可以上蹿下跳，甚至在我们吃饭时也敢爬到桌子上旁若无人地溜达，经过餐盘时还驻足瞧瞧，然后扭头满脸不屑地走开。

凯特白天会蹲坐在院子的桌上，像岗楼放哨的卫兵一样环顾四周，如果看见它浑身的毛都竖起来，然后从高处跃到草地上狂奔，八成儿就是发现了老鼠。跑累了就很放松地四脚朝天睡在石板地上，享受日光浴。晚上它则总选择在能看到一楼和二楼的楼梯转角位置，面对大门值守着整个家，有个风吹草动便冲上去一探究竟，这时的凯特更像是条看家护院的狗。有时我晚归，楼上楼下都睡了，轻轻打开房门，一抬头就能看见大猫蹲在楼道口瞪着我，两只眼睛放着绿光，确实很有威慑力。

深夜院子里会突然上演猫和老鼠的“大战”，那可没有动画片里的诙谐。栅栏边、窗台下会传来花盆撞击的声音，搏斗、挣扎、撕咬、重重的喘息和长长的泄气，那应该是倒霉的老鼠在这个世界上的最后一次呼吸。夜深

准备出工的吉姆大叔和以他为原型设计的装修公司卡通人物

人静时，这些响动是如此真切和贴近，近在咫尺，“死亡的气息”触手可及。等第二天太阳重新升起时，一切似乎又恢复平静，凯特若无其事地在草地上晃悠，似乎在向那只已经成为它宵夜的老鼠的亲戚们“炫耀”这片领地不可侵犯，只有从窗台上落下摔碎的花盆暗示着夜幕下的生死之争。

凯特对我的房间似乎很感兴趣，总在门外守着，并不时透过门缝贼精精地“窥视”，一旦忘了关门，它一定会不失时机、大摇大摆地进来巡视一番，胖胖的腰身慢慢地扭动着，左顾右盼，那神态总让人想起领导视察的样子，然后心满意足地穿过房间，从通往院子的门出去。这只猫受到主人的优待是有道理的，因为有它的守护，虽然院子里种着花草，还有个常年敞开的洗衣兼储藏室，却从未闹过鼠患，它应该算是家里的“功臣”。

吉姆和迈克擅长改造阁楼和加盖房屋，他们以合伙人形式，用两人名字的首字母注册了一家名为“J & M Potter”的装修公司，还设计了一个 “吉姆大叔”的卡通形象。典型的英国民居类似我们称为“别墅”的房子，可以改造和装修的空间很大，比国内装修的内容和项目多，吉姆的特长就是突破传统房屋格局，在有限空间里拓展，增加居住面积和舒适性。装修公司用工灵活，没有长期雇员，接到工程项目时便召集人手，自己也会亲自参与。

他们的家就是样板房，房子原来为传统的两层楼，吉姆在阁楼的斜坡屋顶上开了老虎窗，增加一层出租面积。因为房前有空地，不需要专门的车库，与邻居之间的车库位置加盖成两个房间，中间嵌入共用卫生间。二楼同样位置也就增加了一个大浴室和另外一个带卫生间的屋子。原有的餐厅和厨房被拓展出一倍面积，用玻璃顶棚覆盖，改造成阳光房，所以整个一楼起居室采光充足，宽敞明亮，这对喜欢阳光的英国人十分重要。

薇妮每天清晨6点前就出发上班，下午4点左右准时回来。进家第一件事情就是把牛排或者解冻的鸡放进烤箱，把顺路买的胡萝卜、花菜、土豆等处理后放入锅里炖上，然后打扫卫生，只要听到吸尘器的响声就知道薇妮回来了。楼上楼下收拾完，又到一楼的卫生间，跪在地上刷地、冲洗马桶，擦玻璃和门，简直就是一只闲不住的“蜜蜂”。

下午5点左右，汗淋淋的吉姆和迈克收工到家，把工具往楼梯下面的杂物间里一扔，随后分别进两个浴室迅速洗完澡，换上干净衣服。此时薇妮已经给他们准备好了晚餐，每人一份牛排或者烤鸡，外加土豆泥和蔬菜汁，再浇点提

房东家的电视房、客厅、餐厅、厨房和阳光房

前做好的肉酱，这就是普通英国家庭的晚餐。薇妮和吉姆每天都要喝点香槟酒或者红酒，如果没有酒，他们就倒上一杯凉水。

据说只有20%的英国父母和子女共进晚餐，薇妮一家人也很少坐在一起吃饭，老两口通常是边看电视边吃饭，酒水就放在地上。迈克因为要抽烟，所以选择在院子里就餐，小儿子菲利浦是个“宅男”，不上课时就整天待在自己房间里，每次都是取了晚餐就马上端进去。这倒是便宜了房客，玻璃顶下的巨大实木餐桌经常只有我一个人享用。英国的夏季天黑得晚，晚饭后我会和吉姆在院子里乘凉聊天，看着天边红霞一点点消退，直到暮色降临才各自回屋。

与大多数英国人一样，薇妮喜欢花花草草，房前屋后总少不了四季不败的鲜花，有自己种的，也有从超市和花市买回来的，院子里的草地总是郁郁葱葱，花团锦簇。她还酷爱浪漫的爱情电影，家里收藏最多的就是DVD碟片，沿着楼梯边的格子整齐码放，墙上到处张贴着明星和经典老电影的海报，为了看碟方便，还专门有一间铺着红地毯的屋子作为公共电视房。周末我常常挑选一张电影碟片，然后坐在舒服的沙发里享受一个晚上的休闲时光。

吉姆的爱好是骑摩托车，每逢周末必去飙车，虽然薇妮对此颇有微词，但每次丈夫出发前，还是会帮他准备头盔和护具，并且认真检查。老头不时去附近酒吧和朋友们喝上一杯，不过如妻子每天准时下班回家一样，他在晚上12点左右一定会回来，误差只在10分钟之内，而且绝没有烂醉如泥的情况发生，只是静悄悄洗漱后休息。

无论什么东西坏了，在吉姆手里总能“化腐朽为神奇”，加上妻子的精心操持，把整个家收拾得井井有条，其乐融融。周末经常是吉姆一大早就在院子里除草，薇妮则忙着收拾和布置鲜花，一年四季房间和花园中都是花开不断，我的大玻璃窗外更是赏心悦目。进入初冬，吉姆忙于修剪窗前植物，好让它们安全过冬。有一天我从临窗的书桌前猛地抬头，居然看见老头如猴子般灵巧地爬上篱笆墙边的大树，砍下落光叶子的树枝，看着摇摇晃晃的树干，还真为他的安全担心，但是高大的吉姆却身手敏捷，如履平地。

这家人很少在外面吃饭，也没什么应酬，规律的生活甚至有些单调。这是无数英国家庭中再普通不过的一户，每天上演着喜怒哀乐，柴米油盐。走进黄色的门，也走进了英国人的生活。

一张小小的卡片，带你走遍英国的历史文化遗迹

不列颠的遗产

British Heritage

当你成为这些文化机构的会员，只会担心没有足够时间走遍所有精彩景点，没有精力参加数不胜数、异彩纷呈的活动。在这些组织的网页介绍里，“历史”“保护”“促进”“接触”是一定会出现的关键词。

2007年，第一次参观英国著名史前遗迹——巨石阵时，经工作人员介绍，缴纳20多英镑会费，办了一张会员卡，成为“英国遗产”组织成员。这样就可以免费参观分布于英格兰的400多处历史、文化遗迹，时间跨度5000多年，并能定期收到印刷精美、资料翔实的彩色年度手册，每季度该组织还会邮寄一本《今日遗产》杂志，以便随时告知会员英格兰各地遗产景点的最新信息和活动，这张卡片可谓物超所值。

如果对英国的历史、文化和自然遗产不是很熟悉，这些组织的标志能提供便捷的引导、良好的服务、完善的信息，最关键的是省去了各处门票，放心玩个够。成为会员后，翻阅收到的手册和指南，只会担心没有足够时间走遍所有精彩景点，没有足够精力参加数不胜数、异彩纷呈的活动。

截至2015年，“英国遗产”组织有会员134万，2018年的会员年费是18—25岁的学生46镑，65岁以上老年人49镑，18岁以上成年人为56镑，一个成年人可以免费带六名18岁以下青少年和儿童参观，用意不言自明。仅“英国遗产”一个机构就有400多个景点向公众开放，包括史前遗址、园林、城堡、要塞、防御工事、地堡等。每年接待近600万参观者，其中约50万人可以享受免费参观，他们中大部分是青少年。

在这些组织的网页介绍里，“历史”“保护”“促进”“接触”是一定会出现的关键词。虽说会员缴纳的会费估计不够维持基本运营成本，但这是他们“爱国主义”教育的一部分，是一个国家对自己文化、历史传承的担当。这与我们国内不少地方的景点相互攀比提高门票价格，争先恐后地把前人留下的人文、历史景点和大自然馈赠的风光圈起来变成摇钱树的做法形成鲜明对比。

因为办了这张“英国遗产”会员卡，此后每次出行时我都特别关注带有红色方框标志的路牌，在一次驾车前往苏格兰的途中，就在纽卡斯尔以西26公里被红色方框标志引导到了一处2000多年前罗马人留下的遗迹——科布里奇。同行的朋友没有办卡，花了4英镑购买门票，我则直接持卡进入公园。买了参观手册，这是一本40页、印刷精美、图文并茂的指南，从科布里奇的地理位置到出土文物信息，内容翔实丰富。那天风和日丽，矩形露天遗址被草地和农田环抱，我一边在初春温暖的日光下徜徉，一边回顾着古罗马对不列颠的入侵历史，按照“英国遗产”组织的说法就是：站在历史的发生地。

提到英国历史，就不能不说说罗马人；在英国四处游走，则不可避免地会碰到罗马人留下的遗迹。

公元前55年8月的一个夜晚，当时统治罗马的三巨头之一尤里乌斯·恺撒发动对不列颠的第一次入侵，他组织100艘船只运输两个兵团一万人和侦察部队以及骑兵和补给，这次攻击的主力从法国北部的布伦港出发，在不列颠的迪尔登陆。

登上浅滩的罗马人和不列吞人相遇，经过小规模战斗后，不列吞人落败，但是因为后援骑兵受到海潮阻止不得不退回高卢，立足未稳的罗马人只好带着人质匆忙返回欧洲大陆。这次不成功的入侵拉开了罗马人统治不列颠的序幕。这一时期在英国历史上称为“罗马不列颠”，整个不列颠岛成为罗马的一个行省。科布里奇作为古罗马人向苏格兰“挺进”的据点，也是一个交通站，同时还镇守着英格兰北部的泰尼河与两条罗马大道的交汇口。

与后来英国很多城市布局凌乱相比，罗马人当年对据点进行了认真规划和设计。由于地处缓坡之上，走出服务中心，站在入口处便能一览占地27英亩的遗址全貌。正对参观者的是一条东西走向、大约10米宽，用碎石铺设的

（左）罗马古镇科布里奇建筑和街道遗址　（右）根据考古发掘绘制的科布里奇想象图

主干道，一幅根据墙基位置复原的据点立体图让那些缺乏想象力的参观者对眼前遗址曾经的繁华一目了然。令人惊讶的是，经过考古发掘后，所有墙基都保存完好，清晰地勾勒出整个据点的布局和细节。顺着大路前行，沿途两侧分别是谷仓、浴室、神庙、市场、工坊和庙堂等建筑，当然这些场所是需要通过想象和对照手册才能体会的。

路北为两幢房子构成的谷仓，据考证，应该是两层楼建筑，规模很大。石板地面架空，下部是整齐划一、纵横交错的通道，这种设计是为了储存粮食时能通风透气，上下循环，有自然空调的功能。另外，用菱形石块支撑的窗户也对换气起到很好作用，据手册介绍，这种设计在英国现存遗址中绝无仅有。

罗马人的建筑群中不能没有喷泉，在谷仓旁有一条水槽，临街的前端是一个蓄水池和喷水口，从复原图中可以看出，这座建筑既有装饰作用，又能为居民提供生活用水。因为罗马人的房子，除了少数特权者外，都没有“自来水”，水槽只为公共喷水池和浴室供水，居民就只能到蓄水池取水了。各地城镇的基本格局相差无几，都有一个中心广场，较大的城镇规划为棋盘形，从一开始就具有一种与不列颠土著文化很不相同的风格，如广场周围布置着的教堂、会堂、公共浴池、娱乐场所，甚至还有圆形竞技场和角斗场等公共建筑。

那时的罗马人在一定程度上拥有宗教自由，在他们的定居点，无论居民是否为罗马公民，都可以从神庙中选择自己喜欢的一位神灵加以供奉，并且在各种各样的祭祀活动中，通过酒精与性爱的刺激获得快感。

展现在参观者眼前的遗址只是当年据点的十分之一，罗马人撤走后，很多建筑都被捣毁回归土地。恢复发掘时，在墙基内部的空地上种了草，仿佛给房间铺了绿色地毯，哪里是大房间，哪里是小屋子，路两侧的建筑格局因为草坪的映衬一目了然。类似的已经发掘整修好的罗马人遗迹仅在英格兰境内就有53处。

因为年代久远和地基下沉，一部分遗址的地面呈现很有意思的波浪形，下陷的墙基保留完好，经过清理约有半人高，穿行其间更有“登堂入室”之感。孩子们从“一间房”跳到“另一间房”，很是开心。这让我想起儿时做过的游戏：用砖头围一片方型地盘，然后在里面玩起“过家家”。

罗马人给这个岛国带来以城镇为中心的生活方式和文化习俗，随着他们的占领，不列颠人原有的茅草泥窟不久就消失了，取而代之的是按照罗马人生活方式建设的城市，其文明程度是早期英国人从未达到的。

如果没有价格实惠的会员卡和醒目的标志引导，我们不会绕道前往科布里奇遗址，自然也就没机会了解这些看似与自己毫不相干的历史，而这恰恰是项目创办人希望公众知道的。

当我正在罗马人的遗迹中怀古悼今时，一名少女跑过来，腼腆地请求我帮他们一家拍照留影。她内穿灰色长袖T恤，外套高腰浅绿色夹克，身材丰满，面容清秀，白皙的皮肤配上一副大耳环和绿色项链，浑身洋溢着青春活力，特别是一头红发，在阳光下熠熠生辉，让人过目不忘。

拍完照，小姑娘为我引见她的父亲和弟弟，一家人与我攀谈起来。原来，他们就住在距离遗址不远的同名小镇科布里奇，看天气不错，出来走走。

“你们为什么不去长城看看？”小姑娘问。

“长城？”我有点莫名其妙，“什么长城？”

“哈德良长城呀！”小姑娘的弟弟接话，他似乎对我们不知道这个著名景点觉得有些不可思议。

“出路口左转，大约四公里就是长城，你们不会错过的，一定要去看看啊！”孩子们的父亲说。“不过，这个长城可没法与你们中国的长城

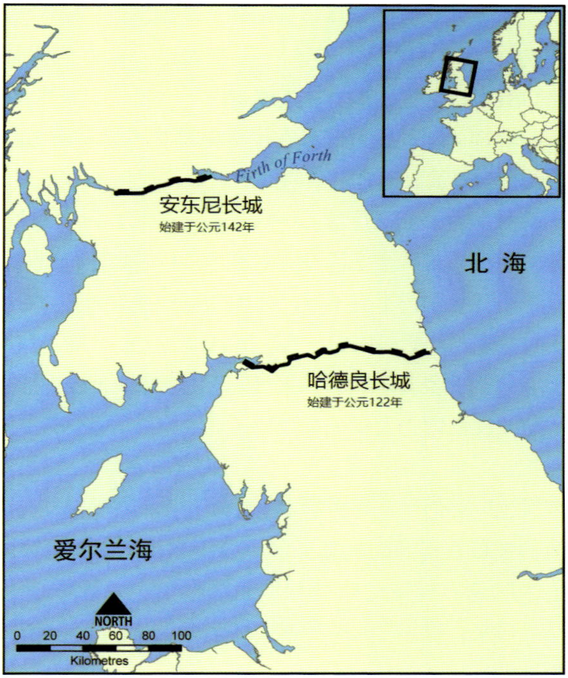

英国的两道著名长城，下面是哈德良长城，上面是更晚时期建造的安东尼长城

相比。”他谦虚地补了一句。随后我们都乐了，看来中国长城的名气确实挺大。

真没想到，这个要塞是世界文化遗产——哈德良长城的一部分，而我们在全然不知的情况下居然距离它如此之近。同行的人没有丝毫犹豫和商量，向一家三口道过谢后，驾车朝着西边飞驰而去。

行驶的路面不宽，据说路基就是罗马人时代留下的，路上几乎看不到车辆，因为地势高低不平，上坡下坡，常常有坐过山车的感觉，受到不少驾驶爱好者青睐。说话间，便来到了哈德良长城脚下。

这段长城既没有售票处，也没有管理人员，更见不到各种照相、租服装和兜售劣质旅游纪念品的小摊贩，只有一个干净的公厕和宽敞的停车场，还都是免费的。循着路边的标志牌，经过一个小水塘和旁边的断崖，顺着山坡就登上了1800多年前的长城遗址。

哈德良长城应该算是英国最著名，也是规模最大的罗马人遗迹了。这道全长117公里的“墙”始建于公元122年，有80个堡垒，两个堡垒之间的间隔是1481米，这也是古罗马人度量中“一里”的距离。罗马人沿着墙修了16个大型要塞，刚才经过的科布里奇便是其中之一。每座要塞可以屯兵500名，照此规模计算，驻守这道防线的士兵约为10,000人。

长城原来的高度为4.5—6米，宽度有2.5—3.5米，荒废多年后，大部分地段的城墙只有宽度，没有高度了。行走在上面就像看横截面，构筑石材从几十千克到几百千克不等，外围的材料裁切规则，码放整齐，衔接紧密，中间也是用同样材料填充，是一道名副其实的石墙。

修建此类建筑的目的就是防守和控制，但大墙竖起来后并没有经历太多战事，反而因为大量驻军带动了北英格兰的经济发展，要塞周围的居民点迅速扩大。商人们找到了发财的好路子，他们给部队提供给养，当然妓院和客栈也应运而生。考古学家曾经在一个居民点遗址上发现一对男女的遗骸，他们被藏在房间的地基下面，经检测是被用刀捅死的。专家分析这很可能是当时遍布要塞的赌博和饮酒场所中，寻欢作乐的人们滋事斗殴的牺牲品。后来，很多罗马驻军在长城附近定居下来并与当地人通婚，从占领者变成平民。

这段长城遗址目前仅存1—1.5米高的基础，是方圆几里地的制高点，虽不算险峻，但因为周围地势平缓，大有“一览众山小”的感觉。当时已是下午，开始偏西的太阳无遮无拦地照射着大地，由于能见度好，可以望到很远。这道长城在2016年6月英国举行“脱离欧盟”的全民公投形势图中清晰“可见”，长城以北是几乎全部选择留在欧盟的苏格兰，以南则为大部分期望脱离欧盟的英格兰，昔日的领土分界线今天变成了民众意志的分隔符。

英国对历史文化遗迹的保护最早始于1882年，由隶属于英国皇家内务部门，负责建筑和房屋的“工程办公室”操作，1913年，议会通过法案赋予该部门权力，对重要遗址和承载不列颠历史的建筑进行保护。此后，遗迹保护工作一直由国家工程部门管理，现在的直接责任机构是“文化、媒体和体育部”。

1882年，英国议会通过“古代遗址保护法案”，该法案包括最早一批受法律保护的68处历史遗迹，到1933年，列入保护的遗址增加到273处。法案

（上）哈德良长城两侧风景　（下）遗产保护组织在要塞遗址举办的模拟罗马人生活的活动

首位巡视员是著名人种学家和考古学家皮特·瑞弗斯，他在牛津大学建立博物馆，收藏了22,000件藏品，摆放得密密麻麻，令人叹为观止。

英国人对“遗产”的理解也有一个逐渐演变的过程，最初他们对史前和中世纪的一些遗址，比如乡村农舍和厂房等，不觉得是有价值的东西，第二次世界大战后才开始把越来越多的遗址类型纳入保护范围。1970年时，保护名录数量为300处，参观人数550万。

1983年，也就是首个遗址保护法案生效一个世纪后，英国议会通过最新的《国家遗产法案》，1984年4月“英格兰历史建筑和遗迹委员会”成立，简称“英国遗产”，其标志为红色城墙垛图案的方框，宗旨是保护和推广历

英国各地遗产组织的标志和一些保护项目

史遗迹，保护范围则从早期人类活动场所到当代著名建筑，比如史前的巨石阵和世界上第一座拱形铁桥。“我们希望后人能有机会享受英格兰的历史环境，要做到这一点，必须现在就开始维护和保护历史遗迹。”这是“英国遗产”组织手册上的一句话。这些建筑物被认为是过去历史的“实物证据”，他们聘请建筑学家、考古学家和历史学家一起参与这项工作，对古建筑进行登记，并拨出专款进行抢修，为的是让人们知道营造良好的历史环境和氛围对一个国家的重要性。

除了“英国遗产”之外，英国其他地方也有很多类似组织，比如苏格兰的“历史苏格兰”、威尔士的“威尔士历史遗迹”和北爱尔兰的“环境和遗产机构”，这些组织的标志也都体现着他们各自的主色调和标志性建筑，比如英格兰的红色和城墙垛、苏格兰的蓝色和教堂、威尔士的绿色和凯尔特十字架，还有北爱尔兰的海洋和城堡。

“英国遗产”机构在哈德良长城几个要塞之间组织徒步考察活动，带领参观者了解长城沿线设施遗址、发掘的文物和当年罗马人的故事。在他们看来，只是简单通过阅读书籍了解历史已经过时，人们更希望用有意思的方式把过去带入生活中，而站在历史发生地似乎是最有魅力的。遗产组织提供的就是给所有年龄层的人带去启示和愉悦的亲身体验，他们追求的目标是真实、品质、想象、责任和有趣。

所谓“真实”就是经过仔细研究和甄别后，这些地点、建筑和文物的故事确实曾经发生过，不是为了娱乐大众而夸大其词或者制造假东西。从为游客提供的服务到内容传播的丰富性，从运转的项目到对文物保护的级别，遗产机构的工作追求品质，并且抱着认真负责的态度。其内容展示手段的生动、有趣，富有创造性和想象力，常常给参观者惊喜，令人难忘。各地景点还开发大量富有特色的纪念品，在参观的最后一站和必经之地，也就是位于出口处的商店，游客会驻足购买一些小商品，这也是历史遗迹组织的一项重要收入来源。

和很多英国公共机构一样，“英国遗产”每年公布一份跨年度报告，对工作进展、发展目标、财务状况等进行详细公示。2015年4月1日，该组织分为两个部分，一个是“历史英格兰”，在与历史相关的遗迹名录、规划、捐赠、研究、指导和让公众接触他们收集整理的大量档案资料等方面为政府提供决策建议，并继续执行原有机构的法令，具体职能有三项：

1. 保护现存的古代遗迹和历史建筑。
2. 促进保护和提升保护区域的品质和呈现。
3. 提高公众满意度，增进他们对古代遗迹和历史建筑的知识。

另一个新的“英国遗产信托”机构继续沿用“英国遗产”名称和“红城

站在英国的长城上

墙垛口”标识，主要工作是管理好英格兰境内400余处国家级历史遗迹，并向公众开放。截至2016年，支撑机构运转的资金中，有66%来自创收，20%为补助金，还有14%是政府资助，他们希望2023年可以完全实现自收自支。

站在历史发生地，哈德良长城没有八达岭长城的游人如织和熙熙攘攘，寻了一处朝阳的位置坐下，放眼望去，暖暖夕阳中的风和日丽似乎凝固了，只有山坡上轻轻摆动的草尖和野花才让人意识到微风拂过，随风飘来的还有不远处零星旅人的对话，时断时续，若隐若现。这一派祥和宁静，很难与当年罗马人防御北部原住民进攻，剑拔弩张的场景联系在一起。

英国，这个后来不可一世、把半个地球都纳入势力范围、有着“日不落帝国”称号的国家，其实历史上就相继受到来自罗马人、日耳曼人、北欧海盗、丹麦人、诺曼人等的入侵，但就是在上千年的拉锯战中，大不列颠的国力逐渐强盛。这很像他们的语言，随着时代更迭，滚雪球般在各种语言的交汇、融合和混血过程中发展壮大起来，成为世界第一大语种。

相对于人生命的短暂，这些石头、土地和自然要持久得多，相信当年的大多数时候，驻守城墙的士兵们也像我一样在初春的夕阳下无所事事、胡思乱想，那时农家的羊群也像我眼皮底下的这几只羊一样悠闲地吃草。

只是时间如我耳旁的风声悄然拂过，一晃就过去了1886年。

An

Inquisitive Approach

to

Discovering Britain

第二辑

LONDON
MMXII
UNDERGROUND
JULY 13TH TO 25TH 1908
IN THE GREAT STADIUM
OLYMPIC GAMES
for the unknown runner
london
OLYMPICS GAMES
london
abcdef
ghijkl
mnopq
rstuvw
xyz
LET THE GAMES BEGIN
2012 LONDON
London 2012
Be inspired

伦敦三次奥运会的海报

一座城市的三次奥运

One City，Three Olympics

英国人在战后特殊条件下，做了一次花小钱办大事的尝试，为世界贡献了一届务实和成功的奥运会，实现经济和社会效益双赢，这比多得几枚奖牌更有意义。一位1948年奥运会的参与者说：“我们很快乐，享受巨大的成就感，这是今天的运动员们无法想象的。”

2011年6月8日，2012伦敦奥运会火炬设计造型在欧洲之星起点站——圣潘克勒斯火车站亮相。锥形火炬为铝合金材质，重800克，长80厘米，截面呈三角形，内外两层，有8000个小孔，每个孔代表一名火炬传递者，网状的火炬看起来像只擦奶酪的厨具。孔洞有利于散热，还减轻了重量，是历届奥运会火炬中最轻的。

三面锥体设计寓意丰富，体现奥林匹克的价值理念——尊重、卓越和友谊，奥林匹克的格言——更快、更高、更强，形象演绎了伦敦奥运会的设想，把运动、教育和文化三个主题结合在一起，还有就是展现历史——伦敦分别于1908年、1948年和2012年主办奥运会，是目前唯一一座三次承办这一国际体育盛事的城市。

历史虽然值得骄傲，但在不同时期三次承办奥运会的过程却并不顺利，伦敦分别受到自然灾害、战争和经济危机的影响，然而，英国人还是以自己的方式为奥林匹克运动做出了贡献，并且始终体现出他们务实的作风和对运动本质的理解。

临时奥运

1908年第四届奥运会本该于1906年在罗马举行，但那年4月7日，意大利的维苏威火山喷发，并引发地震，对南部第一大城市那不勒斯造成重创，计划用于筹备奥运会的资金临时转移去救灾，天灾引发的财政困难让罗马不得不放弃主办权，奥组委只好另寻比赛地点，备选城市有柏林、米兰和伦敦。

20世纪初，英国刚刚经历国力最强盛的维多利亚时代，政治、经济、文化和社会都发生了很大变化，是当时世界最发达的国家之一。于是，首都伦敦临危受命，最终被确定为替补城市，仓促中第一次承办奥运会，筹备时间只有一年半。

伦敦于1907年开工建设比赛主场地，地点选在伦敦西郊一个名叫“白城”的地方。工程投资六万英镑，历时10个月，如此高效率地建好一座能容纳68,000名观众的体育场[1]在当时被认为是工程技术奇迹。与今天使用公制测算不同，“白城体育场”采用英制，跑道总宽24英尺，相当于7.3米；三条跑道长1英里，也就是536米。跑道外圈还有一个35英尺（11米）、660码（600米）的环道，规模比今天的体育场要大一圈。内场则挖了一座100米长，15.24米宽的水池，旁边垒一个平台，分别用于游泳、跳水和摔跤、体操项目。

1908年4月27日，第四届夏季奥林匹克运动会在伦敦开幕，由于赛事规划经验不足，加上场地限制，不能同时举行多项比赛，赛程不得不依次进行，耗时达6个月之久，到10月31日才闭幕，成为历史上举办时间最长的现代奥运会。

昔日强盛的日不落帝国制定过很多世界通行的标准和规则，在1908年奥运会上也不例外，比如首次设置开幕式入场仪式，并且要求各国运动员统一穿着具有本国特点的服装，这种形式此后成为惯例；推动统一标准规则的建立，从不同国家挑选裁判员，以保证比赛的公平、公正。

另外就是确立了马拉松比赛的长度，并使之成为世界流行的运动项目。1907年5月国际奥委会制定的马拉松全程是25英里，或者40公里。因为比赛起点设于温莎城堡门口，增加为26英里。在玛丽公主的要求下，比赛起点又

[1] 这被认为是最早的现代座椅式体育场之一，如果观众站立能容纳约13万人。

（上）1908年伦敦奥运会开幕式，左后方是游泳、跳水池，右后方是摔跤、体操台
（下左）马拉松运动员皮特里冲线瞬间，右一是小说《福尔摩斯》的作者柯南·道尔
（下右）亚历山德拉王后为皮特里颁发奖杯

向城堡内延伸至皇家托儿所窗外，这样皇室成员就可足不出户观看马拉松比赛的出发仪式，所以从起点至“白城体育场”终点的总距离变成了26英里385码，1924年后，42.195公里的马拉松长度一直沿用至今。

16个国家的55名运动员参加了这项长距离、考验意志力和耐力的比赛，吸引众多市民观看，而运动员临近终点时发生了戏剧性的一幕。小个子意大利人多兰多·皮特里率先跑入体育场，筋疲力尽的他在最后一圈五次摔倒，还差点跑错方向，但仍坚持冲向终点。此时旁边围满了维持秩序的警察和工作人员，现场一片混乱，在一旁干着急的两名比赛工作人员自作主张地拉着皮特里的手，引导他跑完最后一段赛程，其中一位就是小说《福尔摩斯》的作者柯南·道尔。

遗憾的是，别人的“好心”帮了倒忙，完全可以自己跑完全程的皮特里被取消成绩和名次，紧随他撞线的美国运动员海耶斯获得金牌，整项比赛只有五分之一的人到达终点。英王爱德华七世的妻子亚历山德拉王后，也就是伊丽莎白二世女王的曾祖母，在现场的皇家包厢里目睹了这感人又有点哭笑不得的一幕，几天后她主持了一个仪式，给因为“被帮助”而痛失金牌的皮特里特别颁发了一座镀银奖杯，表彰他锲而不舍的精神，算是在比赛规则以外的补偿。

也正是在这届奥运会期间，7月19日，一位来自美国宾夕法尼亚州的主教迪·库布汀在伦敦圣保罗大教堂布道时提及对于奥运“最重要的事情不是赢得比赛，而是参与”的格言，“重在参与”的奥运精神从此传遍世界，英国王后对参赛运动员的奖励也正是对这句话的体现，让这项逐渐规范化的国际大型赛事充满了人情味。

第四届奥运会共有22个国家的2008名运动员报名参加22项比赛，作为东道主，英国队获得56金、51银和38铜，金牌和奖牌总数都名列第一，位居第二的美国队奖牌总数只有47枚，由此可见当时英国的体育实力十分强大。会后结算，不计修建白城体育场的投资，运动会花去15,000英镑，其中三分之一用于接待各国运动员，这些钱大部分靠募捐筹集，门票收入只占28%。

与第四届伦敦奥运会几乎同时、同地点举行的还有另外一个国际盛会，那就是1908年5月26日至10月31日期间的“法英博览会”，这是首次由两个国家联合主办的国际博览会，占地面积140英亩，约为0.57平方公里，从航拍图片看，所有建筑经过整体规划，分布于中轴线两侧，对称中有变化，气势宏伟。

博览会修建大型喷泉，培植欧式园林，亭台楼阁一应俱全；开凿人工湖，环绕的全是精心筑造的东方风格白色建筑，“白城”由此得名。举办奥运会的体育场也融入建筑群中，并且在比赛间隙作为博览会的场地之一使用。可升降双臂观光塔是摩天轮的前辈，端头的空间能分别搭载50人至60多米高空，整座博览园和体育场尽收眼底。为期5个月的博览会既开眼界，还能去体育场，或者登上大悬臂观看奥运会现场，吸引了800多万游客，盛况空前，体现出当时的人们对运动和娱乐关系的认识和理解。

体育场和博览会建筑从20世纪60年代开始逐渐被拆除，腾出的土地用于

1908年法英博览会，上图右边就是奥运会比赛场地

修建英国广播公司的电视中心和媒体村。现在，“白城”的地名依旧，但时过境迁，已经几乎看不到当年博览会建筑的踪影，只有英国广播公司原大楼外立面上镌刻着的奖牌榜和获奖运动员名字提醒着路人这里曾经举办过英国历史上第一次奥运会。

艰苦奥运

1939年，伦敦获得第十三届奥运会的主办权，举办时间预定为1944年。这届奥运会还有另外一层特殊意义，那就是庆祝现代奥运会举办50周年。本可以搞得隆重些，但1939年二战爆发，其间伦敦遭受德国的猛烈空袭，自然也就无暇顾及比赛。

历时6年的世界反法西斯战争随着1945年9月日本无条件投降宣告胜利，随后国际奥委会宣布将恢复举办奥运会，有人质疑在很多欧洲国家仍然一片废墟、满目疮痍，人民正忍受饥饿时举办一个节日般的运动会是否妥当。然而因为战争错过奥运会的伦敦还是于1946年3月被列入第十四届奥运会的候选城市，最终经过投票，时隔40年后又一次成为奥运会的主办城市。

战争让英国遭受巨大损失，元气大伤，近30万英军战死，6万多平民和35,000名海员丧生，并且损失约一半的商船运载量。英国还欠下巨额战争贷款，1945年外债达35亿美元，黄金、美元储备和海外投资等几乎耗尽，从世界一流强国的地位上迅速衰落。战争虽然结束，但食品、衣物、建筑材料、汽油和住房等紧缺，英国还在实行定量配给制，随处可见轰炸留下的弹坑和残垣断壁，很多人居无定所，伦敦险些像当年的罗马一样放弃主办权，将其“转让”给美国。但二战中领导和鼓舞英国人民进行反法西斯战争的乔治六世国王则认为这是一次让大不列颠从创伤中走出来的好机会，于是，百废待兴的伦敦还是承担起了举办世界体育盛会的重任。

这是一次紧缩、节俭和务实的奥运会，因为处于特殊时期，如何接待参赛运动员，对当时的英国政府和官员们甚至成为带有政治敏感性的问题，需要仔细权衡。作为东道主既要保障本国人民的基本生活需求，又要为客人们提供合理的后勤保障，不仅要让运动员们住得好，还要考虑无家可归同胞的感受。也就是说政府不能打肿脸充胖子，为了虚头巴脑的面子，让人民勒紧裤带，省嘴待客。

与12年前的柏林奥运会相比，伦敦没有专门建盖运动员村，而是对西郊几处战时军队康复营房进行翻修，改造成临时“奥林匹克小镇”。这里商店、银行、邮局、电影院、咖啡厅、阅览室、会客间、酒吧、点心店、修鞋铺和电报电话等服务、娱乐设施一应俱全，房间和帐篷里放置单人沙发床，简单却很舒适，东道主提供被单、枕套和毛毯，但客人们则须自己带毛巾等用具。

因为地处皇家里士满公园，毗邻泰晤士河，周围森林环绕，环境优美，是野鹿的栖息地，临时小镇很像野外休闲度假村。小镇作为男选手们的驻地，为数不多的女运动员则借宿萨朗学院等学校的宿舍。家在伦敦的运动员不提供住宿，每天乘公车和地铁去比赛，就连明星运动员也不例外，英国运动员们的制服也是自己缝制，或者自掏腰包购买。

困难时期大家相互体谅和支持，重要的是以运动的方式享受来之不易的和平，而不是上演含人眼花缭乱的嘉年华。为了减轻主办方的负担和压力，

（左）奥林匹克小镇里的阅览室
（右）给小镇临时建筑准备的指示牌，可以看出“麻雀虽小，五脏俱全”

各参赛国同意自带供给去伦敦，荷兰为所有参赛队提供100吨蔬菜和水果，丹麦运送16万枚鸡蛋，捷克斯洛伐克支援2万瓶矿泉水，阿根廷和冰岛带来肉制品，美国则每天从洛杉矶空运大批面粉、大米。开幕式等候入场前的野餐，澳大利亚队给英国队送去食物袋，看起来大家更像是合伙搞个聚会。奥运会结束后，剩余食品全部捐赠给英国医院。

东道主为参赛运动员发了专用身份证明，比赛之余他们可以持卡免费乘坐地铁、公车、电车等交通工具，算是作为对各国支持办奥运的一种回报。因为经济拮据，英国媒体一开始很反对为两周的运动会花73万英镑，但当时全国齐心协力，参赛国团结一致，每个人都希望参与其中做点贡献，气氛热烈而融洽，看到一次奥运会改变了公众的精神面貌，媒体的态度也随之改变。

比赛场馆则是在已有建筑的基础上加工改造，主体育场是1923年修建的温布利体育场[1]，作为“不列颠帝国博览会”的一部分，当年它承载着给刚刚经历第一次世界大战的英国人带去欢乐的使命，没想到时隔25年，又一次发挥类似作用。温布利体育场旁的“帝国水池”[2]既是游泳比赛场馆，

[1] 也称“帝国体育场”，详见第111页《探访传奇之地》。

[2] 现在是伦敦主要的娱乐活动场地，常常举办大型演唱会。

也设有拳击台。赛前要做的准备工作之一是刮掉窗户上的黑漆，这是二战期间防止德国人空袭时看到灯光专门粉刷上去的。

经过两年筹备，第十四届奥运会如期于1948年7月29日至8月14日在伦敦举行，作为二战后的第一次奥运会，59个国家[1]派来约4100名运动员参加136个项目的角逐。运动带给人们久违的愉悦和舒畅，比赛受到广泛欢迎，取得巨大成功，并且又为日后奥运的规范化和创意增添了新内容。

温布利体育场记分牌上打出“奥运会最重要的不是赢得比赛，而是参与；生命最本质的不是征服，而是努力奋斗”，这句话从1932年起出现在每届奥运会的开幕式上，时刻提醒着运动员们不要舍本逐末。英国人还首次设计了20个运动项目的象形图案，有助于观众的识别，此后设计一套有创意和体现主办国特色的图形成为各届奥运组委会比拼的项目之一。短跑项目中选手们第一次使用了助跑器……

体育比赛转播里程碑

英国广播公司于1946年6月7日恢复电视播出，这个“新媒体”第一次在奥运会派上了用场[2]，开广播电视媒体为转播比赛付费的先河，支付1000英镑购买转播权。为了做好报道，他们投入新式采录设备，更新转播车辆，租用同样是为“不列颠帝国博览会”修建的“艺术宫”作为广播电视中心，在旁边的温布利体育场设置8间广播演播室，15个解说间和16个开放评论席，一共32条信号通道，加上“帝国水池”里的16个解说点，通过同轴电缆与广电中心连接。

虽然1948年时电视机因为价格昂贵还不普及，电视信号的半径只有25—40英里，覆盖八万多户有电视机的家庭，但观众毕竟多了一个选择，那就是守着客厅里的“木头盒子”，不用风吹日晒也能看到比赛现场的情况。八位资深男播音员分布在赛场各地，“全方位”转播比赛实况。因为比赛广受欢迎，奥运期间，英国广播公司停播不少其他电视节目，腾出时段，一共

[1] 1936年第十一届奥运会主办国德国和1940年本该举办第十二届奥运会的日本未在受邀之列，但意大利参加了比赛，并以8金、11银和8铜的成绩名列奖牌榜第五。

[2] 1936年柏林奥运会，德国曾进行过转播，但覆盖面小，且是通过闭路形式传送到固定场所，不是真正意义上的电视转播。

（上）英国广播公司对第十四届奥运会进行大规模报道
（下）温布利体育场外人头攒动，车水马龙（图片来源：BBC）

进行了60多小时的转播，规模空前。

因为国际关注度高，不少外国媒体也派记者前来采访，英国广播公司为他们制作了《广播手册》，提供比赛日程和交通指南，建议记者们使用公共交通工具前往赛场。“服务机构”为外国同行订票、租借设备等，广电中心备有8间播音室和12辆机动采访车，“信息间”则设有电传打字机，方便记者采访和发稿，这些服务已经具备现代大型体育运动会新闻中心的雏形。英国广播公司的尝试不仅开创了电视体育转播的新时代，也让自身得到一次提高和发展的机会。

略显遗憾的是，英国队风光不在，奖牌数只名列第12位。但为期17天的各项比赛售出250多万张门票，赛场外总是车水马龙，人头攒动，最终盈利42,000英镑[1]，除去纳税以外，剩余经费用于支付下一届奥运会英国代表团参赛的开支。英国人在战后特殊条件下，做了一次花小钱办大事的尝试，为世界贡献了一届务实和成功的奥运会，实现经济和社会效益双赢，这比多得几枚奖牌更有意义。一位1948年奥运会的参与者说：“我们很快乐，享受巨大的成就感，这是今天的运动员们无法想象的。”

残奥会发源地

就在1948年奥运会开幕的同一天，一个为残障人士举办的非官方运动会也在距离伦敦西南方向40多英里的艾尔斯伯里开幕，这个以运动康复为目的的比赛后来成为奥运会的一部分——残疾人奥运会，英国也成了这项赛事的发源地，2012年的伦敦残奥会也是一次“回家”之旅。

艾尔斯伯里有一座斯托克·曼德维尔医院，收治的都是二战中负伤，特别是瘫痪的退伍军人，当时在饱受战争蹂躏的欧洲大陆有很多这样的残障人士。医院的德国医生路德维希·戈特曼是一位神经病学专家，1944年为避战火从纳粹德国逃到英国，在这里建立了脊髓损伤科。

“截瘫并不意味着人生就完结，而是新生活的开始。”路德维希认为他的病人有权获得帮助和支持，享受正常人的生活，而运动在实现身心康复目标中扮演着重要角色。刚开始，路德维希只是为了让患者开心和消遣，开展

[1] 还有一种说法是29,420英镑，组委会为此上税9000英镑。

飞镖、桌球和在草地上玩的类似保龄球的撞球等游戏，然后逐渐发展为集体项目，比如轮椅“马球”和篮球。他很快发现这是对通常物理治疗的很好补充，对心理恢复也有不错的效果，“运动康复”理念逐渐形成。因为伦敦举办奥运会，他冒出为自己的病人们也搞个小型运动会的想法。

1948年7月29日，16名坐在轮椅上的截瘫退伍军人在医院的草坪上参加了第一届“斯托克·曼德维尔运动会”，这就是残奥会的前身。其实，如果再往前追溯，早在1923年，位于里士满地区的“皇家星型勋章康复中心”就开展过类似活动，当时接受康复治疗的一战负伤老兵坐在三轮轮椅上参加通过“之字形障碍”的比赛。当时没想到的是，这一区域的部队康复营地在20多年后的伦敦奥运会期间被改为临时运动员村，游戏、快乐与身心康复通过运动联系在一起。

斯托克·曼德维尔运动会此后每年7月的最后一周定期举办，规模逐渐扩大，甚至吸引来自欧洲各国的残疾人士，变成一项民间国际赛事。1960年，奥运会在罗马举行，路德维希医生带着23个国家的400名轮椅运动员前往罗马举办运动会，这已经是第九届“斯托克·曼德维尔运动会”，因为得到国际奥委会认可，历史上第一届残疾人奥运会从此诞生，这位英国的德籍医生也被称为“残疾人运动之父”。

现在，斯托克·曼德维尔医院的旁边建起了“全国残疾人运动中心”，有游泳池、跑道、田径场、网球馆和保龄球中心，很多英国著名残疾人选手

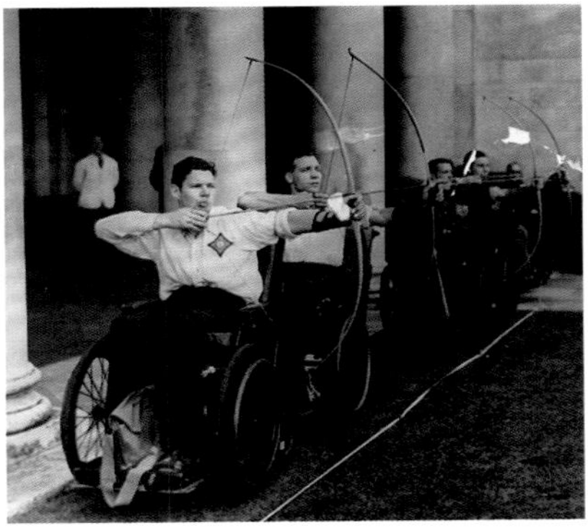

斯托克·曼德维尔队运动会

在此训练和备战。因为有着悠久的残疾人运动历史和传统，英国残障人士的运动水平也很高，在2000年后的五届残奥会上，英国队奖牌总数排名稳居第二的成绩就是最好的证明。

今天，在英国各地随处可见为残障人士提供便利的设施，从楼道边的升降梯到无障碍通道，公车和出租车上都安装有专门伸缩板，方便轮椅上下，再加上热心路人的帮助，也就是说，一名借助轮椅出行的人完全不需要他人陪护便能畅通无阻地到达想去的目的地。关照残障人士在英国已经深入人心，这与90年前兴起的康复活动一脉相承。

务实奥运

1948年伦敦奥运会后，英国中部城市伯明翰、曼切斯特分别于1992年、1996年和2000年申办奥运会，但都铩羽而归，在与奥运“阔别”近60年时，英国决定还是派伦敦出马，因为看起来似乎只有它能与世界上那些强劲的对手一争高下。果然，2005年7月6日，在国际奥委会全体委员的投票选举中，伦敦不负众望，击败巴黎，第三次成为夏季奥运会主办城市。

伦敦举办奥运会似乎总要经历些波折，申办成功第二天清早上班高峰期，市中心连续发生六起以地铁和公车为目标的自杀式恐怖爆炸袭击，造成包括4名恐怖袭击者在内的52人死亡、700多人受伤，英国人还没来得充分享受喜悦，便坠入惶恐之中。虽然这些恐怖袭击只是借助伦敦申奥成功制造影响，但确确实实让人为七年后的奥运会捏了一把汗。

爆炸只是一个开端，更大的麻烦还在后面，就在申奥成功两年后，严重的全球金融危机来袭。2008年10月上旬，负责奥运会基础设施建设的伦敦奥运筹建局表示，预算十多亿英镑的奥运村工程出现四分之一左右的资金缺口，另一主要建筑——预算四亿英镑的主新闻中心同样难以招商引资。

一边是资金不到位，另一边则是持续攀升的预算成本，英国电视媒体发布的一份调查显示，伦敦奥运会最终的实际花费可能超过120亿英镑，这一数字远远超出申办奥运时提出的23.7亿英镑。如果筹集不到资金，最终将会由政府出资建设，这引起纳税人不满和媒体持续热议，一时间有说不该申办的，也有建议请上届东道主北京帮忙再办一次的。

但有专家则认为金融危机恰恰让伦敦有了名正言顺省钱办奥运的理由，

反正伦敦无论如何也无法超越华丽丽的北京奥运会，所以他们打出了“办一届与众不同的奥运”的口号，英国人更愿意让人们看到他们长期以来一直对历史、文化和运动的执着热爱。为了节省开支，伦敦取消部分临时场馆建设，缩小奥运村规模，一家英国媒体开玩笑说：“2012年的奥运会，将是一届纪念英国金融危机的奥运会！”1948年，伦敦借助奥运走出战争阴影，2012年，英国人指望奥运帮助他们摆脱经济危机。

伦敦奥运会的主要赛场集中在三个区域，分别是奥林匹克公园、河滨区和中心区。2012年1月27日，距离开幕还有半年，伦敦奥组委宣布，拥有2818个房间、能容纳16,000名运动员和官员的奥运村正式竣工，进入设施安装阶段。与此同时，奥林匹克公园内其他比赛场馆也相继完工，沿一条河谷两侧分布着主体育场“伦敦碗”、水上运动中心、篮球馆、手球馆、曲棍球场、水球馆和室内赛车场。虽然建设规模缩小，但在伦敦历史上，还从来没有如此集中地建设过这么多专业运动设施，主办者希望新建场馆与过去留下的世界级赛场一起成为伦敦体育运动未来的遗产。

除了奥林匹克公园全部是新建场馆外，其余都是利用已有场馆和场地，经过精心安排，甚至一些伦敦旅游必去的景点也被临时改造为赛场。比如始于1745年的皇家骑兵卫队阅兵场，毗邻唐宁街10号英国首相官邸，奥运期间铺满沙子，变身为都市里的“海滩”，上演沙滩排球比赛。英国人很擅长将它们转化为被古老建筑和氛围簇拥的赛场，让历史文化成为比赛的背景，而不是散发着油漆味的孤立竞技场。温布尔顿网球场、温布利体育场、伦敦大板球场在全球体育迷和运动员心目中都是各自运动项目的圣地，无论观战，还是比赛，都能以置身其中为荣。

马术和现代五项赛场在拥有580年历史的格林尼治公园举行，这里是伦敦最古老的皇家狩猎场和世界文化遗产，可将伦敦城尽收眼底，世界时间的划分基准就在不远处小山坡上的格林尼治天文台，那座其貌不扬的小楼将地球“一分为二”。皇家炮团军营自然是手枪和步枪比赛的最佳地点。建于1673年的皇家海德公园有大片水域，适合三项全能和马拉松游泳项目，大片绿地更为在比赛期间举行各种户外文化活动提供了空间。

排球比赛安排在建于1937年的伯爵展览中心，它也是伦敦最大的会展场所之一，附近有维多利亚和阿尔伯特博物馆、科学博物馆以及自然历史博

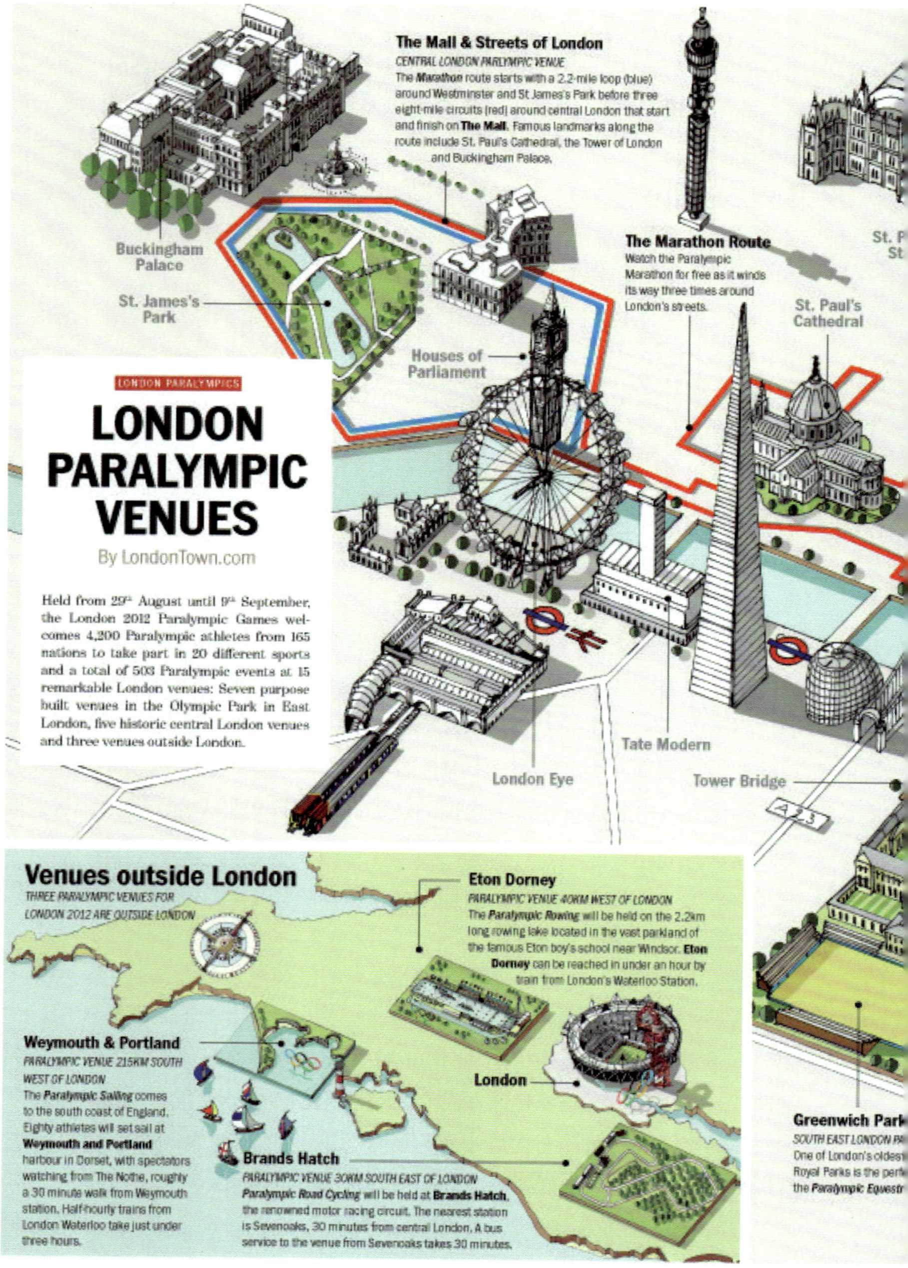

奥运场馆地图（图片来源：www.londontown.com）

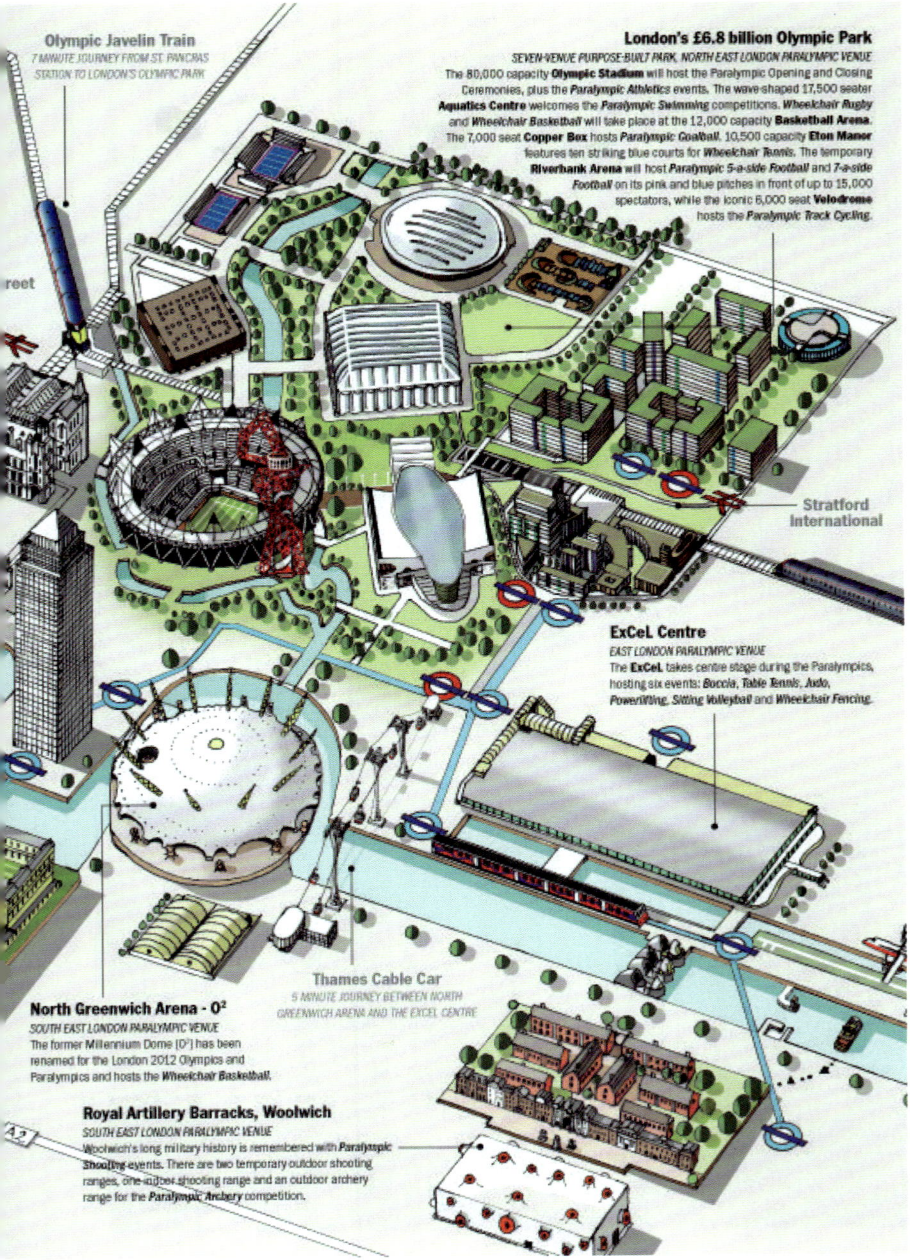
Olympic Javelin Train
7 MINUTE JOURNEY FROM ST. PANCRAS STATION TO LONDON'S OLYMPIC PARK
London's £6.8 billion Olympic Park
SEVEN-VENUE PURPOSE-BUILT PARK, NORTH EAST LONDON PARALYMPIC VENUE
The 80,000 capacity Olympic Stadium will host the Paralympic Opening and Closing Ceremonies, plus the Paralympic Athletics events. The wave-shaped 17,500 seater Aquatics Centre welcomes the Paralympic Swimming competitions. Wheelchair Rugby and Wheelchair Basketball will take place at the 12,000 capacity Basketball Arena. The 7,000 seat Copper Box hosts Paralympic Goalball. 10,500 capacity Eton Manor features ten striking blue courts for Wheelchair Tennis. The temporary Riverbank Arena will host Paralympic 5-a-side Football and 7-a-side Football on its pink and blue pitches in front of up to 15,000 spectators, while the iconic 6,000 seat Velodrome hosts the Paralympic Track Cycling.
reet
Stratford International
ExCeL Centre
EAST LONDON PARALYMPIC VENUE
The ExCeL takes centre stage during the Paralympics, hosting six events: Boccia, Table Tennis, Judo, Powerlifting, Sitting Volleyball and Wheelchair Fencing.
Thames Cable Car
5 MINUTE JOURNEY BETWEEN NORTH GREENWICH ARENA AND THE EXCEL CENTRE
North Greenwich Arena - O2
SOUTH EAST LONDON PARALYMPIC VENUE
The former Millennium Dome (O2) has been renamed for the London 2012 Olympics and Paralympics and hosts the Wheelchair Basketball.
Royal Artillery Barracks, Woolwich
SOUTH EAST LONDON PARALYMPIC VENUE
Woolwich's long military history is remembered with Paralympic Shooting events. There are two temporary outdoor shooting ranges, one indoor shooting range and an outdoor archery range for the Paralympic Archery competition.
A2

（上）伦敦东区与泰晤士河位置图　（下）东区居民住宅与金丝雀码头金融区（Alex Webb摄）

物馆，文化气息浓厚；ExCel会展中心紧靠泰晤士河，旁边是皇家维多利亚船坞，视野开阔，风光旖旎，承办拳击、击剑、柔道、跆拳道、乒乓球、举重、摔跤等项目；1948年奥运会的游泳池和拳击赛场这次用于举行羽毛球和艺术体操比赛；“O2千禧巨蛋”是泰晤士河边的标志性建筑，曾经作为北京奥运会火炬传递伦敦站的终点，2012年成为奥运会艺术体操、蹦床和篮球决赛场地。

如此看来，办一届奥运会还真不用新盖很多场馆，这主要得益于英国大型公共建筑设计往往集展览、会议、演出、比赛等多功能于一体，经过简单重组和改造就能转换用途，省钱、省地，还提高使用效率，给组委会提供了很大的选择余地。

新建的奥林匹克公园位于伦敦东区利河边一片工业用地上，东区历史上因为靠近船舶码头，成为移民们抵达伦敦的最早落脚点，自17世纪新教徒躲避宗教迫害来到伦敦之后，18、19世纪，爱尔兰人和东欧犹太人分别因为饥荒和沙皇屠杀逃到这里，1960年代受经济原因影响也曾经有大批移民涌入。现在，东区人口最多的是来自孟加拉的穆斯林，其次是非洲人、西印度人、巴基斯坦人、印度人、土耳其人、中国人和东欧人，在这里能听到200多种语言。作家狄更斯曾经说过：“伦敦东区是一个独立世界。”

尽管已经有超过一个世纪的大规模建设和繁衍生息，拥有170多座美术馆、画廊和博物馆，金丝雀码头也集中了伦敦一批现代化高楼，其中不乏世界知名金融机构的总部，但是与汇集议会、政府机关、皇家园林的“中上阶层”西伦敦相比，聚集“社会最底层”的东伦敦显得杂乱无章，仍然是人们心目中的“贫困地区”。

伦敦奥运会的举办，给东区带来了希望和生机，拆除老旧建筑和厂房，清理河道，新增公园绿地，完善配套设施，当然还有整体规划的奥运场馆，英国政府希望借此机会改变“贫穷、失业、缺少技能和健康状况欠佳”的现状，时任外交部门官员的杰克·斯特劳就表示要给下一代的发展增加动力。

享受运动的快乐

英国人对成功举办奥运的信心还来自其历史悠久的运动传统，提起奥运会，大多数人只知道法国的顾拜旦是创始人，却不知另一位关键人物——英

威廉·彭尼·布鲁克斯

国的威廉·彭尼·布鲁克斯医生。他生活在英格兰中西部什罗浦郡一个名叫马奇·文洛克的小镇，早在1850年2月，威廉医生就创办了一个“奥林匹亚”组织，目的是“提高小镇及周边居民，特别是工人阶级的身心健康和智力水平，定期举行公共集会，鼓励户外娱乐活动，奖励那些运动技巧高超和智力超群的参与者”。

他的号召得到积极响应，同年10月22、23日，文洛克举办了第一次运动会，融合竞技游戏和传统乡村娱乐项目，比如滚铁环、足球和板球，这被认为是现代奥运会的雏形。1890年，顾拜旦邀请该组织去参加他举办的一项活动，受威廉的启发，不久后便成立了“国际奥林匹克委员会”，这就是2012年伦敦奥运会吉祥物取名为“文洛克”的缘由，当地人都以小镇是奥运发源地而感到自豪。至今，在英国乡村的田间集会上，还能看到一些简单的、以娱乐为目的的运动项目。追根溯源，我们不难发现最初的运动会是因何而起，并对运动的真正意义多了一份理解。

行走在英国各地，会不时看到一位身穿高跟鞋和职业套装的时髦女郎，挎着包走进市中心的公园绿地，眨眼的功夫便换上运动服和跑步鞋，身手矫健地消失在树林步道间；从住地朝不同方向出发可以很容易地找到大片供运动锻炼用的草地，带球奔跑的孩子中也许就有未来的“贝克汉姆”；夕阳西下，穿城而过的河流上不时顺势飘来几艘皮划艇，轻松惬意，说不定其中就有在奥运会上摘金夺银的高水平选手；周日的巴士车上也许能见到一位刚用完早餐，背着球包去高尔夫球场挥上几杆的中年人。

1908—2012年，104年间伦敦三次举办奥运，经历了天灾、人祸和不可抗力，但他们对运动的热爱从未改变过。作为奥运会和残奥会雏形的发源地，奥运精神最先从英国传播开来并不是偶然的。18、19世纪，率先进入工业文明的英国，“先富起来”的英国中产阶级和上流社会钟情于休闲活动，特别是被称为“公立学校”的私立寄宿制中学里，那些贵族和想努力跻身上流社会的年轻人聚在一起，把旺盛的精力用于各种体育项目上，足球、水球、网球、马球、棒球、游泳、橄榄球、乒乓球、羽毛球、曲棍球、高尔夫、竞走、射箭、赛艇、皮划艇、拳击、斯诺克等今天流行的项目大多发端于这些喜欢玩乐的英国人，或者最早由他们制定游戏、比赛规则，并伴随着大英帝国的势力扩张传播到世界各地。

现代体育运动源于英国贵族和特权阶级教育背景，带有明显的衣食无忧的、资产阶级一贯的“不涉及利益”的特征，强调公平竞赛、业余精神、重在参与，反对职业化、商业化和物质报酬。

英语的“Sport”1300年最早的定义是“人们能感到有趣或者愉快的任何事情”，现代则解释为“追求消遣和娱乐的活动”，运动对英国人而言，不是远离普通大众的“职业”，也不是有钱人才能消费的“特权”，更不是一个国家用金钱堆积换来的面子。在我们的语境中，“运动”总是与“拼搏”“攀登”“金牌”“排名”“外交”“争光”等崇高概念联系在一起，看起来光芒四射，催人奋进，但恰恰远离了它原有的含义。

谈及英国文化、传统和特色的基本内容时，运动与竞技是其中不容错过的重要部分。伦敦三次办奥运的经历告诉我们，无论规模大小，条件优劣，本国参赛队能获得多少金牌，都不影响运动在生活中所占的重要位置和所有人享受运动的权利与运动所带来的快乐。

伦敦博物馆里关于1666年大火的展览

浴火的城市

London after the Great Fires

当灾难发生在我们自己身边时，这样的人生活戏剧不是一样会上演吗？只是不知你想做为人称颂的英雄，还是被人唾弃的匪徒？

初到伦敦，住的是公寓楼，周围都是绿地和足球场，里里外外有人每天打扫，安静整洁。只有一点不太方便，那就是从楼外到自己的房间，一共要通过四道门，门上还安装有阻力很大的自动锁紧装置，要用劲才能推开。如果去超市买了东西，拎一堆袋子回来，就得不断地把东西放下、开门，然后用身体倚住门，再把地上的袋子挪进去，如此反复。楼道之间，不同的单元也是用同样的门隔开。总之，一座楼被各种大大小小的防火门分隔成不同单元。有人为了方便，取来公用的烫衣板或吸尘器把门别住，但总会被巡视的管理人员发现，所以串单元的人过来就回不去，或者穿很少的衣服被关在楼梯间里的事儿时有发生。

如果只是开门麻烦也就算了，房间不定什么时候会毫无征兆地警报声大作，而且往往是在休息时，高频大音量甚至会让睡梦中的人有世界末日到来的错觉。就是在教室里，也会突然响起铃声，于是大家都得迅速下楼，沿途有身着反光标志的工作人员神情严肃地疏散大家，要求远离建筑物。

这是根据《1997年火灾预防条例》定期进行的防火演习，按照规定，所有工作场所每年度至少一次，学校则建议每学期一回，而且必须有专人负责、制订疏散计划和模拟联络消防队。目的是训练大家面临危险时保持镇静和有序，“义务安全员”们能快速进入角色，按照演练过的路径指挥逃生。类似演习的实际效果我们常常可以在地震多发国家日本见到，公众的防震意识强是灾害发生时人员伤亡较少的主要原因之一。英国这种在一些人看来近乎神经质的消防教育和演习源于他们历史上惨痛的教训，而伦敦可以说是一座浴火后重生的城市，从随处可见的防火安全提示和灭火设备可看出他们对曾经发生的大火心有余悸。

公元60年，已经征服不列颠的罗马人在这片土地上为所欲为，罗马士兵驱逐当地原住民，强占田产，甚至把他们当成奴隶，这些行为让不列颠人产生了反抗情绪。61年初夏，爱西尼人的国王普拉苏塔古斯去世，罗马人意图吞并这位昔日盟友的财产。普拉苏塔古斯的遗孀布迪卡试图反抗，但是被当众剥光衣服羞辱和鞭打，两名女儿也遭到强奸，这成为不列颠人反抗罗马暴政的导火索，罗马人因为自己的贪婪付出了沉重代价。

怒不可遏的不列颠人推举布迪卡为领袖，揭竿而起，“布迪卡”在凯尔特语中是“胜利”一词的阴性形式，与布列塔尼语中“胜利”的阴性形式“维多利亚”对应。他们一路攻占了罗马人的行省首府科尔切斯特[1]，毁掉神庙，屠杀躲在里面的市民，2000多名罗马移民丧命。

布迪卡带领不列颠军队焚毁罗马人的伦狄尼姆

[1] Colchester，在英语中有chester后缀的地名，大都和罗马人有关系。

那时伦敦的名字叫“伦狄尼姆”，是罗马人的一个小定居点，由于靠近泰晤士河，拥有得天独厚的重要地理位置，逐渐发展成罗马人在不列颠南部的一个主要商业和运输中心。河边遍布房屋、商铺和军需仓库，但没有构筑城墙和军事防御设施，伦狄尼姆成为布迪卡领导的起义军的第二个攻击目标。毫无防备的城市被横扫，留在城中的居民被屠杀，不列颠军队一把大火烧毁了这座刚刚在泰晤士河边露出生机的城市，将之夷为平地。至今人们在伦敦地下20—40尺的地方还能找到一层厚厚的灰烬和被熏黑的陶器碎片，这些都记录着布迪卡女王给伦敦留下的难以磨灭的大火烙印。

虽然起义最终被罗马人镇压，约有十万不列颠人遭到屠杀，但布迪卡率领民众反抗暴政的故事却广为流传，在维多利亚时代的大不列颠帝国更是上升到代表帝国形象的高度。现在泰晤士河边耸立着一座布迪卡驾马车纵横战场的雕塑，造型就来自历史传说：布迪卡挥舞一条硕大的长矛，与两个女儿驾驭战车上下驰骋，用他们家族和人民遭受的凌辱来激起士兵们复仇的怒火，任何人看到都会惊恐万分。

回到罗马人手中的伦狄尼姆很快得以重建，罗马人又开始了他们的快乐生活，这座城市也在朝代更迭中走到17世纪。此时它的名字已经改为“伦敦”，是英国最大的城市，欧洲名列第三，位列君士坦丁堡和巴黎之后，人口估计有500万，有英国最繁忙的港口、最大的制造商、最热闹的市场和集散中心。但当时的伦敦似乎并不是一个适合人居的地方，城市没有规划，无序扩展，街道拥挤，建筑也多是木质结构和茅草顶的临时房子，嘈杂、肮脏、气味难闻。

1664年和1665年的夏季湿润多雨，瘟疫已经蔓延了很长一段时间，1665年9月19日的数据显示7165人死亡，这是其间死亡人数的最高峰。而1666年却很反常，出奇干旱，炎热的夏季虽然让瘟疫发病减少，但还远没有结束，7月最后一周仍有38人死亡，8月也还有266人丧命。

一波未平，一波又起。

距离泰晤士河边不远处有一条布丁巷，在中世纪英语里，“Pudding”一词是内脏的意思，因为这条不足百米的窄巷连接着附近的肉铺、鱼市和泰晤士河边的码头、仓库，很多屠夫把宰猪和烫猪毛之后留下的内脏和粪便等污物通过巷子运到河上的垃圾船，小巷因此得名。不过在今天，布丁的主要意思已经变成了“松软甜点心”，在苏格兰英语中还有“血肠”的意思。

巷子里有间烘烤面包的小店，店主名叫托马斯·法里尔，他的大客户是附近的“海军食品储备处”，托马斯和女儿汉娜以及一个女仆和一个男伙计住在不大的作坊里。1666年9月1日，周六晚上八九点钟，托马斯照常打烊，经过漫长炎热的夏天，伦敦显得很干燥，他检查了炉灶，准备好第二天一早要用的柴火和周日晚餐的烤肉。午夜时分，汉娜再次检查烤房，确认一切正常后，上楼睡觉。

大约一个小时后，也就是9月2日凌晨，住在一楼的伙计被呛醒，浓烟让人呼吸困难，他摸索着上楼叫醒老板、汉娜和女仆。然而，此时他们已经被大火困在二楼。情急之下，有人建议沿着窗外窄窄的挡水屋檐，挪到邻居家的窗户旁，或者直接跳下。他们边爬边大声喊叫，告诉大家起火啦！可怜的女仆，也许因为害怕，抑或被突如其来的变故给吓蒙了，也可能是被浓烟熏昏，最终没能跑出来，成为这场大火第一名遇难者，至今人们都不知道她的名字。

火势借着大风迅速蔓延到泰晤士河边的仓库，点燃里面的纸张、木料、绳索、沥青和油。强劲的东风带着火苗在狭窄的小巷里蹿动，惊慌失措的人们逃命的多，救火的少，大火一发不可收拾。所幸，因为风向的原因，大火没有蔓延到不远处的皇家伦敦塔。

多年以后，伦敦人一直没有放弃找出起火的真正原因，至今还有不少学者和历史学家在讨论这个问题，与通常看到的被定义为“事故”不同，另外一个版本是“人为纵火”，锁定的目标是居住在伦敦的外国人。

其实，与伦敦本地人相比，外来人口当时很少，也就几千人，主要是外交人员。1639年的统计显示，共有1668名外国人登记，其中法国人641人，荷兰人176人，还有15名意大利人和6名西班牙人，他们的职业五花八门，有画家、雕刻师、音乐家和银匠。第一怀疑对象来自荷兰，当时的荷兰很强盛，在欧洲名列前茅，地位举足轻重，他们的商人涉足所有贸易，在其他国家，讲荷兰语比英语更流行和时髦，伦敦只不过是他们赚钱机器中的一环而已。

伦敦人对这些比自己富有的荷兰人很仇视，不少群体以不同方式“排外”。比如1662年，纺织行业便促使政府修改一项法案，禁止雇佣外国工人。就在这次着火前两周，当地人还烧毁了一支荷兰商船队，按照常理，荷兰人报复纵火的可能性和嫌疑最大。

第一个被抓住的荷兰人名叫科里尼厄斯·里特维尔特，也是一名烘焙店老板，有人说看见他在周日夜里[1]要把自己距离火场还有一段距离的房子也烧了，以此推断他有纵火的可能。非常时期往往流言滋生，还有人说火是从布丁巷里荷兰人的房子首先烧起来的。

因为有人觉得是法国人干的，伦敦人疯狂地袭击他们，其中一名妇女被扒光衣服，裙子也被点燃，人们还切去她的乳房，手段很残忍。另一名法国人在被“批斗”下承认这事儿是他干的，而自己只是一个23人“恐怖组织”的一员，不过在极端情况下，这种结果的真实和可靠性值得怀疑。最终，法国人被绞死，然后被愤怒的人们肢解。

还有一名叫安妮的女仆被逮捕，有五名证人听她提起在起火前有一群法国人去过她主人家，提醒他把财产搬离。传说中的法国人说，“六周内这些房子和所有街道都将化为灰烬”，不过安妮否认法国人说过这样的话。1830年代以后，因为宗教方面的原因，对法国嫌疑人纵火原因的探究被叫停。1666年9月2日那天凌晨，到底发生了什么，永远成了一个谜团。

与大火起因的扑朔迷离相比，这场火灾造成的影响和后果却很清楚，它们被以各种方式记录下来。

“大火很快冲过摆放在路边没有搬走的一长排木头，那原本是从房子上拆下来防止火势蔓延的。火舌舔遍了整条街道后离开，把最下面的地窖和酒窖也烧了个底朝天，并横扫路两边的房子，发出伦敦城里从未听过的响声……”一位清教徒牧师托马斯·文森特在书中这样记载，在他看来，大火是对这座城市深重罪恶的惩罚，无法扑灭。

着火的地方以前和现在都是首都的商业中心，有英格兰最大的市场和最繁忙的码头，聚集了商业和制造业的中产阶级。“我们待到几乎天暗，看着火势扩大，当天色暗下来，出现越来越多的火光，在角落里、陡坡上、教堂和房子上面。从城区的山丘上极目所视，全都笼罩在可怕至极的熊熊火焰中……”当事人回忆说街道上挤满了人，他们带着细软骑马、坐车或奔跑逃离，商人则用力把能从大门扔出的物件都扔出去，地上都是从火里救出的东

[1] 也可能是周一的清晨。

西，现在，伦敦博物馆里还陈列着仿制品，一片狼藉。

“火焰发出的声音冲击着耳膜，好像有一千辆铁战车击打在石头上……火苗迎面扑来，瞬间整条街道大火熊熊燃起，向前突进，好像对面窗户里有很多大铁匠铺，聚在一起，形成一个巨大的火球吞下整条街道……房屋从街的一头开始倒塌，直到另一头，只剩下烧光的地基，裸露在苍天之下。”托马斯·文森特的描述充满了镜头感，令浮想联翩的读者不寒而栗。

大风刮到周二才停，士兵和海员用炸药炸毁房屋，设置隔离带才控制了火势，一直到周四，燃烧五天的大火被扑灭，但由此造成的死亡人数却不详，当时只有四名遇难者的记录。统计遭到质疑，因为那时没有完善的户籍登记制度，大量贫民和中产阶级并没有记录在册，持续五天的大火高温也足以让遇难者尸骨无存。13,500座房子、87座教堂、44个商业场所、圣保罗大教堂、救济院和监狱、三个城门被烧毁，过火面积达436英亩，约等于250个足球场，至少65,000人无家可归。按照当时的物价计算，经济损失第一次估计是一亿英镑，后来又降低到一千万英镑，这个金额相当于2005年的十亿英镑。

对火灾的记载大多来自目击者的日记和当时画家们的绘画作品，进入伦敦博物馆用大红色装饰的“伦敦在燃烧”展览，看着一段段触目惊心的描述和一幅幅油画里的不夜天，参观者仿佛还能感受到当年那场大火带给伦敦的恐惧。一场大火不仅检验了城市抗击灾害的能力，同时，面对灾难以及由灾难带来的混乱，不同人展现出了不同人格。虽然这是发生在三百多年前的事情，但当我们阅读一个个简单描述时，各色人等跃然纸上，让人感慨不已。

“伦敦市长托马斯·布鲁德沃斯周日凌晨三点看见起火，但决定让它自生自灭，他没有下令即使房主不同意也要推倒房屋，以阻止火势蔓延。

“国王查理二世拿起水桶救火，还撒钱奖励参与灭火的群众。

“国王的兄弟詹姆斯公爵组织救火，他命令推倒房屋，阻止火势蔓延，营救被暴徒袭击的人群。

“人们不顾一切地从火中抢救自己的财产，当租马车运东西时，马车夫开始漫天要价，价钱从10先令涨到40镑，相当于从现在的60英镑涨到3000英镑，翻了50倍。

（上）伦敦大火烧毁面积　（中）（下）艺术家笔下的伦敦大火（图片来源：London Museum）

“一群群暴徒搜索没有着火的街道，攻击任何不能说很好英语的外国人，特别是妇女。

“西班牙大使用自己的房子收容外国人，保护他们不受匪徒袭击。

“伦敦邮政局长詹姆斯·希克斯在逃跑时，保护并带出了很多邮件，并发信通知周边国家，告诉他们伦敦发生了什么。

“威斯敏斯特学校的校长约翰·多本和孩子们奋战数小时保护了一座教堂和周围的房子。

“小偷非但不帮忙救火，反而抢夺空房子里的财产，趁混乱从马车上偷盗别人的财物。”

…………

火灾已经成为历史，但是人们面对火灾的表现却仍然被现在的人称颂或者唾弃。站在展厅里，我想如果当灾难发生在我们自己身边时，这样的人生活戏剧不是一样会上演吗？只是不知你想做为人称颂的英雄，还是被人唾弃的匪徒？

大火完全熄灭一周后，查理二世宣布要建设一座比烧毁的旧城更漂亮的城市，这种因为灾害带来的彻底重建城市的机会并不多见[1]。此时，建筑业成为恢复经济的主要手段，很多人涌向伦敦寻找商机，但查理二世并没有急于放开大规模运作，1666年9月13日，皇家发布公告，在新规则没有颁布之前，禁止重建，否则会受到惩罚。同时，组织了一个六人专家委员会，其中国王提名三位著名建筑师，市政府从同业公会的优秀工匠中挑选三名，由他们共同商议制定重建基本规则。1667年2月8日，议会通过《第一重建法案》。这份文件确定了城市形态、街道宽度、市容结构等，明确私人房屋重建资金由租赁人承担，而公共建筑重建费用则主要由从泰晤士河运进来的煤征收的税支付，所有操作必须遵守重建法案的规定。

重建房屋要符合四种形式之一，且都要有标准尺寸。第一类，面对小巷的最普通房屋，两层带阁楼；第二类，面对街道或者重要巷道的三层楼；第三类，面对主要街道或者大街的四层带阳台建筑；第四类，也是最“豪华”的一类，由建筑师决定专为高级人士建造的房屋，不面对前面三种街道。

[1] 1755年葡萄牙首都里斯本大地震也让这座城市有了一次重建的机会。

法案其他主要内容还有：对重建地区进行详细勘测；规定加宽街道，打通到泰晤士边的通道，任何建筑不能阻塞；街道宽度根据道路性质不同，从码头的30公尺到小巷的5公尺不等；鉴于此前木结构房子让火势迅速蔓延的惨痛教训，要求重建房屋的设计必须整齐一致面对新拓宽的街道，建筑材料必须使用石块或砖块，门窗的边框要使用橡木；房子墙壁必须垂直沿规划路线排列，而不是像以前一样上层往前突出，遮蔽下面的道路，任何向外突出的结构都在禁止之列，这能使街道宽敞，便于交易和交通。

建筑形式分类和材料标准化使得伦敦大部分房屋形式整齐，此外，新的租约期做法对新建筑的样式也产生影响。土地租金由房屋大小决定，而房屋又是以其面对街道的尺寸确定，所以不少建筑都是又高又窄又深，这样就能尽量在街面上“挤进”更多房屋，门面小，但房屋数量不少，伦敦随处可见的砖石结构连栋房屋就是这么形成的。

人们在老街上开始新城市规划和建设的同时，强调改善卫生和防火安全。1680年前后，一家名叫“火灾公司”[1]的保险企业在伦敦开张。16世纪初，英格兰政府制定火灾预防法规，其中1705年颁布的《伦敦灶火细则》特别禁止在茅草顶建筑[2]的顶层或者阁楼里使用明火，而同时期苏格兰在经历了几次火灾之后，也出台法案，要求建筑高度不能超过五层。

火灾发生之后，很多人向国王提出对大都会的重建设想，其中几位大名鼎鼎的人物也有各自对未来伦敦的规划方案，他们是克里斯托弗·雷恩，皇家顾问、园艺家约翰·伊夫利，制图员理查德·纽考特，科学家罗伯特·胡克和军官瓦伦丁·奈特。重建圣保罗大教堂的伟大建筑师雷恩是最早提交构想的人，八角形大型公共空间通过宽阔林荫大街构成的网格系统串联，纵横间有变化，街道由一个个中心发散开去，这符合查理国王对新建城市必须“有秩序和方向感”的“指示”。雷恩的灵感来自多年前在巴黎的考察，他要创造一座像巴黎那样“繁华而规整”的大都市。

约翰·伊夫利对现代都市理论有深入研究，他用很短时间写了一篇《伦敦再造》，并附上一份看起来与雷恩有异曲同工之妙的城市规划图，这是以

---

[1] 1710年，“火灾公司”和“凤凰公司”合并，成立“太阳火灾公司”，也就是现在的“皇家太阳联合保险公司”，是世界上最古老的保险公司。

[2] 见第213页《乡村撒切尔》。

旧城为中心设想的一座巴洛克风格首都。重新规划教区界限，安置教堂，以均衡每一区的人口数量。教堂要以现代风格建造，其他主要建筑沿新的大广场边缘排列，当然大广场也会设计成各种样式。城市通过道路构成网格状，把城区分割为几何板块。伊夫利觉得新城市会像人体一样，金钱、商品、贸易是血液，从中心流出去，让城市充满活力。

罗伯特·胡克是几何学专家，他的方案把老城区划分为一个个面积大小相近的棋盘状方格，皇家学会和驻会的市议员对此很感兴趣，他得到两家机构的支持。制图员理查德·纽考特和军官瓦伦丁·奈特提供的也是类似网格状规划方案。这种城市形态没能用在伦敦重建中，不久后却在美国落地开花，旧金山、费城等都能看到类似的影子。

虽然查理二世很欣赏雷恩的方案，但却没给他提供条件去实施，其实最终没有任何一个规划得以实现，原因是当《重建法案》一颁布，那些土地所有者们便迅速主张自己的权利，仍然沿着之前中世纪街道的走向开始重建，而期间英格兰与荷兰正为争夺贸易通道交战[1]，查理二世没有精力和财大气粗的商人们较劲，他守住的底线是街道要足够宽，建设标准必须提高。到1670年底，测量完成的点有约7000个，6000所房子建成，从1676年的地图可

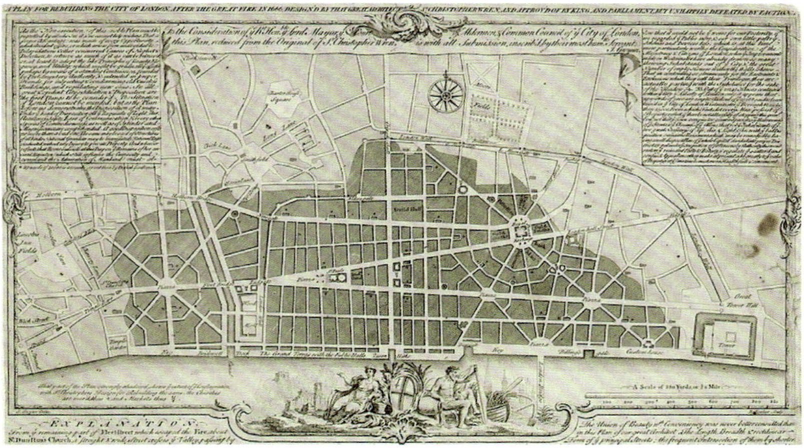

雷恩重建伦敦的设计构想图

[1] 英荷战争，17—18世纪英国与荷兰之间为了掌握海上势力的主导权发生的四次战争。

以看出，除了一些教堂的位置，过火的所有面积都已经重建。

今天回溯站在城市建设十字路口的伦敦时，不少人认为当时的伦敦社会阶层交织在一起，如果雷恩的规划实现，各阶层将会被林荫大道和气派的广场分隔开，各色人等将会扎堆聚集，从而形成各自独立封闭的社区，最终穷人会被挤出城市中心。城市看起来光鲜亮丽、井然有序，但会有不少人为了能在林荫道旁的社区里立足付出很大代价。在人们“庆幸”雷恩的计划没有实现时，其实环顾我们周围，这样的建设一直未曾停止过——旧城改造之后是大片老城区消失，取而代之的是鳞次栉比的高楼大厦，城市的原住民变成“拆迁户”被移到远离中心的地方，越来越少的老城区陷入包围，变成饱受歧视目光的“城中村”。

伦敦大火后19年，也就是1685年，虽然它没有变成巴黎的模样，但已经逐渐以自己的方式“转身”为一座优雅的现代城市，新建房屋让市民生活更方便，街道拓宽，清水被输送到各处，下水道等设施的铺设让城市空气得以自然流通，有益身心健康。

1774年《火灾预防法案》按照外墙和界墙的厚度把建筑分为七个等级，并特别限制商店和仓库的最大面积，以防止一旦起火，过多物资助燃，无法控制火势，还第一次提出及时逃生保全生命比建筑安全更加重要的观念。法案在“伦敦自治区”章节中指出调查员和每个教区必须准备三把以上的梯子，分别能达到一层、二层和三层楼房高度，以帮助被困人群及时逃离火灾现场。

1675年圣保罗大教堂重建时，设计师雷恩让人在南侧袖廊雕刻了一只浴火凤凰，并在石碑上刻上“我将再起”。一场大火让伦敦遭受巨大损失，二十多万灾民无家可归，有人从此离开再也没回去。不过火灾让昔日脏乱差的老城区几乎消失，为新城建设“创造”了条件，重建的伦敦城有了很大改观，面貌一新，相比以前更规整、宽敞和整洁，卫生状况也改进很多，只是逐渐重新建设起来的城市在270多年后又一次面临严峻考验。

第二次世界大战期间，从1940年9月7日起，德国空军对伦敦进行了76天的“空中闪电战”，人们不得不躲到地铁里，等空袭过后，回到地面时，也许自己的家已经毁于火海，到处是消防队在奋力扑火。狂轰滥炸破坏了码头、火车站、热电厂等公共设施和居民区，让伦敦成为当时英国遭受破坏最

1940年12月30日凌晨，德国空袭伦敦，硝烟中的圣保罗大教堂（Herbert Mason 摄）

严重的城市之一，造成两万多人死亡，一半民居被毁，150万人无家可归，伦敦老城三分之一被夷为平地。当时，圣保罗大教堂矗立在遮天蔽日浓烟中的图片成为战时伦敦不屈的象征。

英国电视第4频道的一档考古节目曾经播放过一部纪录片。二战期间一片居民区被炸毁，摄制组在几十年后来到已经变成公共绿地的街道遗址，他们通过历史资料和仪器定位准确地找到其中两幢房子的位置，还画出电脑模拟的复原图。发掘成果除了一些日常使用的物品，还有一只猫的遗骸，主持人请来当年居住在此的两位女士，和他们聊小时候使用过的餐具和大家都见过的那只猫。时光荏苒，当年的小女孩已经变成了老奶奶，但她们对火光四起的恐惧还记忆犹新，讲述的故事就像发生在昨天。

2008年2月9日晚上，伦敦最有名的旅游市场卡姆丹市场起火，火苗有四层楼高，消防队用了20台设备，100名灭火人员才控制住火势。当时还是伦敦市长候选人的鲍瑞斯·约翰逊说："火灾对这一地区和人们是个严重的打击，但是商户、当地居民和应急处置在压力下表现得非常好！"这座市场由露天和室内的市场组成，还有酒吧、俱乐部、餐厅和商店，每个周末都有30

万人流量，幸运的是行动及时，没有人员伤亡，“火烧连营”的惨剧也未重演。不过店铺林立、人员稠密的市场着火还是令当地人出了一身冷汗。

伦敦这座城市在一次次成长、衰落和重生中走来，接受着火的洗礼和塑造。从1705年最早的火灾预防规定出台至今的300多年间，英国针对各种特殊场所和火灾案例，制定、颁布和更新了一系列火灾预防法律法规，最终目的就是最大程度消除火险隐患，保护公众生命财产安全。

了解了伦敦与火的历史，便容易理解英国人在公共场所“神经过敏”式的防火演习和设置各种消防设施所带来的不便。这一切虽然看似麻烦些，但多装几道防火门总比所有财产付之一炬成本低；平时知道一些逃生常识和组织公众参与演习，看似多余，但真的遇到灾难时就派上用场了。

2010年11月15日，下午2点左右，上海市胶州路一幢28层高的居民楼起火。据现场目击者说，因为出警迟缓，设施不到位等，人们眼睁睁看着大火燃烧数小时后才熄灭。造成58人死亡，71人受伤，其中17人伤势严重，另有40余人失踪的严重后果，而此时距离创造了参观人数7308万人次“世界纪录”的上海世博会闭幕仅仅半个月。从新闻报道中我们不难看到，在重特大火灾发生后，不出意外，各种安全防火会议，突击消防检查，如行为艺术般的演练便会纷至沓来，一切都显得很积极，很热闹，也很“眼熟”。其实，习惯了“面子工程”的人们心里都明白，这样的“热闹”持续不了多久，一切便会返本还源，从公众到政府部门对火灾的防患意识似乎并不会有太大改变，直到下一次严重火灾再次发生，周而复始。

意外在任何地方都是难免的，但当做好了从意识到硬件的准备之后，就能把因为意外造成的危害和损失降到最低。“防患于未然”是我们老祖宗留下的一句警世格言，道理很简单，只不过做起来并不容易，消防安全还真不是做给人看的，也确实不是开几个会和象征性问责几名官员能解决问题的。

现在，伦敦1666年发生火灾的地方，除了布丁巷的地名依旧，其余早已经面目全非，被现代写字楼代替，只有一座可以登高的火灾纪念塔矗立在事发地点附近，吸引观光者驻足。而那场大火留给伦敦，乃至整个英国的教训已经深深地融入他们的生活中，懂得从历史中吸取教训的英国人无论是公众意识的培养，还是硬件设施的配套，都做得很到位。

支撑顶棚的圆拱是温布利体育场的标志

探访传奇之地

Venue of Legends

球王贝利曾经这样评价："温布利老球场是足球的圣地，足球的首都，是足球的心脏。"

我刚到伦敦时住的寓所窗户朝东，每当暮色降临总可以透过旁边的树林看见远处有一个发亮的圆拱在夜空中格外醒目，向同单元的舍友提及，这名来自北爱尔兰的学生神秘地说："那是一座著名的体育场。"直到有一天乘地铁，从早报上读到一则消息说温布利体育场要举行建成后的第一个公众开放日，看着报纸上的图片，这才知道每天从房间抬眼就能望见的那座有圆拱的建筑就是英格兰足球队的主场——温布利体育场。随后按照指南通过网站提出申请，没几天就收到体育场寄来的试运行参观券。

公众开放日定在2007年3月17日，那天是星期六，提前乘地铁到温布利公园车站，车厢里明显比平时热闹，虽然只是试运行，很多球迷还是穿戴着英格兰队的球衣和围巾，就像真的去观看一场足球比赛。地铁站最早投入使用是在1880年8月2日，至今已有近130年历史，作为大型体育场配套工程，新建车站设计了宽敞的大厅和很多通道，每小时最多可分流37,500人，保证大型活动后，能迅速通过地铁疏散观众。

虽说从小就踢球，但后来被中国足球一次又一次的拙劣表现倒了胃口，我已经想不起上次到现场看球是什么时候，记忆中不是被太阳晒得像烤鸭，就是被大雨淋得像落汤鸡。而在温布利球场里球迷完全不受天气影响，头顶的"天窗"能在15分钟内关闭，保证比赛正常进行。如果没有赛事，同时又天空晴朗，可以调整的顶棚能让球场每个角落的草坪都沐浴到阳光，这比之前的老体育场只能覆盖观众席的顶棚要先进很多。

这些功能的实现就是靠天天能看见的“巨拱”，圆拱直径7米，由500根支架组成，每根长20.5米，构成13个单元，然后焊接在重70吨的巨型铰链上，总重1750吨，相当于10架大型喷气式客机的总重量，中部空间可以容纳一辆地铁列车穿行。拱顶距离地面134米，跨度达315米，是世界上最长的单跨顶棚结构。它真正的作用是支撑5万吨顶部建筑重量，取代体育场内部柱子。体现优秀体育场最重要的特征，就是确保所有球迷能从不同角度毫无遮拦地观赏球场上的精彩比赛。

像巨大的圆拱一样，体育场很多设施都是大尺寸的。2618个厕所，这是给我留下最深刻印象的数字，六倍于老体育场的卫生间为9万名球迷提供“方便”，如果要评选单体建筑厕所之最的吉尼斯世界纪录，恐怕非它莫属。688个食品、饮料供应点飘出诱人的香味，让观众能有吃有喝地观看比赛。305米长，300米宽，近乎于圆形的体育场让更多人性化的设施成为可能。

走到圆拱下面，抬头仰视更显壮观，它不仅是体育场的标志，也成为伦敦地标之一，在伦敦市中心的白金汉宫、议会、英国博物馆等不同位置都能看到它在天际划出的曲线。温布利地区因为这座体育建筑闻名世界，此前还有很多不为人所熟知的趣事。

“温布利公园”的名字早已有之，当时是远离伦敦中心区的小村庄，名为“公园”，其实就是有着“广阔的土地，宜人的草甸，很多小溪穿流而过……”的一片自然区域。这一切因为1863年世界上第一条地铁“大都会线”的投入使用而改变，“温布利”变成伦敦郊区。当时，主持铁路建设的人名叫爱德华·沃特金，他对法国有特殊情结，最早提出修建连接英国和法国间的隧道，另一个想法则是引进巴黎元素，开发温布利公园区域，其中一项具体措施就是建一座“伦敦版的埃菲尔铁塔”。

埃菲尔铁塔是为1889年巴黎万国博览会建造，并且迅速成为巴黎的地标，正是基于这座铁塔在商业上的巨大成功，同年11月，爱德华·沃特金和同事们发起了选拔“伦敦铁塔”设计方案的活动，其中有一项“硬指标”，那就是这座塔要比300米的埃菲尔铁塔再高46米。“巴黎铁塔”的设计师亚历山大·古斯塔夫·埃菲尔也被邀请提供设计方案，只是在法国舆论指责他“不

（左）“伦敦铁塔”第一层　（右）温布利公园的规划图，远处就是“伦敦铁塔”

爱国”的压力下，不得不婉言谢绝。

最终入选方案高度为350米，和埃菲尔铁塔造型很相似，只不过增加了一些东方或印度风格的装饰，预计造价为35万英镑，这在当时是一笔很吓人的数目，同时期落成投入使用的牛津市政厅的造价也不过94,116英镑，也就是说建铁塔的费用可以盖4个市政厅了。

工程于1893年开工，历时两年建好第一层平台，不过47米却成了这座塔存世的最大高度。因为造价高昂、缺乏新意等，项目从一开始就没引起公众的兴趣，淹没在温布利的沼泽地里，于1907年彻底停工，后来英文中还留下一个俗语“Watkin's Folly”，意思是“沃特金的荒唐事”。看着当年的设计效果图和施工现场图片，估计很多人会误以为是“巴黎铁塔”，如果建成的话，隔海相望的两座相似铁塔又会留下怎样的话题？

因为雄心勃勃的计划被搁浅，温布利公园其他项目也放慢脚步，到1914年，建好的房屋不超过100幢，更大的空地则变成了高尔夫球场，直到20世纪初期一个新项目的启动。

1921年，温布利公园被定为“不列颠帝国博览会”会址，之后，博览会建设公司以67,323英镑的价格买下这片区域。此时距离第一次世界大战结束不到三年，举办大型展会的目的是为了促进英联邦国家之间的贸易，让人们从低迷气氛中走出来。当时的威尔士亲王说：“我们希望减少这个国家的失业人数，给长时间经历痛苦、悲伤和贫困的千家万户带去快乐和繁荣。”这位亲王1936年1月20日继位，成为爱德华八世国王，因执意要娶离过两次婚、又不是贵族的美国妇女辛普森夫人，遭到英国政府、英国国教，以及海外领地政府的强烈反对，执政325天后，于同年12月11日自动退位，成为英国及英联邦历史上在位最短的君王，也就是后来的温莎公爵。

帝国博览会会馆总面积87英亩，相当于35万平方米，是天安门广场的四分之三。场馆以两条轴线为基准布置，南北轴“国王路”连接园林和主场馆“帝国体育场”[1]，东西轴有湖面，并按照参展国的重要性和国土面积大小布置场馆，所有建筑都是临时性的。东道主英国除了有一座主场馆，同时还有四个场地展示他们的成就，分别为产业、工程、艺术和英国政府馆，从规划图、建筑效果和展览内容看，吃喝玩乐，一点也不比今天的博览会逊色。

参展国家和地区还有加拿大、澳大利亚、新西兰、印度、西印度[2]、西非、南非等58个英国殖民地和领地，是当时世界上规模最大的博览会，这种会展模式一直沿用至今。每个场馆也各具特色，加拿大塑了一座威尔士王子骑马的雕塑；澳大利亚在羊上面做文章；新西兰用了毛利人的元素作为装饰；印度馆一看就觉得与泰姬陵有类似之处；西印度的园林里种植了咖啡、可可和香蕉。

博览会主场馆“帝国体育场”正门为两座白色双塔，设计灵感来自印度新德里总督府，双塔此后便成为体育场的标志。场馆建设使用了当时的新材料——混凝土，外墙用强化混凝土涂抹，整体采用现浇混凝土工艺，而预制板厚度只有75毫米，新材料的用量达到25,000吨，配合钢材和玻璃顶，工程进度大大加快。英国人投资75万英镑，历时300天，高效地建起了当时“世界上最好的体育场”。这类建筑的特点是质朴和结实，没有过多华丽装饰和色彩，此后中国不少地方修建的大型体育场就是模仿这种风格。

博览会1924年4月23日开幕，英王乔治五世主持开幕仪式，第一次通过刚投入使用不久的广播向英国人发表讲话，后来继位的威尔士亲王在展会第一阶段也发表了演讲。作为大英帝国的一项盛事，英国公众的热情空前高涨，“棒极了的温布利”经过口口相传，吸引众多参观者，1700万人纷至沓来。会期本来预定到11月，尽管已是英国的秋冬季节，多雨、潮湿、昼短

[1] 现在已经更名为“奥林匹克大道”，两端分别是新建的地铁站和新温布利体育场。
[2] 今天的加勒比海地区。

1924年不列颠帝国博览会的部分场馆和平面图（图片来源：Oldukphotos）

（上左）电影《国王的演讲》约克公爵在老温布利体育场发表讲话
（上右）1963年增加了顶棚的老温布利体育场，正门两座白塔是标志
（下）新温布利体育场内外景

夜长，但仍然没有挡住公众的热情，主办者不得不决定延长博览会到第二年，购票参观的人数又增加了1000万，博览会取得巨大成功。“国家的强心剂”，这是人们对盛况空前展览会的定义，从中也不难看出为什么后来很多国家都热衷于承办类似的大型国际活动。

1925年10月31日，大不列颠帝国博览会闭幕，这一事件被2011年热映的电影《国王的演讲》以另外的视角重现，正如电影一开头字幕提示的那样：1925年，乔治五世国王统治着世界上四分之一的人，他派二王子约克公爵去伦敦温布利的帝国博览会闭幕式上发表演讲。

电影中，当公爵走上演讲席时，话筒后面远景的两座圆形建筑就是“帝国体育场”标志性的双塔顶。这位讲话很费劲的约克公爵在1936年12月11日继承哥哥爱德华八世的王位，成为乔治六世，在三年后爆发的第二次世界大战中，他克服此前不自信和严重口吃的毛病，为重振英国王室形象和鼓舞英国人民士气起到很大作用，赢得人民的爱戴和拥护。他和妻子伊丽莎白的大女儿就是现在的英国女王伊丽莎白二世。

博览会结束后，土地以30万英镑的价格售出，地价升值近4.5倍。博览会既为英国人提供了一个不错的休闲娱乐项目，也带动了区域开发。按照计划，价值200万英镑的地面建筑被迅速拆除，产业馆、工程馆和艺术馆改作他用。

幸运的是，在热心人士的建议下，帝国体育场得以保存，作为英格兰国家男子足球队的主场使用，这就是后来被全世界足球迷们所熟知的“老温布利体育场”。1948年，伦敦在困难中承办第十四届奥运会，它承担起主体育场的重任，在此后几十年里，这座建筑记录和见证了英国体育史上很多精彩瞬间。其中，最辉煌的时刻是在1966年7月30日，英格兰队以4：2击败当时的西德队，在家门口夺冠，球员们在近十万观众的欢呼声中经过著名的39级台阶，来到皇家包厢前，从伊丽莎白二世女王手中接过雷米特杯。

虽然这是来自现代足球发源地的英格兰队唯一一次获得世界杯冠军，但并不妨碍温布利球场在英国体育迷心中的地位，它甚至是英国体育的象征。世界最知名的足球运动员都在此留下过自己的足迹，球王贝利就曾经评价：“温布利老球场是足球的圣地，是足球的首都，是足球的心脏。”

进入新千年，英国出于申办世界杯和奥运会等赛事的考虑，加上服役近80年的老温布利体育场已经不能适应现代体育赛事的需要，最终于2003年被拆除。新体育场的设计和预算经历了不少波折，受到资金、政治等多种因素的影响，方案数易其稿。

在最终实施的方案中，设计师选择圆拱结构牵引体育场顶棚，除了从力学角度考虑外，还有很多象征意义。圆拱作为一种建筑符号，传递着希望、欢庆、胜利、永恒、沟通和跨越等寓意，也是凯旋门等西方建筑中的主要元素，建筑师诺曼·福斯特希望建一座体育的“凯旋门”，成为像巴黎埃菲尔铁塔一样的地标建筑。新温布利体育场用另外的形式实现了120年前爱德华·沃特金半途夭折的梦想，也弥补了人们对老体育场白色双塔被拆除的遗憾，赋予它们新的生命。

经过四年建设，带有美丽圆拱的新温布利球场于2007年3月9日完工，英格兰队又回到自己的新家，英国运动的故事在这座承载悠久历史和传统的世界级体育场中继续书写。

带头突破伦敦城天际线的“小黄瓜”

长高的天际线

The Ever-Rising Skyline

有人说伦敦天际线的“长高”是经济发展的需要，是各种建筑天才们寻找发挥空间和政治气候相结合的产物，那么，北京以及其他很多天际线正在“长高”的城市又何尝不是如此呢？

在英国，有很多建筑都出自一位名叫诺曼·福斯特的著名建筑师和他的设计事务所，穿过伦敦市中心的泰晤士河两岸可以说是他的建筑作品“天然展览走廊”，巨大的摩天轮“伦敦眼”、伦敦市政厅以及隔河相望的瑞士再保险总部大楼都是他们的杰作。

从伦敦塔桥方向望去，泰晤士河北岸金融区冒出来的一座建筑很像一颗蓝色子弹头，因为大楼业主是瑞士再保险公司伦敦总部，所以又称为“瑞士再保险塔”，它正式的名字应该是“圣玛丽斧街30号”。不过，英国人用一贯的幽默调侃了一下这个大家伙，戏称其为“小黄瓜”，或者“水晶阴茎”，而河对岸的伦敦市政厅则被称为“汉堡”，或者“玻璃睾丸”。

“小黄瓜”的原址是“波罗的海贸易海运交易所”，1992年4月10日，爱尔兰共和军在老城区引爆炸弹，重创交易所和周围建筑，并造成人员受伤。面对受损的建筑，是维修，还是拆除重建，当时英国很多部门曾经持有不同意见。1995年，交易所最终还是被拆除，土地也被出售，这才有了后来“小黄瓜”的建设。有意思的是，当时交易所是被炸弹破坏的，2003年在原址矗立起来的新建筑更像是一枚巨型炸弹，极具戏剧性，也为人们提供了有趣的谈资。

在伦敦要找到“小黄瓜”并不困难，穿过金融中心区古老的街道和建

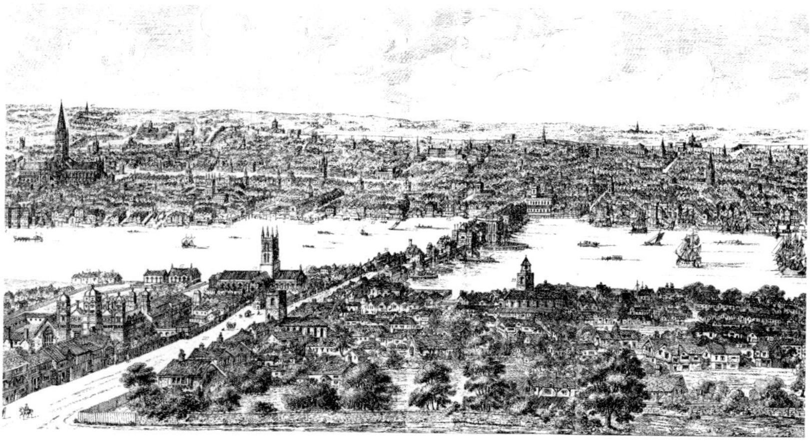

1543年的伦敦，最高建筑是左边的圣保罗大教堂

筑，它总能若隐若现地出现在前方，一路寻去，以传统建筑为前景和背景的玻璃塔楼给人以不同的视觉冲击，迫不及待地走到塔下时，真的会被这座螺旋上升的建筑吸引住了。

玻璃“巨无霸”高179.8米，有40层，是伦敦千禧年后建成的第一栋摩天大楼，5万平方米的空间能轻松容纳4000人，足以塞进一个小镇，2004年以其独特的设计击败其他五个入选项目，获得英国皇家建筑师学会斯特林大奖[1]。它矗立在伦敦最古老的区域里，与周围的圣保罗大教堂等传统建筑形成巨大反差，开始建设时也引起不小的争议，很像当年贝聿铭设计的玻璃“金字塔”之于卢浮宫和法国人保罗·安德鲁设计的国家大剧院“巨蛋”之于天安门广场一样，新旧建筑总会发生碰撞和冲突。

然而，看习惯后，人们似乎逐渐喜欢上了这个可爱的“大家伙”，当年评委会授予大奖时的评价是：“这座尖细的大楼早已经是伦敦天际线上一座受欢迎的地标，所以评委会要做的是从设施、周围环境和项目表现等依据来做出评判。大楼的通道恰到好处，优雅迷人。顶部酒吧区较好地利用了楼体

[1] 该奖项由英国皇家建筑师学会（RIBA）于1996年设立，以建筑师詹姆斯·斯特林（James Stirling，1926—1992）的名字命名，被认为是最负盛名的英国建筑奖，每年由英国皇家建筑师学会组织颁发，授予“在过去的一年内为英国建筑做出最伟大贡献的建筑师们”。

正面、地势和景观。它可以称得上21世纪伦敦街头最佳建筑之一。”玻璃幕墙后面是坚固的钢架，菱形玻璃层层叠加，内部6层楼为一组，以大楼中央为轴线，顺着开放的螺旋形中庭向上。顶部两层是精致的“玻璃小屋”，360度的视野无遮无拦，从32公里外的温莎到泰晤士河河口的风光尽收眼底。

与河对岸的市政厅一样，“小黄瓜”使用了很多节能招数，尽可能地利用自然条件采光和通风。大楼双层玻璃幕墙下配备有电脑控制的百叶窗；楼外安装天气传感系统，可以监测气温、风速和光照强度，在必要时自动开启窗户引入新鲜空气，自然通风可以在很大程度上减少机械加热或制冷所消耗的能源；整栋楼的外形设计实现了室内采光率的最大化，同时保证人们远眺时有良好视野。

像很多英国城市一样，首都伦敦的形成并没有经过完整规划，或者说规划过，但未彻底执行，而是自己“成长”起来的。道路从中心呈带状发散，小路由主路分叉，并且相互连接，城市通过变革和适应不断扩展。从空中俯瞰伦敦，看到的是各种不规则形状的街区，不是圆盘形，也不是方形，但组织在一起则是有机体。

十多年前到过伦敦的人可能都觉得，与世界很多大都市相比，英国首都并不算一座“很高”的城市，像“小黄瓜”这样大体量的摩天楼没有想象中多，反而是老建筑随处可见。这似乎与它在世界上的社会、政治、经济地位不相符合，那么这座城市独特的天际线是如何形成的呢?

说到伦敦天际线，有一座建筑不能不提，它就是几毁几建的英国国教中心教堂——圣保罗大教堂。

圣保罗大教堂始建于604年，哥特式建筑高高的塔尖插入云霄，在伦敦城里大有“一览众山小”的气势。1310年落成的大教堂有150米高，在长达356年的时间里，一直是伦敦最高大的建筑，遗憾的是毁于1666年那场著名大火。现在屹立在伦敦老城区的宏伟建筑是大火后由英国建筑师克里斯托弗·雷恩于1669年开始主持重建的，同期他先后主持了51座教堂的修建，其中最杰出的作品就是高111米的圣保罗大教堂。此建筑是世界第二大的圆顶教堂，融合了巴洛克风格和原有的哥特式风格，尤其以壮观的圆形屋顶闻名，从中可以看到罗马圣彼得大教堂的影子，是英国古典主义建筑的代表。

伦敦人就像是约定俗成一样，很自觉地控制建筑房屋的高度，以体现对宗教的敬畏。直到1874年，一位名叫亨瑞·阿勒斯·汉基的人打破了“惯例”，他亲自设计，并且雇佣工人花三年时间建盖了一座14层楼的大厦，高度超过45米。据说这一举动惹恼了维多利亚女王，因为新建筑遮挡了她从白金汉宫眺望议会的视线。于是，自1894年开始，伦敦建筑的高度均被限制在30米以内，准确地说是24米左右的房屋高度，另外可以加上不超过6米的房顶造型。还有一种说法是考虑到一旦发生火灾，30米的建筑高度是当时消防云梯能够到达的极限，伦敦很多基础设施建设首先考虑的是防火安全，这也是他们从历次惨痛的火灾中得到的教训。

1967年以前，无论是塔尖高近150米、被焚毁的木质老教堂，还是现在穹顶高111米的新教堂，圣保罗大教堂始终是伦敦天际线上最高的建筑，也是这座城市高度的坐标，就连后来修建的议会塔楼和“大本钟”的高度都在其之下。当时，从伦敦的任何角度都能看到圣保罗大教堂“鹤立鸡群”的身影，从这座教堂的顶部也可以一览整座城市的风光。

然而，时代变了，天际线也不会一成不变，这种变化是很多势力和因素作用、博弈的结果，一边是严格的规定，为的是维护圣保罗大教堂宗教圣地的中心和权威地位，另一边是诸如二战德国对伦敦长达76天不间断轰炸造成的影响和重塑，还有就是伦敦作为世界金融中心，在寸土寸金的核心区拓展商务空间，以保持其在世界金融业中地位的需要。

1956年，当时的“伦敦郡议会”开始考虑对历史形成的天际线控制实行灵活和谨慎的政策。如果说政府部门的低调与亲和，表现在建筑上是不显摆和不铺张浪费，那么商业机构似乎就没有这么多顾虑和约束，他们要的就是标新立异，此后，各种新建筑便一点点突破规定和限高，并逐渐形成一次热潮。

伦敦第一座可以称为“摩天楼”的建筑出现在1966年，名为“中心点”大楼，建设历时三年 ，高117米， 共34层。此后，六幢高100—120米的摩天楼相继落成，第一次全面超过附近的圣保罗大教堂，重构了伦敦天际线。20世纪70年代这一趋势得到延续，1979年，历时八年建设的“塔楼42”高达183米，直到1990年，伦敦东部金丝雀码头金融区的“第一加拿大广场”建成，才突破这一高度。“第一加拿大广场”曾经是英国最高的全复合结构建筑，50层，235米，可在世界高楼前200名的排行中却看不到它的身影。进入20世

（上左）老圣保罗教堂
（上右）圣保罗大教堂

伦敦有代表性的摩天楼
（中左）塔楼42
（中右）中心点
（下左）劳埃德大厦
（下右）第一加拿大广场

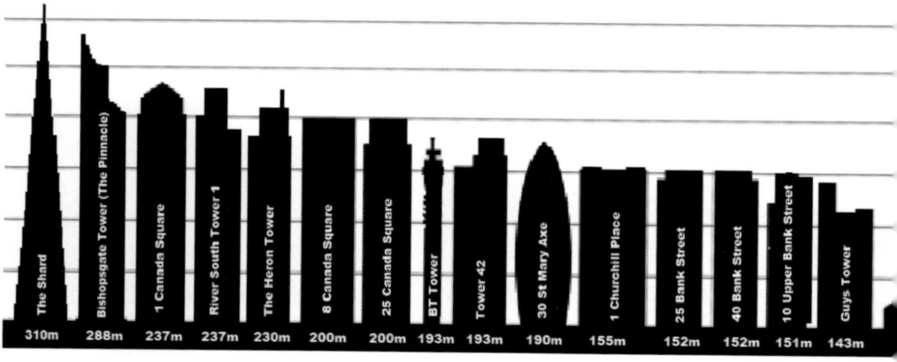

2016年的伦敦建筑高度排行榜，左一为“玻璃尖”（310米），右一为议会塔楼“大本钟”（96米），右二为圣保罗大教堂（111米），右三为伦敦眼（120米）

纪90年代后，伦敦的摩天楼建设基本集中在金丝雀码头，只有置身这里，才能感受到“现代国际大都市”的气息和视觉冲击。

但是，近年来这种情况明显改变，从泰晤士河南岸望去，在伦敦老城区，圣保罗大教堂周围有很多塔吊正在忙碌地运转着，随着2003年“小黄瓜”对核心区域天际线的突破，一批高楼正在建设之中。2012年11月建成、设计高度为310米、95层的“伦敦桥塔楼”造型似一把锋利的冰锥把伦敦建筑推向新高度，这座又被称为“玻璃尖”的塔楼是目前英国最高、欧洲排名第一的多功能建筑[1]。

大不列颠首都的天际线正在局部集中突破、普遍“长高”。现在的伦敦泰晤士河沿岸，“玻璃尖”和“小黄瓜”周围塔吊林立，一批新现代建筑正在崛起。从数量上看，截至2016年底，整个伦敦有近440座20层以上的高楼在规划，已经通过审批，或者正在建设之中[2]。即便如此，伦敦目前近1800座高楼与同为国际大都市的纽约6000座的“建筑森林”相比还是小巫见大巫。高度方面，大多是平均30层的“矮楼”，超过60层的只有8座，与世界不少国家的大都市相比差距不小。

[1] https://en.wikipedia.org/wiki/List_of_tallest_buildings_in_the_European_Union。

[2] 250座正在建设中。

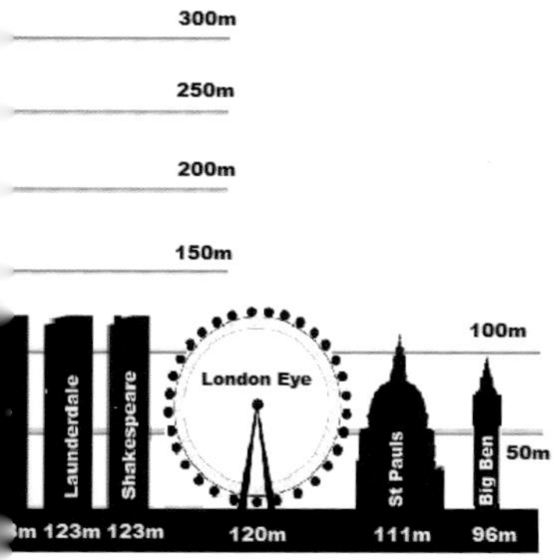

英国人从1966年建成117米的“中心点”大楼到2013年2月1日正式开放的“欧洲第一高度”，用了差不多半个世纪，而迅速崛起的中国从没有一座超过200米的高楼，到现在摩天大楼的数量与整个亚洲国家摩天大楼总和相当，只用了20年时间。300米、400米、500米，甚至是600米以上的高楼在各座城市如雨后春笋般拔地而起，颇为壮观，把欧美强国远远地甩在后面。

虽然今天在高楼林立、塔吊繁忙的伦敦核心区，圣保罗大教堂失去“第一高度”已经很多年，但伦敦人仍在经济发展的需要和保留“历史天际线”之间挣扎、争论和徘徊，虽然无奈地一点点妥协和让步，但是那座宏伟的宗教建筑在人们心中的地位无可替代。

这让我想起了北京，故宫是中国首都的核心区域，如今，20世纪80年代制定的旧城内建筑高度控制规定，几乎被全线突破，动力同样来自经济发展、人口增加，以至于北京现在就像一只大碗，“碗底”是紫禁城，“碗边”是还在三环外不断加高的摩天楼。有人说伦敦天际线的“长高”是经济发展的需要，是各种建筑天才们寻找发挥空间和政治气候相结合的产物，那么，北京以及其他很多天际线正在“长高”的城市又何尝不是如此呢?

英国著名电视主持人戴维·丁布尔比曾主持过一部名为《我们怎么建设英国》的纪录片，在他的引领下，观众可以从过去上千年的历史建筑中看到一个国家的变迁。穿行于不列颠的建筑之中，戴维感慨，英国没有一味发展高楼，而是保留下这么多记录过去岁月的老房子，“实在是太幸运了”。今天我们看到的这些伟大建筑传递着这样的信息：每个时代是谁在起主导作用，是什么力量造成了这种改变。

戴维在节目中说：“通常只有那些富足的权力阶层能够用上好的材料建盖房屋，他们是入侵的诺曼人，是国王，是教会，是伊丽莎白一世女王周围的那些朝臣，是18世纪的富商，是19世纪的工业家和来自20世纪的全球金融与商业机构。今天‘权力’掌握在他们手中，是他们立起了镶嵌玻璃、铝材、塑料和钢材的超级建筑，折射出的是他们称霸世界的宏图大志。”

卡迪夫海湾

从煤炭码头到城市明珠

From Black Coal to Bright Diamond

卡迪夫人没有停留在口号上，他们用一座座各具特色的建筑和出色的定位规划，真真实实地做到了。卡迪夫海湾改造促进城市空间结构的调整，一改之前灰头土脸的面貌，成为一张充满自信的城市名片，开发助推了一座城市的复兴之梦，为卡迪夫赢得欧洲最年轻、最充满活力首都的美誉。

威尔士位于大不列颠岛西南部，东界英格兰，西临圣乔治海峡，南面布里斯托尔海峡，北靠爱尔兰海。作为英国的“西部”，威尔士拥有令人着迷的自然风光和变化万千的地理景观，几座国家自然公园让人流连忘返。风土民情及语言文化纯朴且充满乡土气息，历史悠久的凯尔特人有着丰富的民族音乐与诗歌，被他们视为珍贵的文化遗产。

相对于联合王国中的英格兰、苏格兰和北爱尔兰，威尔士的知名度相对小些，这有经济、地域等原因。另外，现在的英国米字国旗只吸纳了英格兰的红十字、苏格兰的蓝底白叉和北爱尔兰的白底红叉组合，而没有威尔士国旗上最为典型的红色龙形图案，所以有不少威尔士人一直希望能把这一元素加进去，如果真是那样，英国国旗就该是另外一副模样了。

南威尔士峡谷盛产优质原煤，历史上是威尔士的主要产业，自18世纪中叶开始，这些“黑金”源源不断地通过卡迪夫海湾运往世界各地，使其成为当时世界最大的原煤外运港口，历史纪录片中这里曾经是一片繁忙的景象，铺天盖地的煤炭布满整座港口。

然而，第二次世界大战结束后，随着国际需求的减少和集装箱码头的兴

卡迪夫老码头

起，原煤运输业在20世纪60年代基本停止。到20世纪80年代初，卡迪夫湾已处于废弃状态，大片滩涂成为荒地，曾经风风火火的码头搬运工人面临失业窘境，许多人生活无着，一派破败景象，特别是影像资料中那些低矮的住房和愁眉苦脸的表情，给人留下深刻印象。

此后，英国政府开始实施旨在让衰落城区获得新生的城市全面开发计划，1987年4月成立卡迪夫海湾发展公司，对1100公顷被遗弃的港区进行改造，据说是当时欧洲规模第二大的城区改造项目。其中一个重要先决条件是建设一条一公里长的大坝，将原来的盐碱地改造成为淡水湖，以达到改善景观环境、吸引投资的目的，堤坝于2000年建成。在过去30多年中，投入卡迪夫湾开发的资金超过24亿英镑，其中约80%为私人资金，政府投入只占20%左右，这也是项目的最大特点之一；创造了29,000个永久性工作岗位、6000个居住单位和54公顷的开放空间。

改造项目于1998年基本完成，前后历时11年，城区和滨海区的有机结合，传统和现代的若即若离，各种设施的开发为城市居民，特别为原来居住在这里的工人阶层和他们的后代们提供了更多就业机会，生活、工作环境的改善，集住房、开放空间、商业、零售、休闲和工业于一体的开发让昔日的煤码头卡迪夫湾彻底变了模样，成为风光旖旎的休闲好去处。除了硬件设施的建设外，2000年4月1日成立的“卡迪夫港务局”还投资12万英镑在盐碱滩上建立了一片8公顷的人工湿地，在美化环境的同时，为各种鸟、鱼和其他动物提供栖息之地。

今日卡迪夫海湾

围绕海湾，改造项目在保留有特色历史建筑的同时，也新建设了不少风格各异的建筑，每一座从外形到内容都有可圈可点之处，值得品味，“卡迪夫议会”便是其中之一。这座三层高的建筑，其特点可以用明亮的玻璃外立面、巨大的钢架屋顶、木质天花板和缓缓延伸到水边的石材台阶来概括，不同材质被设计者组接融合在一起。

建筑师是这样阐述思路的：作为议会建筑要尽可能地开放和容易接近，不能是孤立和封闭的冷冰冰建筑，它应该有一个透明外观，让人既可以从里面眺望卡迪夫海湾，同时还能审视议会的内部工作，鼓励公众参与到决策过程中。类似的设计思路在很多国家的议会有着不同的体现和版本，从形式上反应政府执政公开和透明的理念。

虽然看起来是座通透的大房子，但设计和建设时有很多具体要求，比如首先就是使用寿命至少要达到100年，尽量采用威尔士本地原材料，以减少运输过程中的能源消耗，使用可再生技术，做成个样板工程，而不是面子工程。在2006年3月投入使用后，一些统计数据说明议会建筑达到了最初提出的基本要求，比如36%的材料和劳动力来自本地，使用的1000吨石板也是威尔士特有的。

整座建筑有27根管子插入地下100米，冬季来临时，抽取地下水，通过地热加温到14度，温水经石板下的管网流动到各个角落，保持室内温度适宜，反之，夏季时，同样的系统则起到降温作用；英国多雨气候也为收集雨水提供了可能，这些水被用于冲刷卫生间；光线通过如漏斗状的柱形结构

卡迪夫海湾的建筑

从房顶被引入半地下的会议中心，自然采光均匀；因为大量运用节能环保技术，卡迪夫议会比同类没有使用这些技术的建筑节能30%—50%。

与我们很多地方最显眼的建筑是政府大楼或者银行不同的是，英国不少城市的地标建筑都是文化设施，议会旁的威尔士“千禧年中心”就是其中之一。最初动议修建艺术中心时，整体设计通过两轮国际竞赛，从268个方案中产生，中标设计师为伊拉克籍的扎哈·哈迪德，她设想完全使用玻璃材质包裹整座剧场。但这一创意显然太过于大胆和前卫，让当时投资建设的机构负责人产生动摇，不得不采取折中办法，让哈迪德联合之前设计伦敦市中心被称为“小黄瓜”的瑞士再保险大楼的诺曼·福斯特等著名建筑设计机构共同修改方案。遗憾的是，因为项目和资金等原因，几经折腾后，方案还是没能进入施工阶段。

直到1998年，艺术中心的建设才又重新启动，威尔士本土设计师乔纳森·亚当斯拿出了最终付诸实施的设计图纸，名为“千禧年中心”，于2002年2月25日正式动工。与此前建好的议会一样，这座艺术场馆也希望体现出“威尔士精神”，最直接的手段便是使用当地特有的材质，比如石板、金属、木材和玻璃。威尔士北部的石板很有特点，呈现不同色彩，有紫色、蓝色、绿色、灰色和黑色，这些漂亮的石材主要用在艺术中心内部和正面两侧的装饰上。在设计师眼中，出产彩色石料的悬崖峭壁本身就像是座建筑，它们日复一日地经受恶劣气候的考验，时间越长久，看起来越漂亮。经过人工重新组合后，石材以另外的方式排列在一起，体现出自然质朴的风格和人类的智慧。

中心最显眼的应该是散发着古铜色光辉的巨大屋顶，犹如悬崖峭壁般让人觉得自己的渺小，它的张扬和霸气甚至让很多人忽略了两侧的彩石墙壁，如果说石材体现的是卡迪夫的自然，那么中间的金属板则透着浓重的工业气息。考虑到卡迪夫海湾潮湿、空气含盐分的气候特点和防水功能的需要，设计师舍弃容易生锈变色的铜和铝材，使用来自威尔士南部的钢材，经过一氧化二铜镀膜处理后覆盖外立面，让整座新建筑一亮相就带有沧桑的韵味和厚重感。

建筑外立面的装饰很简单，也很独特，就三排文字，其中每个巨大字母观者都认识，但是连起来则内藏玄机，不仔细琢磨完全不知所云，这让初次

（上左）威尔士千禧年中心建筑外立面主要由石材、金属板和玻璃构成
（上右和下左）威尔士千禧年中心内景，主要用木材装饰　　（下右）威尔士千禧年中心标志

走近建筑的人们有了第一项有趣的互动活动，那就是仰望文字，并且解读上面写的是什么意思。

原来，三行文字呈梯形嵌入了两句诗，分开排列是这样的：

Creu Gwir	In These Stones
Fel Gwydr	Horizons
O Ffwrnais Awen	Sing

左边是威尔士语“Creu Gwir Fel Gwydr O Ffwrnais Awen”，大意为“创造真理就像从灵感熔炉里冶炼玻璃”，右边是英语“In These Stones Horizons Sing”，意思是“在这些石头的世界中歌唱”。从历史上看，是罗马人统治时期把基督教传入不列颠岛，也带来在石头上镌刻的风俗，这个创作灵感就来自罗马的经典建筑，在外立面上设置三排文字是对传统的现代诠释，同时

也是对罗马文化在这片土地上产生的影响的一种认可。

这两句诗是威尔士著名诗人、首届威尔士国家诗歌大奖获得者格威妮丝·路易斯专门为艺术中心“量身定做”的，她说：“想找到折射建筑的文字，镀铜的屋顶让人想起威尔士工业的熔炉和大锅炉，前辈诗人曾经说过要从人民和社会中寻找诗歌创作的灵感。” 格威妮丝这样解释威尔士语的诗句。“我们很幸运有两种文字，一种是和半个世界分享的英语，另一个是只属于我们自己的威尔士语。在歌曲、故事和诗篇中的文字让我们为这个国家感到自豪。”设计师这样表述他的创意，用诗歌装点门面也符合威尔士人的气质，这是一个盛产诗歌的地方。

诗人没有把这句用威尔士语写就的诗句简单翻译成英语，而是把目光投向了那些漂亮的石板，她觉得无论是语言，还是建材都应该传递不同信息。“外立面的石板让我想起海平面，卡迪夫透过大海输出了自己最好的物产，世界也是通过大海走进卡迪夫的。艺术中心里的石头则和着歌剧、音乐和交响乐一起歌唱，我想传递一种被音乐艺术塑造的国际空间感觉。”每一片石板在她眼中似乎都是一条地平线，与音乐产生共鸣，诗人的想象力在这段自述中可见一斑。

建筑师夸张、大胆地运用诗歌，除了在正面创造一个独一无二的大屋顶，将两种语言组合起来构成图案之美以外，每个字母还是艺术中心的窗口，给内部空间采光提供了通道，每层内部走廊因为字母形状各异，产生不同的装饰和光影效果，通透而富于变化。每当夜幕降临，剧场内的灯光和走动的人影透过字母影影绰绰，让整座建筑犹如一个天外飞碟笼罩在神秘氛围之中。

作为国家级艺术场所，中心常年上演戏剧、芭蕾、舞蹈和音乐会，是英国皇家巴黎舞团等八个知名艺术团体的指定演出地点。主剧场能容纳1897名观众，两座小剧场是英国广播公司的霍迪诺特礼堂和韦斯顿演播室剧场，分别能容纳350和250名观众。唐纳德·戈登主剧场以捐助者、拥有南非和英国双重国籍的商人唐纳德·戈登的名字命名，他为中心的建设提供了两亿英镑资助，这是英国公民为艺术事业捐出的单笔数额最高的捐款。剧场采用欧式风格，楼厅和两侧的包厢都用木材装饰，做成波浪状，很有气势，和不远处的议会建筑异曲同工，不仅色彩柔和，同时还起到很好的吸音作用。

英国各地改造项目
（左上）利物浦船坞　　（右上）布里斯托尔码头
（左下）伦敦金丝雀金融中心　　（右下）曼切斯特科技和工业博物馆

无论你是建筑参观者，还是观看演出的观众，从走近千禧年中心开始就一直被艺术氛围包围着，建筑家凝固的艺术、诗人天马行空的艺术、小型免费音乐会休闲的艺术、舞台上歌舞华丽的艺术……这里有柔和如波浪的木头、多彩而层层叠叠的石板、坚硬但散发着优雅气质的钢板，还有镂空的硕大拉丁字母，这就是威尔士人用他们的文化和传统以及特有物产构建的艺术世界。

如果套用我们经常在中国城市看到的标语口号来阐述卡迪夫海湾的开发目标，那就是：将卡迪夫发展成为世界上最佳的滨海城市之一；提高和强化卡迪夫乃至整个威尔士的形象和经济水平；促成卡迪夫城市中心走向滨水区！

舒适的海滨生活总是闲散的，人的心态也很平和。英国心理学家理查德·怀斯曼曾经做过一次实验，在32个国家和地区各选一座主要大城市，测量人们在21世纪的步行速度，以此来判断不同城市人们的生活节奏。实验的具体做法是在繁华的大街上，找一个宽阔、平坦和没有任何障碍物的人行道，并且不能太拥挤，人们可以在上面阔步前行。在当地时间上午11点半和下午2点半之间，实验人员记录下男士和女士各35名走过这条60英尺（大约18米）长的人行道所花费的时间。

结果显示，在英国各大城市中，伦敦人的步伐最快，为12.17秒，最慢的是卡迪夫人，为16.81秒。也就是说，如果从苏格兰最北边的约翰奥格罗茨走到英格兰西南端的兰兹角，874公里的路程，伦敦人需要11天，而卡迪夫人则要15天，他们很享受现在拥有的新形象和惬意生活。

因为传统工业和产业的衰落，英国各地一些曾经红火的车站、码头、港口和工厂都归于沉寂，尊重传统的英国人不是简单一拆了之，而是在开发利用这些资源方面动了不少脑筋。在保留原有建筑和特色的基础上，把火车站改为工业博物馆、热电厂辟为展览馆、仓库转型为时尚艺术区、港口码头重建为休闲娱乐餐饮区，塔吊、轮船、热电房、机车头、站台、车间经过改头换面，变得别有韵味，成为城市的亮点和经济增长点。

中国不少地方也在进行城市改造，这本是件好事，但成功的例子却不多见，我们看到的往往是为了发展经济，打着所谓的“维修性拆除”口号，不顾当地老百姓的切身利益和城市街区的历史文化风貌，盲目、野蛮地强拆老建筑、老街区，然后在原地重建仿古建筑群，制造各种垃圾伪文物。这些项目往往建得草率，拆得随意，因为缺乏长远规划和历史文化氛围显得不古不今、不伦不类、千篇一律，而城市原有的特色消失，面目全非，造成不可挽回的损失。

卡迪夫海湾改造项目用一座座各具特色的建筑和出色的定位规划促进城市空间结构的调整，一改之前灰头土脸的面貌，成为一张充满自信的城市名片，开发助推一座城市的复兴之梦，为卡迪夫赢得欧洲最年轻、最充满活力首都的美誉。

伦敦最古老的市政厅，能看出不同年代加盖的痕迹

市政厅今夕

Guildhall between Present and Past

在河边广场游览的公众可以透过玻璃墙面直接看到市政厅大楼里的每一处细节。建筑内部，多数区域也是透明的，传达出政府“透明的民主程序”的执政理念。

初到伦敦的人，有一个地方必去，那就是位于泰晤士河上的伦敦塔桥，这是英国首都的标志性建筑之一，周围聚集了不少各具特色的传统和现代建筑。从河的北岸往南看，有一座建筑很像切开的三明治，这就是“大伦敦政府”的总部所在地——市政厅。

伦敦因为历史沿革，在辖区面积和行政管理上常常令人混淆。

公元47年，罗马人攻占不列颠，在泰晤士河北岸建立要塞，筑起城墙，取名为“伦狄尼姆”。据考证，有专家认为，该词汇来自生活于此的“土著”凯尔特人的语言，意思可能是“荒野”，或者“河流流经的地方”，当然河流指的自然就是泰晤士河了。“伦敦”也因此得名，这座国际大都市便在“荒野”上发展壮大，至今已有2000年历史。

后来的统治者也多以此地作为首都，伦敦逐渐凭借新航道的开辟、优越的地理位置和不断发展所积累的经济基础，早在16世纪末就成为欧洲的商业和贸易中心。1666年那场大火便发生在这个被称为“伦敦城”的历史核心区，别看面积只有2.9平方公里，却是世界上金融机构最为密集之地，有世界最大的外汇市场和国际保险市场，有最古老的证券交易所、黄金市场，对全球经济的影响举足轻重。

虽然“伦敦城”不是一个“行政区”，但它还是与另外11个“行政区”

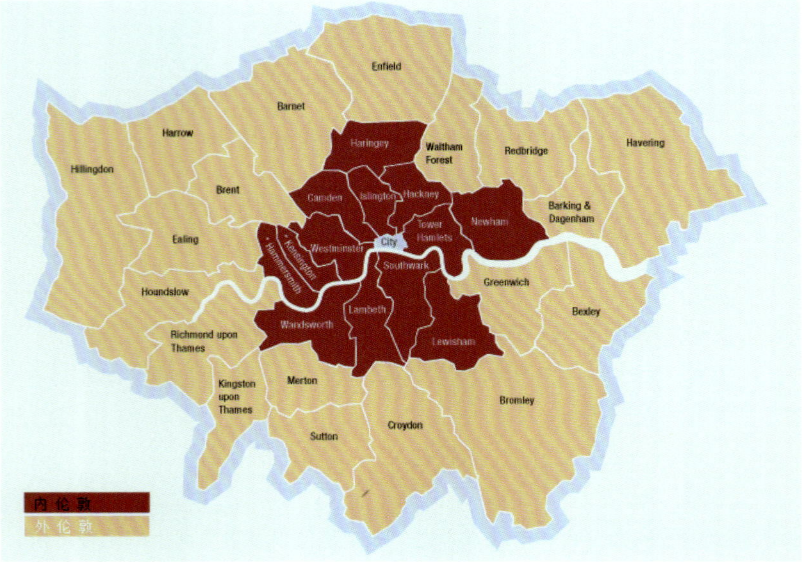

伦敦内外城示意图，中心为“伦敦城”，红色为“内伦敦”，黄色为“外伦敦”

一起被视为“内伦敦”的范围。但随着城市发展、人口增多，扩张成为必然，铁路和地铁的修建也拓展了人们的生活领域，于是1965年在核心区周围形成了20个“行政区”，这就是所谓的“外伦敦”。

包括“伦敦城”在内的32个区共同构成“大伦敦”，总面积1572平方公里，由“大伦敦政府”管理，下辖伦敦交通局、发展局、警察局和消防与紧急规划局等部门，还有一个由25人组成的伦敦议会，主要监察市长的工作和决策，并且制衡市长的权力。所以，通常说的“伦敦”只是个区域概念，而不是我们习以为常的“市”的概念，行政管理的功能已经划分到更小的“行政区”里。

“大伦敦政府”的市政厅看起来是个兼具独特外观和环保设计的不规则球体，高度45米，共十层。有人甚至担心它会因为重心不稳而倒塌，这样的造型也给人们留下发挥想象力的空间，各种解读千奇百怪。有人形容像古代武士或者摩托车司机佩戴的头盔，有人觉得是一枚被削歪的鸡蛋，前伦敦市长利文斯通开玩笑地称之为“玻璃睾丸”，他的继任鲍瑞斯·约翰逊说得比较

文雅 ——“洋葱”。

这座通体用玻璃包裹的建筑2002年7月投入使用，与一旁244米长、65米高的伦敦塔桥比起来显得很“低调”，全然没有我们司空见惯的大体量政府机关建筑的炫耀和显摆，看起来更像是一个旅游信息中心。

大楼整体向南倾斜31度，为的是使日照面积减到最低，从而节省建筑内部空调的费用。另外一个好处是把市政厅在地面造成的阴影面积减到最小，从而让建筑北侧泰晤士河边人行道上的行人可以尽情地沐浴阳光，欣赏近在眼前的伦敦塔桥。环保措施当然不只在外部，这座被称为“绿色市政厅”的建筑以采取多种措施节能和资源再利用著称，据说大楼的能耗只相当于同等规模建筑的四分之一。例如调节大楼温度的水使用过后会进入厕所，作为冲洗马桶的用水；就连建筑附近的绿地，也设置多面镜子以反射光源，充分节省能源，建筑的房顶则布满了太阳能收集板。

大楼内部空间很灵活，既能分割为许多小办公室，也能组合成一个超大会议厅，隔板还可以选择透明或非透明的不同材料。在河边广场游览的公众能透过玻璃墙面直接看到市政厅大楼里的每一处细节。在建筑内部，多数区域也是通透的，这些都传达出政府“透明的民主程序”的执政理念。

内部各楼层以一条沿球形内壁盘旋而上的楼梯连接构成一个整体，顺着台阶拾级而上，朝外看，泰晤士河周围的风景如流动画面缓缓展开；往内瞧，下面的会议圆桌尽在眼底。行走的过程充满乐趣，边走边拍，在不知不觉中就来到楼顶。这里是开放空间，有个好听的名字——“伦敦起居室”。政府是为人民服务的，那么政府的办公地点当然就是这座城市和市民的“起居室”。

旋转楼梯、通透的办公空间和环保节能的设计思路等都出自英国人诺曼·福斯特的设计事务所，这在他们的其他作品中都有体现，具有鲜明的风格。1999年，这位世界著名建筑师的设计在七个竞赛方案中脱颖而出，2002年7月，女王亲自给取名为“更多伦敦”的新建筑剪彩。

按照政府的说法，这里不仅是工作的理想场所，也是参观游览的好去处。每周一至周三上午8:00到晚上8:00对公众免费开放。里面不仅可以欣赏风景，还能看到各种主题展览，当然展示的内容可能各不相同，但都与这座城市和伦敦人有关系。我曾经在市政厅前的广场上看到一个关于环保的装置

（上左）伦敦最古老的市政厅，可以看出不同历史时期的痕迹
（上右）伦敦眼旁已经改作其他用途的“伦敦郡礼堂”
（中左）新市政厅内的开放会议空间
（中右）泰晤士河边的新市政厅
（下）新市政厅随视觉变化的内部空间

艺术展览，艺术家用方盒子构成一个个展示空间，生动形象地传递着环保知识，与作为背景的“绿色市政厅”相得益彰。

市政厅还为七岁以上的孩子设计活动，让伦敦未来的主人们了解自己的城市，解释政府、议会和市长都是干什么的，以及他们应该承担的责任。作为传统，英国人鼓励孩子们就自己感兴趣的问题提问，他们对青少年民主意识的启蒙是从点点滴滴开始的。

出人意料的是，这座造价6500万英镑的大楼，因为经费原因，最终是政府出资修建，而作为“机关”，他们是以租借25年的方式使用。据说有一段时间因为经费紧张等原因，市政厅只能局部开放，要参观三楼以上的空间，需要等公共开放日，令人感到有些遗憾。

与伦敦行政概念稍显复杂一样，历史上，伦敦地区曾经有过三个“市政厅”。“大伦敦政府”的前身是1889—1965年的“伦敦郡议会”（London County Council，简称LCC）和1965—1986年行使权力的“大伦敦议会”（Greater London Council，简称GLC），办公地点都在泰晤士河南岸的“伦敦郡礼堂”，与著名的大本钟议会隔河相望，旁边就是摩天轮“伦敦眼”，到伦敦游览的人一定不会错过。这座气势恢宏的建筑历时11年建成，1922年7月17日投入使用，共六层高，现在已经改为休闲娱乐场所，底层是伦敦水族馆，上面则有画廊、伦敦电影博物馆、教育部门、五星级酒店等，还有家中国餐厅。

相对于身处泰晤士河边，著名游览区附近的两座“市政厅”，置身老城核心的“伦敦城市政厅”就要清静很多，这幢中世纪风格的哥特式建筑历史悠久，建在罗马人竞技场的废墟上，作为办公机构使用已有几百年。建筑局部可以追溯到1411年，因为一部分是石头构建的，躲过了1666年那场大火。“伦敦城市政厅”在各个时期不断加盖、翻修和毁坏中形成今天的样子，从不同材质和外立面就能感觉到它历经的风雨沧桑，因为具有历史价值，已被列入文化遗产名录。不仅继续用于行政用途，保留下来的中世纪巨大地下室、老图书馆和印刷室现在仍在使用，20世纪90年代增加了画廊、钟表匠博物馆向公众开放。

在英国，这类机构的英文称呼是“Guildhall”，如果直译是“同业公会大厅”。据考证，单词“guild”来自盎格鲁萨克逊人的用语“gild”，意思是“支付”，自然“Gild-hall”就是“市民纳税的地方”。“伦敦城”的管理机构有个很特别的名称，叫做“伦敦城公司”（City of London Corporation），它有三个工作目标，其中两条与“服务”相关：促进城市成为世界领先的国际金融和贸易中心；为本地提供政府服务；为伦敦、伦敦人和国家的利益提供更大范围的服务。从最初征税的地方到现在提供服务的场所，不难看出政府职能的转变。

我曾经去过英国不少地方政府机构的所在地，它们一般不是城市中最为奢华的建筑，但往往是历史悠久的地标，更多体现的是开放式办公，为公众服务的理念，你尽可以在允许参观的公共区域随意走动、拍照，如果有问题，也会有工作人员为你解答。除了行政用途以外，这些地方还会配套规模不等的剧场、图书馆、档案馆、画廊、展览厅、培训教室和餐厅等附属设施，提供教育、培训、咨询、图书、就业、婚庆和娱乐等服务，其实就是一个公共服务中心，不会因为是政府机关就高高在上，门禁森严，令人望而生畏，而“公仆”们独享优美的环境和奢华的设施。

An

Inquisitive Approach

to

Discovering Britain

第三辑

英国国家图书馆的大门

探索世界的知识
Explore the World's Knowledge

很难说清楚是爱读书的英国人造就了这么多图书馆，还是因为有了这么多图书馆，培养了公众的读书习惯。总之，读书已经成为英国人生活中很重要的一个部分，各种规模的图书馆随处可见，犹如空气般让你呼吸着书香，畅游在知识的海洋。

朋友因为写论文碰到问题，发邮件给导师想预约当面请教，教授回信说，他忙于著书，近期不去学校，问学生是否愿意到位于国王十字火车站旁的英国国家图书馆见面。那里是很多学者、教授的主要工作地点，他们选择在此借助丰富的馆藏资料笔耕，一本又一本地著书立说。

这是朋友第一次去英国国家图书馆，回来后兴奋地告诉我：在世界顶级图书馆与导师探讨论文感觉很不错！而且还是导师掏钱“请客”。在严谨的教授看来，老师和学生探讨问题时尽管只是喝一杯咖啡，但如果由学生埋单，就有受贿嫌疑，为了学术的严谨和自身清白，学者们当然不会这样做。

英国国家图书馆是世界规模最大的图书馆之一，作为一座“法定收藏”图书馆[1]，读者能找到英国和爱尔兰出版的所有图书，以及英国发行的所有外国图书。在英伦三岛上，这类图书馆只有六家，其余五家分别是牛津大学“博德利图书馆”、剑桥大学“大学图书馆”、都柏林“三一学院图书馆”、苏格兰和威尔士的国家图书馆。目前英国国家图书馆藏书有2500万

[1] 一个国家或地区为完整地收集和保存全部出版物，用法律形式规定所有出版机构或单位凡有新出版物必须向指定图书馆或出版主管机构免费缴送一定数量样本，这被称为呈缴本制度。

英国国家图书馆老阅览室全景

册，来自不同国家、不同文字的各类出版物收藏达1.7亿件，包括图书、刊物、报纸、杂志、音像品、专利、数据库、地图、邮票、印刷品和绘画等，是中国国家图书馆的五倍，这一数字还在以每年300万件的速度增长，所以他们可以很自豪和自信地说读者是在“探索世界的知识”，坐拥这座“世界知识海洋”，能找到几乎所有需要的参考资料。不过，因为是“研究型”图书馆，只能在阅览室里看，而不能把书带回家，所以大大小小的阅览室从来不会显得冷清，假期更是座无虚席，每年读者达175万人次。

除了主要收集、组织和保存英国出版物的纸质和电子内容，作为世界级文化机构，英国国家图书馆还承担支持和鼓励各种形式的研究，为贸易创新和增长提供帮助，用有价值的文化体验与每个人建立密切联系，激励年轻人和各年龄段的读者，与世界各地的合作者一起努力推动知识传播和相互理解等很多社会职能。

1973年以前，英国国家图书馆是大英博物馆的一部分，当时的主要建筑就是现在位于博物馆正中的圆形阅览室，置身360度的大厅和巨大穹顶下，被三层楼高的图书环抱，看书被赋予了一种神圣的仪式感。建设阅览室的想法起源于19世纪50年代，当时博物馆的图书馆急需一个大阅览室以满足读者需求，有人就提议利用博物馆四面围合式院子的中部空间修建一座圆形建筑。

设计师悉尼·斯默克（1798—1877）承担了这项工作，工程于1854年开工，历时三年完成，1857年5月2日正式开放。据记载，5月8—16日公众参观日期间，一共有62，000名参观者涌入这个别致的宫殿式阅览室，它从此作为英国国家图书馆阅览室使用了140年。

阅览室采用当时很先进的技术建造，运用钢铁框架、混凝土和玻璃等材质，既稳固又防火，这对博物馆和图书馆都很重要。建筑外型为圆形，直径140英尺，约为42.6米，穹顶是古罗马传统万神殿式样，气势非凡。内侧墙壁分为三层，有环形走廊，放置密密麻麻的书架，整齐码放着历史、艺术、旅游以及与博物馆收藏相关的图书，书架总长4.8公里，而总层数的长度加起来达到40公里。

拥有偌大空间的阅览室，却只有一道窄窄的、“如鼠洞般”的迷你入口，估计建筑师就是要给读者豁然开朗，进而目瞪口呆的感觉。第一次进去时，真是大吃一惊，顶天立地的书架承载着的无数书籍，向上延伸的穹顶，被这种氛围和气势包裹的感觉只有置身其中才能真切体会到，如美国诗人和散文家爱默生赞美图书馆所说的那样：一千年来，文明国家最睿智、最贤明的学者们的学问和智慧成果，以最佳方式排列于此。

刚建成时，进馆阅读需要提交书面申请，并由图书馆馆长签发读者证。众多读者中有印度圣雄甘地、小说家和调查新闻的开先河者查尔斯·狄更斯、爱尔兰戏剧家萧伯纳、美国喜剧作家马克·吐温等大名鼎鼎的人物。政治家弗拉基米尔·伊里奇·列宁也是常客，他使用的登记名是雅各布·李切，还有我们熟悉的思想家、政治家、哲学家、社会学家卡尔·马克思，现在有很多中国游客就是为了寻找他那双其实并不存在的脚印而来。

虽然设计独特，单体空间巨大，但随着收藏量增加，圆形阅览室已经无法承担国家图书馆的重任，新址于1962年开始规划、设计和筹建，在跨越了35年政治纷争、预算超支和设计方案数次变更后，1997年才正式启用。巨大的红色建筑被认为是20世纪英国最大的公共建筑，颇具争议的外形设计曾遭到评论家们口诛笔伐，他们指责图书馆的墙面平淡无奇，没有丝毫装饰，与旁边国王十字车站的华丽建筑反差鲜明，就连王储查尔斯也凑热闹说：“新图书馆就像一座秘密警察培训学校。”

伦敦与西方很多大都市的最大不同就在于，过去很长一段时间，它没有一味地往高空发展，不是一座“与天比高的巨人型城市”，大多都是低层连体建筑和体量不大的楼房，有人夸张地说改变伦敦天际线甚至可能会引发一场政治风波，所以在建设新图书馆时也必须考虑这个因素，如何在“限高”

和海量存储能力之间找到平衡，是设计者面对的一道难题。

最后，建筑师设计了一个如足球场般大小的八层地下空间，用于储存大部分藏书，这一方案让建设项目耗资达八亿美元。不过从长远看很值得，因为书籍和葡萄酒一样，储存于地下时，温度和湿度控制都比在地面上更容易，还可避免日照和由于季节变化带来的温度改变等影响。截至2015年，储存出版物的书架长度为718公里。但即便拥有如此巨大的存储量，英国国家图书馆也还有不少收藏因为场地不够，只好存放在其他地方，再大的空间也有容纳不下迅速增长“文明”的时候。2015年8月它被英国历史遗迹保护组织“英国遗产”评定为一类建筑，以“杰出的建筑和历史价值”成为这一级别中最年轻的保护对象之一。

如大英博物馆中有一个圆形阅览室一样，英国国家图书馆新馆中间也设计了一座六层楼高的方形茶色玻璃塔，这是专为乔治三世国王在1763—1820年收藏的65,000件印刷品设置的，所有图书书脊朝外，深色玻璃和书架间仅有很窄的通道供取书用。这样的设计，既有实用功能，也有装饰效果，可谓是馆中之馆，从外面看，是一座不折不扣的“书塔”。

虽然图书馆规格很高，但要成为它的读者，门槛却很低，只要能证明自己是当地居民，有固定住址，并且是“出于研究目的”，就可以申请一张读者证。过程不复杂，在电脑上输入个人信息，然后等待工作人员叫号、拍照和面谈，回答几个简单问题后，就能拿到英国国家图书馆的通行证，前后就十几分钟。作为图书馆的读者，定期可以收到电子邮件，预告各种各样的展览、学术讲座和为不同读者举办的专题活动，内容丰富多彩。

与申请过程简单快捷相反的是，使用图书馆的“规矩”却很多，墙上的示意图清楚地标明了“几要几不要”，要出示读者证，阅读前要洗手，阅览室里只能使用铅笔；要关闭电脑和手机的声音；外套、雨伞、书包、钢笔、荧光笔、剪刀等工具，以及食品和瓶装水都不能带入，拍照也是禁止的，当然图书馆准备了自动储物柜和存衣处供读者使用。类似规定从图书馆在英国出现初期就有，那时识字是一种特权，书籍被当成特殊资源严加管理，1276年建立的牛津大学默顿学院图书馆是世界上为大学学术研究和学生提供不间断服务历史最长的图书馆，为了防盗，里面的书籍甚至用铁链子上了锁，重要程度不言而喻。而今天的规定则是为了保护图书不受污损，给读者创造一个清洁、安静的阅读环境。

1850年8月14日，英国议会通过针对英格兰和威尔士的《公共图书馆法案》，授权人口十万以上的城市征税建立公共图书馆，让公众能免费接触资讯和文献。这份法案的价值在于为公共图书馆定下基本原则，此后英国建立的公共图书馆都是在这一框架下运作的。当时的倡导者认为可以让全社会各

（上）英国国家图书馆全景，旁边就是著名的圣潘克勒斯车站
（下左）英国国家图书馆内景 （下右）英国国家图书馆外的读者

阶层的人们通过阅读自我提升，而公众教育水平的提高又有利于犯罪率下降。法案通过后，英国中部的温彻斯特、曼彻斯特、利物浦、谢菲尔德等城市相继建立了公共图书馆。

现在，除了规模超大的国家图书馆外，英国各地的社区周围一般都有中小型社区图书馆，服务质量并不因规模缩小而打折。在我曾经居住的几个地方往不同方向走就有多座图书馆，他们通常属于同一个区政府，只需办一张读者证，手续简单快捷，填一份表格便立等可取，随后就能在辖区内的图书馆通借通还。相比国家图书馆和大学图书馆，这些社区图书馆更贴近居民，工作人员多为中老年妇女和残障人士，这里为他们提供力所能及的工作岗位。

社区图书馆一般都专门设置儿童活动区，用具的尺寸都是小号；还有为视力不好的读者准备的大字书；图书类型多种多样，有政治、经济、文化和居家等等；喜欢电影、电视和音乐的读者可以找到CD或DVD；旅游指南类图书的使用率和周转率很高，每到夏季公共假期前，书架通常被借得空空如也，旅游季过后，又陆续归还。一些孩子们放学后会选择来这里做作业，从小养成使用图书馆的习惯。不同文化背景的读者也能找到自己想要的内容，例如中文图书就“解救”了不少随子女生活在伦敦、但又不懂英语的中国老人们，为他们闭塞的生活打开一扇熟悉的窗口。这些图书馆还兼顾社区信息交流的功能，来自政府文化、教育、卫生、法律、艺术、旅游部门和各种民间社团活动的信息都会以小折页和宣传单的形式汇集在此，供人们挑选。

图书馆里可以免费使用电脑，为一些家里没有开通网络服务的老年人提供方便，一位朋友就每周两次去家门口的社区图书馆收发电子邮件，顺便借书和还书，这似乎已经成为他们生活中必不可少的一部分。伦敦市中心国家肖像美术馆和中国城之间有一座中文图书馆，在还不能使用手机上网的年代，如果刚好在附近有电子邮件或者信息需要查询，作为该馆的读者，我能很方便地使用这里的电脑，及时处理问题。

不去学校的日子里，我也会每天散步到图书馆，看看当天的《卫报》《泰晤士报》和《独立报》等英国主要报纸，偶尔也翻翻西餐、甜点和旅游等闲书换换脑筋。时间久了，积攒起一叠不同图书馆的读者卡，走到哪里都可以借书，都可以用图书馆里的电脑收发邮件，充分体会到公共服务的好处。为了表达谢意，我曾经把一本中文版牛津词典捐献给离家最近、也是经常去的社区图书馆，希望对其他读者有帮助。

英国是世界人均读书和读报量最多的国家之一，无论地铁里、公车上都能看到手捧书报的阅读者。英伦三岛有公共图书馆4540座、学术图书馆979座、国家图书馆6座，投入经费超过11亿英镑，这还不包括企业、学校和各种机构自己设立的图书馆。英国人口为6500多万，公共图书馆注册使用者有3560万，也就是说半数以上的不列颠人持有图书馆借阅卡。

从量化的数据不难看出英国人爱读书确实名不虚传，在民间有着深厚的基础。更重要的是，儿童和学生的借阅量占很大比例，从小培养爱读书的习惯，营造良好氛围，并形成传统，代代相传，发扬光大，一个爱读书的民族就是这样形成的。行走在英国的大街小巷，透过路边一扇扇没有遮拦的窗户，最显眼的可能就是起居室里一排排书架和上面码放的图书。夜幕降临，暖暖的灯光下，安静地坐在壁炉旁单人沙发上读书的身影是英国人恬静生活的缩影。

很难说清楚是爱读书的英国人造就了这么多图书馆，还是因为这么多图书馆培养了公众的读书习惯。总之，读书是英国人生活中很重要的部分，各种规模的图书馆随处可见，犹如空气般让你呼吸着书香，畅游在知识的海洋。然而，从2010年开始，英国各地打算削减图书馆、公厕、休闲中心和游泳池等公共设施的消息不断见诸报端，有媒体打出“图书馆面临历史上最大危机”的标题。据测算，在下一个财政年度，如果这些措施得以实施，将会节省1.1亿英镑。

学术之城牛津也没能例外，《牛津时报》报道，牛津郡议会计划削减对20—43座公共图书馆的支持，以节省200万英镑开支，代价是读者借阅不如以前方便，而且很多人会因此失去工作机会。地方议会的基思·米切尔说：“人们会有别的办法，节省这笔钱能让我们有更多喘息空间。”2011年1月，中国春节前，我收到了一张写有“夏镇图书馆将要关闭”的宣传单，通知大家到一所小学礼堂集会，讨论如何挽救附近一座社区图书馆，它是牛津众多可能面临削减的图书馆中的一座，距离我的住所不到300米。

五个月后传来好消息，在公众坚持不懈的努力下，牛津郡计划砍掉的公共图书馆都暂时保留了下来，需要解决的问题就是要有更多志愿者利用业余时间为读者服务，以减少工作人员开支。基思·米切尔回应大家的要求时说：

牛津大学博德利图书馆，世界首座有权获得所有新版书的图书馆

“我欢迎大家支持我们的图书馆，希望能让这种动力推动它们继续运转下去，同时又不用再额外资助。”

并不是所有图书馆都这么幸运。2010—2015年，投入图书馆的资金削减1.8亿英镑，这导致英国各地相继关闭350余座图书馆，工作岗位减少近8000个，174座被移交给社区组织或者志愿者团队，2016年还有110多座图书馆计划关闭。一些继续运作的图书馆因为资金问题，不得不通过缩短开放时间、削减购书费用、减少工作人员和维护项目等降低服务水准的办法求得生存，有人担心，这会令图书馆的忠实读者失望，并逐渐流失。

除了资金问题以外，阅读方式改变所带来的影响也是重要因素。英国文化、媒体和体育部2016年4月发布的一份研究报告显示，2005—2015年的十年间，三分之一的成年人使用过图书馆，这比2005—2006年度下降了30.7%。2010年前后，英国人去图书馆超过3.2亿人次，人均5.3次，学生则平均每年要去67.6次图书馆。到了2015年，去过图书馆的人数下降为2.25亿人次，人均3.5次。变化最大的是16—24岁年龄段的读者，2005年时，有51%的青少年去图书馆，到2015年，数据下降一半。

有意思的是，经常光顾图书馆的低收入读者数量没有明显减少，黑人和少数民族成年读者的数量高于白人读者。“希望鼓励孩子多读书”是人们经常光顾图书馆最主要的原因，而“没空”是很多人解释为什么越来越少使用图书馆的理由，天知道时间是不是被手中那块小小的手机屏幕给占据了。

曾经被全世界羡慕的图书馆体系和全民使用图书馆的风气在科技发达的互联网时代面临挑战，这引起很多人的忧虑并投入拯救图书馆的运动，建立网站、征集签名、议会请愿等。作家是活动的中坚力量，他们用自己的成长经历说明图书馆的重要性，一位畅销书作家说：“图书馆是为数不多的能够向所有人开放的场所，无论你是无家可归者，还是拉丁语教授。”也有人对政府把支持图书馆的责任下放地方政府提出质疑，认为为纳税人提供全面和高效的服务是政府义不容辞的责任，这一倡议征集到13,000多个签名。

为此，英国政府专门成立机构制订2016—2021年的公共图书馆复兴计划，赋予图书馆除了借书之外的更多功能，比如与时俱进提供无线上网、电子借阅、网络分享，截至2016年3月，99.2%的英国公共图书馆提供免费无线网络，比一年前提高27%，效果十分明显；增加图书馆“附加值”，加强图书馆与健康、心理卫生、贸易和经济发展等领域的联系；分享与推广有效和创新的运作方式，帮助地方行政部门建立可持续发展的图书馆或者社区中心服务；拓展工作人员技能，以适应提供更多服务内容的需要；让图书馆成为创新、创意交汇之地……

“别忘了，图书馆是一根贯穿我们生活的金线，它能比简单借阅图书做得更多，支撑起每个社区。它也不只是一个帮助、教育和鼓励热爱阅读的自我提升之地，而是为人生和学习打下基础的场所。无论你是希望申请一份工作、住房补贴，还是搞清楚退休金的相关规定，咨询适合自己的健康解决方案或者学习阅读技巧等，图书馆都能提供帮助。”一份关于图书馆的研究报告里如此描述这个公共机构的未来，不难看出，英国的图书馆正试图向着社区信息交流中心的方向发展。

英国媒体、文化和体育部的发言人表示：“图书馆是社区基础，是我们社会的重要组成部分，为了适应服务对象需求的改变，持续创新就显得尤为重要。”

中学生在博物馆里上生物课

伟大的艺术和文化为人民服务

Great Art and Culture for Everyone

面对变化，英国人选择继续走下去，在创新创意、挖掘藏品价值、扩大影响力、教育和娱乐、服务地方经济、提升文化形象等方面做了很多有益尝试，从静态展示向综合运用发展，把博物馆、图书馆、美术馆等公共机构带入新的发展阶段。如果用一句话概括他们的未来，那就是：伟大的艺术和文化为人民服务。

曾经获得诺贝尔文学奖提名的法国作家马尔罗认为在近现代，只有英国人像罗马人一样培养出一个既不是贵族、也不是中世纪骑士的精英阶层——绅士，而公学是这一特殊阶层的摇篮。所谓“公学”，其实指的是以培养学生成为政府公职人员为主要目的的私立寄宿学校，既然是私立学校，就不是一般人能上得起的，所以人们也习惯称这种学校为“贵族学校”。

我的伦敦住所附近有一座小山丘名叫“山上的哈罗”，与伊顿公学齐名的哈罗公学就在此。17世纪时，英国有九所著名公学，其中伊顿公学和哈罗公学名列前茅。哈罗公学校区分布在整座山头，各种设施一应俱全，距离工作学习的大学不远。闲暇散步时喜欢四处溜达，和身着燕尾服、头戴圆型礼帽的“小绅士们”聊几句，到电影《哈利·波特》外景地的沃恩图书馆[1]坐坐，在学校专用足球场和高尔夫球场边看孩子们踢球和挥动球杆。

一天，走到一座看上去不起眼，但有些年头的小楼前，门旁一块牌子写

[1] 这座距今有150年历史的建筑的设计者是加尔斯·吉尔伯特·斯科特（1880—1960），他还有另外一个为世人所熟知的著名作品，那就是英国满大街都能见到的“红色电话亭”，详见本书第18页。

曾经作为电影《哈利·波特》外景地之一的沃恩图书馆

着“哈罗公学博物馆，开放时间：每周日下午13：00—16：00”，这所名校的博物馆是什么样子呢？怀着好奇心，按照开放时间再次来到小楼，刚好碰到一位老者停车开门，寒暄后得知原来他就是博物馆管理员，也是学校的退休教师。老人告诉我，他和妻子共同管理博物馆，每周义务工作一天，简单介绍后，老人就让我自便了。

说是博物馆，面积其实也就200平方米左右，相当于一个校史展，收集了不少教案、作业、奖章、教学用具、学习用品和图片。在这座微型博物馆里，能看到英国前首相温斯顿·丘吉尔的照片，而从这所学校走出去的学生，最终成为英国首相的有七个人。还有不少外国政要曾经就读于此，比如印度第一任总理尼赫鲁、约旦国王侯赛因、贵族出身的诗人劳德·拜伦等，都是杰出校友。

哈罗公学博物馆里不仅有照片、图片，还有实物展示，有趣的是两间学生宿舍展示，室内用品全部都是“原件”。一间宿舍把参观者带回18世纪一个寒冷的冬天，学生在昏暗的烛光下看书学习，旁边放着取暖用的炉子；另一间则是现代的，一名阳光男孩正在用电脑上网，足不出户畅游世界，墙上贴着贝克汉姆的海报，地上放着足球和滑板。不用文字介绍，转身之间，几百年校园生活的变迁，形象而生动。

博物馆虽然不大，但仍然制作了供参观者选购的纪念品，包括印有学校徽章的T恤衫、马克杯和文具，还有介绍学校历史的图书，在重视传统和历史传承的英国，像这样的小型博物馆不计其数。2011年的一份资料显示，仅英格兰就有约1600座具有一定规模的博物馆，苏格兰400座，威尔士210座，北爱尔兰110座[1]。英格兰的博物馆中有1400座经过“博物馆、图书馆和档案馆委员会”鉴定认可。

半数博物馆是独立慈善机构或者其他形式的社会团体，三分之一由地方政府运作，约8%归私人和商业实体，5%属于学术机构，只有3%博物馆是由英国政府的文化、媒体和体育部或者其他政府部门直接资助。仅伦敦列入政府旅游推荐名单的博物馆就达240多家，为这座城市营造了厚重的历史、文化氛围，体现着强烈的民族自豪感、对过往的尊重和文化修养，这与一个国家和地区的文化、历史、经济背景密不可分。

英文的博物馆“museum”来自拉丁语“museum”，希腊文拼写为“mouseion”，最早的意思是“缪斯女神的神庙”，缪斯女神指的是九位仙女，她们分别掌管史诗、音乐、情诗、演讲术、历史、悲剧、喜剧、舞蹈和天文。现代博物馆则是文艺复兴时期人文主义、18世纪启蒙运动和19世纪民主制度的产物。博物馆经历了从早期的欣赏美，与他人交流观点，开展自然现象方面的实验，到成为大学的学习中心，再到收藏标本、史料、档案、艺术品，并承担保护者或保管员角色等不同功能的转换。2007年8月24日最新修订的《国际博物馆协会章程》中给出的博物馆定义是：一个为社会及其发展服务的，向公众开放的非营利性常设机构，为教育、研究、欣赏的目的，征集、保护、研究、传播并展出人类及人类环境的物质和非物质遗产。

英国的博物馆历史悠久，牛津阿什莫林博物馆1677年筹建，1683年5月21日正式开放，是英国最早的博物馆，也是世界上第一座为服务公众而建立

[1] 因为对博物馆定义、分类和规模等界定不同，没有一份全英国准确的统计数据。

的博物馆，比著名的大英博物馆还早70多年。博物馆的逐渐兴起与英国社会的发展变化密不可分。进入19世纪20年代，工业革命接近完成，城乡分化，城市人口集中，企业制度兴起，对法国战争欠下的国债加重了大众负担，城市生活带来民众权利意识高涨，这让英国步入渐进的宪政改革时期。

1832年，英国议会第一次改革，此后1835—1838年间由工人阶级推动的宪章运动达到高潮，出台不少法案，比如《议会改革法案》《工厂法案》等。资本主义经济模式在提高效率的同时，也让工人有了更多空闲，中产阶级担心这些人怎么消磨时间，于是有人提出应该鼓励社会底层的人们把时间花在有价值的活动上，比如学习，以提高社会行为，不得不说这是中产阶级带有明显家长式的考虑，而不是来自社会底层民众的自发需求。

但另一方面，工人运动领导人弗朗西斯·普莱斯也觉得建立教区图书馆、区域阅读室、开展主题讲座等可以起到娱乐和教育作用，把社区里那些只能在酒吧等公共场所用低消费打发日子的人吸引过来。于是，英国皇室向议会提出设立一个公共法案，允许地方行政区征税用于建立图书馆和博物馆，这就是《1845博物馆法案》，虽然没有成为法律，但却为推动博物馆和图书馆的建设起到明显促进作用。

此后，在博物馆法案和图书馆法案推动下，英国各地陆续出现大批博物馆、图书馆和资料馆，根据1929年发布的《国家博物馆和美术馆皇家委员会最终报告》提议，于1931年成立“博物馆和美术馆常设委员会”，50年后的1981年更名为“博物馆和美术馆委员会”，1987年1月1日开始在《皇家宪章》的框架下运行。到了2000年4月，该机构与图书馆和信息委员会合并，成立博物馆、图书馆和美术馆委员会[1]，这是一个注册的非官方公共慈善组织，接受来自文化、媒体和体育部的资助。其辐射范围覆盖全英，主要职责是推动这些公共机构的完善与创新，同时对政府在英格兰境内博物馆、图书馆和美术馆的政策与重要事务提供参考和建议。

到达伦敦后第一次出游，行至市中心的摄政公园，碰到一位长相和打扮貌似《哈利·波特》中鲁伯·海格的大哥，身材魁梧，头发和胡须浓密，行走起来，宽大的袍子像是带着风。当他得知我想找个“有意思的地方”参观

[1] 后更名为“博物馆、图书馆和档案馆委员会”。

时，强烈推荐附近的一家博物馆，并且强调是免费的，因为担心我找不到，他与同行的朋友执意绕道送我过去。一路上“海格”滔滔不绝地介绍沿途建筑和历史，甚至还领我进了一家自己经常光顾的二手书店，向老板引荐我这位刚刚认识不过十几分钟的新朋友。向导大哥其实是加拿大人，只是在伦敦生活久了，把自己也当成伦敦人，为这座城市的历史和文化自豪，希望与人分享。

最终，我们来到一座大宅子前，热心人与我挥手告别，还意犹未尽地说：“好好享受吧！”就这样，无意中，我走进了一座伦敦著名的免费私立博物馆，其中陈列的展品大大出乎我的意料。

整座房子的内部装饰以18世纪洛可可风格为基调，25个展厅收藏了14—19世纪的盔甲、冷兵器、伦勃朗及其他大师的油画真迹，还有很多珠宝、雕塑和装饰艺术品，其中尤以18世纪法国家具、瓷器和画作最多。荷兰17世纪著名画家佛兰斯·哈尔斯的名作《微笑骑士》似乎是博物馆的“镇馆之宝”和“形象代言人”，画家对人物服饰的刻画和“骑士”微妙的眼神令参观者过目不忘。

博物馆后部是一座用玻璃顶棚覆盖的高挑空间庭院，作为餐厅，既方便参观者休息和用餐，也是这类免费艺术场所的“创收”手段之一，生意都挺不错。地下一层陈列室里摆放着供人们体验用的盔甲，我好奇地动手穿了起来，盔甲很重，加上不熟练，显得很笨拙，这时一位刚好经过的女管理员停下脚步，很认真地教我如何穿戴，并主动帮忙拍照片留念。那股热情劲儿，

（左）“华莱士收藏”内景，绘画藏品规模仅次于国家美术馆
（右）“华莱士收藏”博物馆老照片，这楼外观一百年没有显著变化

似乎不是简单履行工作职责，而是发自内心希望与来访者分享这些好东西。

走出体验室，顺着指示牌来到报告厅，一个讲座刚刚开始，介绍的是馆藏的伦勃朗油画赏析和如何鉴别真伪。我找了个中间位置，坐在舒适的沙发上，被柔和的光线和悦耳的音响包围，既休息又长见识，等再次回到展厅看作品时，有茅塞顿开之感。放下走马观花的浮躁，半天的静心参观受益颇多，那么这样一个藏品众多、活动丰富、服务热情的地方为什么是免费开放的呢？

原来，这是世界著名的私人博物馆——“华莱士收藏”，博物馆始于1897年，由长期居住在巴黎的理查德侯爵（1800—1870）创立，他一生未婚，在伦敦拥有的房产就是现在作为博物馆使用的大楼，三层高的房子建于1776—1788年，在成为博物馆前，曾先后作为西班牙和法国的大使馆馆舍。

1871年3月18日，巴黎人民武装起义，成立巴黎公社，法国处于动荡之中。此时，理查德侯爵刚刚去世不久，私生子理查德·华莱士（1818—1890）继承了他在巴黎的所有收藏和伦敦的房产，为了安全和保险，他把前辈苦心收集的“宝贝”转移到伦敦，还用祖辈的封号给房子起了个新名字“赫特福德大楼”，以示敬意。不过，当时房子的规模不足以装下这些从英吉利海峡对岸过来的珍宝，后来又进行扩建，成为今天的模样。

华莱士去世后，他的妻子把所有收藏共5500件，连同房子全部捐献给国家。条件只有一个，那就是一件藏品都不能离开这座大楼，甚至连临时租借出去展览都不行，也不能与其他来源的收藏品混在一起，要保留原汁原味的“华莱士风格”。1900年6月22日，以“华莱士”命名的博物馆正式对公众免费开放，至今已有近120年历史，别看只有一座楼，它在伦敦博物馆游客排名中却名列第11位。2014年9月，博物馆经过两年的维修翻新后重新开门，一些展厅新安装的透光天花板和吊顶让空间更加明亮，有利于参观者在自然散射光下观赏收藏品。在伦敦第一次进博物馆就这么高的起点，让我对其他博物馆更加期待。

其实，在伦敦免费开放的重量级博物馆不止这一家。2001年12月1日，是个历史性的日子，英国最重要的13座博物馆同时向公众免费开放，这是1997年时任英国首相布莱尔领导的新工党进驻唐宁街后实行的新政府文化政策的一项核心内容，工党兑现了竞选时的承诺，推动这一举措实现的艺术基金慈善组织主任戴维·巴里说：“我们期待着参观者人数迅速增加。”

英国政府的官方文件是这样表达由国家资助顶尖博物馆和美术馆的意义的：我们认为让每一个人走近国家级收藏很重要，所以给予资金确保这些机构免费开放永久收藏。这不仅是为公众提供体验精美、非凡和具有教育意义藏品的机会，而且也承担着吸引旅游者和其他访问者的使命，有益于经济发展。

博物馆大门免费向公众敞开赢得一片叫好声，维多利亚和阿尔伯特博物馆一周内参观者从2万人迅猛增加到5.3万人次，科技博物馆的参观人数也上升120%。2007年统计显示，13座博物馆免费开放六年后，额外有3000万人看到了这些人类历史上伟大的艺术和文化收藏品。

不同级别的博物馆，经费分别来自英国政府的文化、媒体和体育部以及慈善组织、地方政府、教育机构和国家彩票。现在，伦敦免费开放的博物馆主要有英国博物馆、国家美术馆、泰特现代艺术馆、自然历史博物馆、科学博物馆、维多利亚和阿尔伯特博物馆、国家肖像美术馆、国家海事博物馆、帝国战争博物馆、华莱士收藏博物馆、伦敦博物馆、格林尼治观测站等，其中前七家是政府[1]直接资助。

免费开放最大的受益者是游客、儿童和学生。英国是世界十大旅游目的地之一，2014年的游客数量为3440万，旅行社很乐意带游客到这些既有品位又可以“免单”的地方参观。要知道仅第一批免费开放的博物馆就为每个喜欢历史、文化的成年人节省73.85英镑。如果说博物馆中的藏品是人类共有的财富，那么此前因为要购门票从未进过博物馆的人，现在就有机会去看看“属于他们自己的财富”了。

博物馆的参观者中，孩子是很重要的一个部分，家长会利用节假日带小朋友去博物馆，有的甚至只是在推车里的婴儿和不懂事的幼儿。在他们眼中，这个伴随自己长大的地方就是另外一处游戏场所。英国各地的博物馆都设有“学习室”，是孩子们的第二课堂，有不少课程规定学校是要到博物馆里去完成的，所以我们能在自然历史博物馆看到孩子们辨识动植物标本，在

[1] Association of Leading Visitor Attractions

艺术博物馆见到学生们拿着画板临摹名画，在科技博物馆碰到正动手用纸板制作齿轮和传动装置的活动。孩子们从小就习惯跟着老师去异地的博物馆参观，开展带有旅游性质的学习活动。

除了接受孩子们前来参观，一些博物馆还承担租借“教具”的职责。他们按照历史、地理等课程内容搭配相关文物和展品，放置在特制手提铝合金箱子里，提供给学校教学之用，每年只收取很少的租金，用完归还，平时就整齐地码放在库房里。这样既最大限度地发挥了收藏品的价值，让孩子们看到“真品”，而不是模型，又为学校省去一笔不菲的购置教具的费用，避免重复投资，一举几得。

英国有一档收视率很高的考古节目《时光团队》，主持人托尼·罗宾逊儿时家境不是很好，但因为父母常去博物馆和城堡参观，他耳濡目染，喜欢上了这种地方，对他后来乐此不疲地参与历史文化类纪录片的制作起了很大作用。担任一家博物馆主任的尹恩·格里菲斯博士20世纪60年代出生在工人家庭，那时在消费很高的伦敦花钱去一次博物馆对他们基本是奢望。他记得一个免费日父亲带他参观科学博物馆，伊恩被精彩的内容深深地吸引，这次经历也改变了他的人生，伊恩说：“如果没有那次博物馆之行，我成不了博士。”

由于博物馆对大众，特别是青少年的重要性，像尹恩这样在博物馆工作的专家学者经常会客串讲解员给参观者介绍馆藏文物，回答他们提出的问题，也许在不经意间你就能碰到一位专家。有一年中国春节期间，我就在英国博物馆的中国展馆里见到一位老学者正在介绍中国红包的来历和典故，而在苏格兰国家博物馆里，游客们围着一位穿着苏格兰裙子、须发全白老教授的场景也很有意思。不少英国人认为完全没必要进行彰明较著的“爱国主义教育”，因为国民从小就在包括博物馆在内的各种形式课堂上通过参观、实地体验等方式，学习和接触本民族的辉煌历史、灿烂文化和伟大发明，而不是灌输空洞的概念和故事，潜移默化中养成了深厚的忠诚意识和爱国热情。

虽然有政府资助，博物馆仍然面临资金匮乏的问题，有人提议：“我们不想取消免费措施，但是如果博物馆和美术馆觉得合适的话，他们有权收费。收来的钱可以投入新设施中，以便为孩子和学生们继续提供好的展览。”2007年6月，英国保守党的影子内阁文化大臣雨果·斯怀尔提出要取消博物馆免费的举措，支持者说：“我们不明白为什么社会只对文化的一部分免费。如果对美

（上、中）博物馆里的孩子们　（下）博物馆租借教具库房和真实文物

术馆和博物馆免费，是不是也应该为电影和足球赛免费？美术馆是为艺术爱好者准备的，我想你应该为你的爱好付费。另外，免费博物馆也对仍在收费的博物馆造成影响，分流了一部分参观者。”

此言一出，立即遭到来自全社会的反对，全国教师联盟的秘书长史蒂夫·斯诺特生气地说这对孩子们的影响是灾难性的。文化、媒体和体育大臣泰萨·乔韦尔也指责：“如果保守党在这条路上继续走下去，将是严重的、令人遗憾的一步，也是不受欢迎的。国家博物馆和美术馆免费开放，是政府关于‘建设一个更美好的英国’的承诺之一，其目的在于增强艺术在国家生活中的地位与作用。”这项被称为“历史倒退”的建议在一片反对声中迅速销声匿迹了。

博物馆是英国最吸引人的公共设施，每年有超过7700万的参观者造访，这一数字比英国总人口还多，其中23%是海外游客。与都市收藏丰富的大型博物馆相比，很多地方博物馆虽然规模小，超过半数每年参观者仅万人，但他们往往聚焦本土内容，能让本地参观者增强自豪感，可以说目的和功能各不相同。

其实，博物馆、美术馆与图书馆面临着同样局面，近年来的数据显示，除了伦敦之外，其他地区的博物馆参观人数都有下降趋势。免费还是收费，已经不是最重要的问题，让这些公共机构充分发挥作用，为国家文化建设做贡献才是他们未来的方向。

2010年7月26日，时任国家文化、奥林匹克、媒体和体育大臣的杰里米·亨特宣布，在减少国家资助的公共机构数量，集中力量搞好重点服务和投入资金效益最大化的大背景下，根据新规划，停止“博物馆、图书馆和档案馆委员会”的运作，其功能于2011年10月1日由“英格兰艺术委员会”[1]和“国家档案”两个机构承担。前者主要负责博物馆和图书馆事务，包括“复

[1] 1940年，第二次世界大战期间，“支持音乐和艺术委员会（the Council for the Encouragement of Music and the Arts，简称CEMA）”被指定为帮助促进和保留英国文化的机构，由政府资助运作，战后更名为“大英艺术委员会（the Arts Council of Great Britain）”。1994年，拆分为“英格兰艺术委员会（the Arts Council of England）”、“苏格兰艺术委员会（Scottish Arts Council）”和“威尔士艺术委员会（Arts Council of Wales）”。除此之外，还有“北爱尔兰艺术委员会（Art Council of Northern Ireland）”。

伦敦维多利亚和阿尔伯特博物馆的开放式修复车间，游客可以直接从二楼看到下面的工作情况

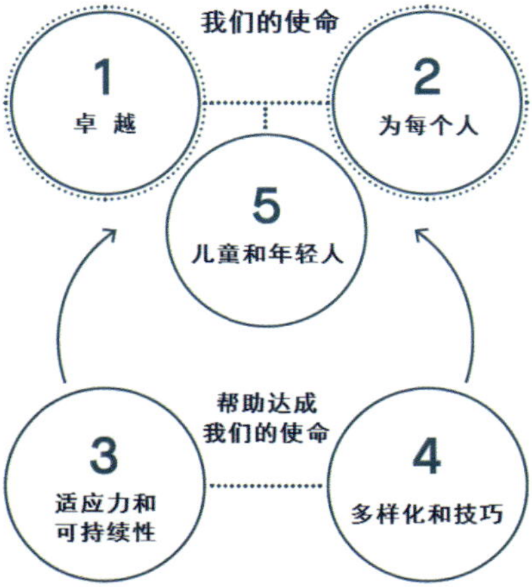

（上左）博物馆、图书馆和档案馆委员会标示 （下左）英格兰艺术委员会标示
（右）五大目标相互关系

兴计划”、博物馆认证、图书馆发展等，后者则承担为档案部门提供战略领导和为政府制定这些机构发展规划时建言献策的责任。

传统博物馆的角色是扩展和解读收藏，并为后代保护好这些文物，“英格兰艺术委员会”对21世纪的博物馆功能做了梳理，列出五大目标：一、成为学习和教育的重要资源，发挥丰富藏品的潜力，多渠道持续为教育服务，特别是利用收藏让学校基础教育变得生动活泼，鼓励各年龄段和不同背景的人们通过轻松有趣的方式开拓视野。二、参观者从身心两方面加强与藏品的近距离接触，未来要把更多更好的收藏从展柜里释放出来，让博物馆成为人民学习和受到激励的场所。互联网技术为那些无法亲自去博物馆的人们提供便利，无论他们是残疾人，还是远隔千山万水的好奇者，让他们也能接触博物馆里丰富的收藏。三、博物馆在地方经济发展中可以起到催化剂作用，作为城市形象改变的一项重要元素，如利物浦、曼彻斯特和伯明翰等大城市的博物馆，正受到越来越多关注，一份关于英国西南部的研究显示，与博物馆相关的旅游收入为当地经济做出很大贡献。四、鼓励创新。“英格兰艺术委员会”下属的“创新合作基金”为博物馆之间的创新合作提供机会，用他们的藏品揭示过去、现在和未来，在这些负载文化信息的收藏品基础上，重新加工，创造性地做出新设计。通过对发展技术技巧的鼓励，博物馆能对举世瞩目的英国创意产业做出贡献。五、各地多样的博物馆通过提供优质和高水平服务，让已经逐渐模糊的地方特色重新鲜明清晰起来。

从专注于广泛的艺术领域，到兼顾博物馆和图书馆，“英格兰艺术委员会”的覆盖范围在扩大，作为受“文化、媒体和体育部”支持的国家级发展机构，他们的主要职责是让艺术以及博物馆和图书馆成为日常公共生活不可或缺的一部分，创造条件，走近所有人，这对国家经济发展和建立健康和谐的社会尤为重要。他们也与英国教育部合作，参与国家教育计划，提高英国文化教育的标准、影响力和可持续性。

他们制定《“文化、知识和理解：为每个人的博物馆和图书馆”规划》，2010—2020年的五大目标：一、艺术、博物馆和图书馆里的优秀文化繁荣和被称颂。彰显英格兰作为优秀文化世界中心的地位，让游人把艺术和文化作为前往英国的主要原因，通过艺术机构作品、博物馆展品和图书馆提供的服务，展现英国的多样性。二、每个人都有机会走近艺术、博物馆和图书馆，参观者和使用者人数上升。博物馆的价值不仅在于有丰富收藏，还要为走进它们的参观者诠释这些藏品，启迪甚至影响他们。人们的文化体验在深度和质量方面有明显提升。三、每名青少年都有机会接触艺术、博物馆和图书馆中的丰富内容，在校内外都能接受高水平的文化教育。作为国家的未来，青少年永远会被这些机构放在重要位置，并反复提及，甚至被视为串起所有目标的项链。四、艺术、博物馆和图书馆有适应能力，并可持续发展。受资助范围更广，收入渠道更多。五、艺术机构、博物馆和图书馆的领导层与员工展现出多样性和具备相应技能，管理效率提高。这些目标相互交叉，互相作用，“英格兰艺术委员会”希望探索出一种在经济和生态上可持续发展的文化模式，通过这些机构自身和从业者的工作，为前三项的实现打下基础。

面对变化，英国人选择继续走下去，在创新创意、挖掘藏品价值、扩大影响力、教育和娱乐、服务地方经济、提升文化形象等方面做了很多有益尝试，从静态展示向综合运用发展，把博物馆、图书馆、美术馆等公共机构带入新的发展阶段。如果用一句话概括他们的未来，那就是：“伟大的艺术和文化为人民服务。”

即便在自己家，一些英国人也自觉遵守室内不抽烟的规定，把烟灰缸放在院子里

吸烟违法
Tobacco Taboo

> “为了满足自己的烟瘾又不影响别人，我不得不站在路边，或者街边的角落吸烟，忍受路人投来歧视的目光，毫无尊严地享受一点所谓的快乐，而实际上这样的享受无异于自杀，每次掏出烟，我都要和自己斗争，和一种耻辱感斗争，我为何不放弃呢？”

英国的冬季天黑得早，蒙蒙细雨伴着阴冷的空气，如雾一般弥漫在街道中。

2007年12月的一个深夜，我离开通宵开放的学校图书馆，行至主教学楼外时，隐约看见有个红点忽明忽暗，走近才发现是一名女生站在雨中吸烟。因为衣服单薄，她看起来似乎有点发抖，整个人缩在宽大的罩衣里，不停地来回踱步，唯一露在外面的两个指头夹着一支即将燃尽的香烟，斗篷下被微弱的烟头照亮的是一张白净的、若有所思的脸。

此时，学校的过道空无一人，保安也不知去了哪里，她本可以在无人值守的教学楼内吸完这支烟，却选择站在雨地中，这是因为半年前的7月1日，英格兰成为继苏格兰、威尔士和北爱尔兰之后，大不列颠联合王国中最后一个在公共场所禁止吸烟的地区。

也就是说，从这天起，在英国任何地方的室内吸烟都是违法的。

吸烟是英格兰最大的“杀手”，每年有87,000人死于这项嗜好，英格兰其实早在2004年11月16日就提出公共场所禁烟，一开始计划于医疗机构、政府部门以及酒吧和餐厅里实施，但提议一出即引起各界广泛争议，一些人建议要全面禁烟，另一些人则觉得政府对被动吸烟反应过度。经过数次听证、

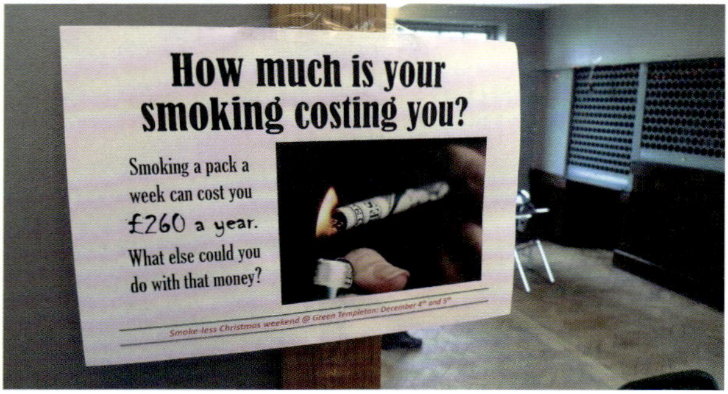

（上）英国户外吸烟者
（下）酒吧不仅禁烟，还张贴告示劝告烟民戒烟：每周一盒，一年260英镑，这笔钱干点啥不好呀

投票和辩论之后，2006年2月，英国议会上院通过强制全面禁烟法令，媒体评价说这是“为了公众健康迈出的重要一步”。

在日常生活中，人们将这项法令简单地解释为“只要有顶的地方都禁止吸烟”，鉴于一些特殊情况，具体实施时还是有例外，比如公交车站（如果顶部覆盖不够一半）、没有全封闭的电话亭、酒店的可吸烟客房、海上钻井平台、烟草商的产品展示和推广、舞台或者电视演播室（但仅限于在正式表演时，就连彩排也不行）。疗养院、心理治疗室、监狱等地，考虑特殊人群的需要，吸烟有助于舒缓情绪，也予以放宽。

在室内禁止吸烟，除了考虑健康原因，也是为了把火灾隐患降低到最小，在这方面英国人有着惨痛的教训。1987年11月18日晚7点半左右，伦敦主要换乘车站国王十字地铁站发生火灾，这场“地狱之火”导致31人死亡。后经调查是一名乘客把还未燃尽的点香烟的火柴扔在自动扶梯上，“火种”随即落入木质扶梯下方空间，引燃油腻的润滑材料、干燥的垃圾和纤维物质，仅仅几分钟，呛人的烟雾就弥漫了整座地铁站。

火灾本可以避免，因为自1956年起，各地车站先后发生过46起电梯失火事故，大多是吸烟者不慎引发的。后来，立法禁止在车厢内或站台上吸烟，但并未禁止乘客在扶梯上迫不及待地过烟瘾，这给1987年的火灾留下了隐患。

2007年7月1日英格兰公共场所禁烟法令生效前，各地利用广播、电视和报纸进行广泛宣传，公共场所也张贴通告。英国广播公司播出的一则公益广告十分直观，一名中年男子穿梭在摄影棚搭建的食堂、酒吧、车间、商场、仓库、俱乐部、修理厂、办公室等区域和场景中，空间瞬间转换，他边走边说：“从7月1日起，你不能在室内吸烟啦。”如果违反法令，吸烟者将会被课以50—200英镑罚款，不展示禁烟标志的经营者则会面对200—1000英镑的罚单，如果他们被查出未尽到监管责任，让烟民们在自己的“地盘”里吸烟，那么最高惩罚是2500英镑。

在这个国家即便只是因为你抽了一支烟而违反法律也会被视为很严重的事情，所以禁烟令实行以后绝大多数人会自觉地遵守，烟瘾大的人就只好在上班途中匆匆吸一支，然后在进入办公楼等公共场所前把烟头投入挂在墙上的像老式邮筒一样的烟头收集器。而在酒吧和餐厅外的街边，因为吸烟的人群扎堆儿，显得煞是热闹，这些西装革履的烟客们端着咖啡或者啤酒，一边交谈，一边吞云吐雾。

有一次乘公交车，忽然闻到浓烈的雪茄烟味，此时车刚好到站停下，司机伸头看了一眼车厢，随即拨打电话报警，这时我才发现车后部有两名放学的中学生正在抽雪茄，烟味就是从那里飘来的。他们看见司机报警，吓得赶忙从后门跳了下去，站在路边观望，但司机并未放下电话，继续与警察说明情况。两个孩子商量后只好硬着头皮从前门上车，向司机一再道歉，央求这位坚持原则的司机大哥不要把警察叔叔招来。因为报警耽误了几分钟，但车上没有任何乘客抱怨，大家都知道，这是在维护公众的权益。

当然，有人欢迎，就有人反对，禁烟也不例外。一个叫做“自由选择”的组织就抗议这项政策，他们认为应该尊重顾客在酒吧和俱乐部里吸烟的权利。由于有人拒绝遵守规定，还引发过一些刑事案件，最极端的例子发生在2007年7月27日，也就是禁令生效不到一个月，前重量级拳击手贾姆·欧耶波拉因为阻止一名顾客在夜总会吸烟，被对方持枪击中头部，不治身亡。

刚开始禁烟时，人们不太习惯只喝酒而不抽烟的酒吧氛围，有媒体报道，酒吧、餐厅、宾馆和娱乐场所客流量下降不少，但一名酒吧服务生却很开心，她整天在吧台里呆着，终于可以不再被烟熏了。也有报道称，自从禁烟后，很多娱乐场所的生意反而好了，那些原来害怕被动吸烟的人也可以放心地去享受生活喝一杯了。

回家放松一下，当然可以吸烟，但按照规定，如果同一个空间内有另一名家庭成员，吸烟人就不能肆无忌惮地“独享其乐”。当然，这不是强制性的，但我接触过的英国朋友们都很自觉地遵守。房东在院子的桌上放置了几只款式不同的烟灰缸，既用做装饰，又可供自己和朋友们在户外吸烟时用。即便是寒冷的冬夜，房东儿子的同学来访，几名年轻人也是在院子里抽完烟才回屋活动。

吸烟作为个人权利，在不妨碍别人健康的前提下无可厚非，虽然制造商在烟盒上标注了警示语，但对于那些固执的烟民而言，提示基本不起作用。有人就曾开玩笑说：“烟盒上的每个单词我都认识，放在一起就不知道是什么意思了。”既然文字的作用有限，那么就需要借助图片的视觉冲击力。2010年的10月1日，英国成为欧盟第一个在烟盒上贴上显示吸烟潜在危害警告图片的国家，这些图片触目惊心，有喉癌、肺癌、烂牙齿、粗糙的皮肤、手术切开的内脏、受到影响的婴儿，还有阳痿等等。

和我们见惯了的中国烟盒上都是吉祥的产品名称和漂亮图片不同，英国烟盒上警示图片面积至少要达到总面积的50%，不断刺激着吸烟者的神经，促使他们认真考虑放弃吸烟。同时，与酒类一样，商家不允许将烟草出售给18岁以下的未成年人。

英国肺病基金会的首席主管海伦娜·沙文通夫人说：“吸烟导致肺部受损，英国每年有12万人死于慢性阻塞性肺部疾病，我们希望图像起到的效果

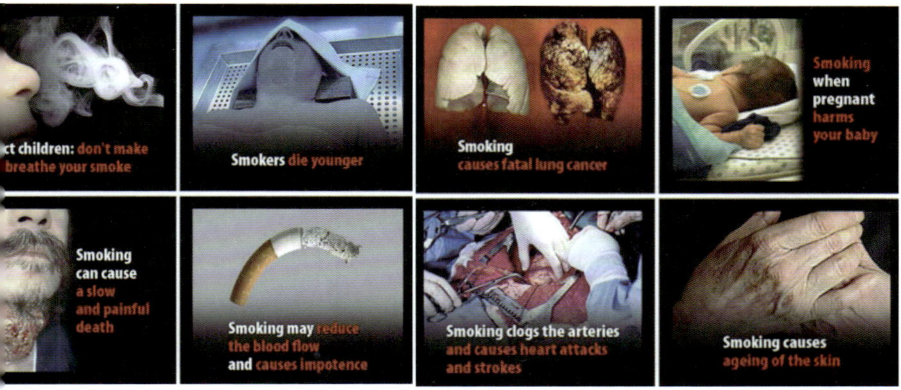

（上）英国香烟盒上的警示图片，告诉吸烟者吸烟都会引起什么严重后果（图片来源：Independent）

（下）《烟草控制框架公约》标志

FCTC
WHO FRAMEWORK CONVENTION
ON TOBACCO CONTROL

比文字信息好。”据统计，英国因为吸烟死亡的人数是交通事故、用药过量、谋杀、自杀和艾滋病死亡人数总和的五倍。据说二手烟受害者可能吸入超过50种致癌物质，吸烟真是一种损人不利己的不良嗜好。2003年5月，在瑞士日内瓦召开的第56届世界卫生大会上，世界卫生组织192个成员一致通过第一个限制烟草的全球性公约《烟草控制框架公约》，成为联合国历史上最受欢迎的条约之一。

这是一份以证据为基础的文件，强调所有人享有最高健康水平的权利，公约的主要目标是提供一个由各缔约方在国家、区域和全球各级实施烟草控制措施的框架，以便使烟草使用和接触二手烟频率大幅度下降，从而保护当代和后代人免受烟草对健康、社会、环境和经济造成的破坏性影响。

现在全世界已经有70多个国家和地区颁布了禁止在公共场所吸烟的法令。按照规定，公约生效后，各缔约国须严格遵守如下条款：提高烟草价格和税收，禁止烟草广告，禁止或限制烟草商进行赞助活动，打击烟草走私，禁止向未成年人出售香烟，在香烟盒上标明“吸烟危害健康”的警示，采取措施减少公共场所被动吸烟等。

我曾经问过一位因为禁烟令而戒烟的英国朋友，是什么促使他放弃多年的嗜好，他的回答令我吃惊："为了满足自己的烟瘾又不影响别人，我不得不站在路边，或者街边的角落吸烟，忍受路人投来歧视的目光，毫无尊严地享受一点所谓的快乐，而实际上这样的享受无异于自杀，每次掏出烟，我都要和自己斗争，和一种耻辱感斗争，我为何不放弃呢？"

中国于2003年11月10日签署《烟草控制框架公约》，成为第77个签约国。2005年8月28日全国人大常委会批准，2006年1月9日，《烟草控制框架公约》在中国正式生效。此后曾经掀起过一阵宣传高潮，很多城市也颁布了公共场所禁烟规定，但由于缺乏有效监督，烟民也没有自觉遵守的意识，加上商家出于商业利益考虑的放任自流，热闹一阵后，便形同虚设了。

于是常常可以看到这样的情景：会议室里，"请勿吸烟"的警示牌旁，烟客们仍然肆无忌惮地享受着他们的"权利"，无视他人的感受和身体健康；办公室里，公务员叼着烟，眯着被烟熏得睁不开的眼，在布满烟灰的键盘上打字；更有甚者把点燃的香烟带进电梯，狭窄空间里弥漫着浓重的烟味，令人窒息，以至于一位在中国生活多年的英国老太太从忍无可忍地强烈抗议，到最终大声谴责，而那些手拿烟头的人不是一脸茫然、毫无歉意，就是怒目而视、反唇相讥。

我的一位朋友因为怕污染室内空气，影响家人的健康，即便天气不好，温度再低也会到阳台上过烟瘾，但在公共场所却全然没有这样的意识，所以我老提醒他，周围的人也是别人的父母、妻儿，他们同样需要受到保护。台湾作家舒国治这样描述他在北欧国家瑞典的感受："人们之不抽，实在于一者对公共范围之尽不侵犯，再者自我约束本就习守。"

面对吸烟这件貌似无关大碍的"小节问题"，依靠烟民自觉遵守无法奏效时，强制禁烟便显得尤为重要。2011年新年伊始，就有媒体以"我国五年室内公共场所禁烟承诺基本宣告失败"为题表达对这项工作开展不力的失望，"履约五年内，不仅全民吸烟率没有下降，二手烟受害者却在三年内增加了二亿人。"对于很多地方政府来说，这项工作之所以推进缓慢，主要原因来自烟草行业是支柱产业，对地方财政起到很大的，甚至决定性的作用。

2016年1月15日，国家烟草专卖局局长凌成兴在全国烟草工作会上介绍，2015年烟草行业实现税利总额11,436亿元，同比增加919亿元

（8.73%）；上缴财政总额10,950亿元，同比增加1840亿元（20.2%）[1]，两个增长幅度都超过GDP增长。在发言中，凌成兴特别提到坚决支持公共场所禁烟，强化卷烟包装警示，对六个卷烟规格实行扩大警语占用面积、加大警语字体、增强颜色对比度并印制"请勿在禁烟场所吸烟"警示标识。然而，两个月后的全国两会上，同样来自国家烟草专卖局的副局长、全国人大代表段铁力接受采访时表示，在烟盒上印警示图标不符合中国文化传统，且目前没有增加图标的打算[2]。

来自同一机构，自相矛盾的说法令人遗憾，且完全没有说服力。因为烟草并不是中华文化传统的产物，而是17世纪从欧洲经日本传入中国的。同样的国产品牌烟草，在香港采用与内地不同的包装，根据香港法例第371章，也就是俗称的"禁烟条例"规定，出售的纸卷烟包装必须符合第III部8条列出的有效健康忠告，其中就包括用中英文字和图片明确标示吸烟所带来的危害，比如特区政府忠告市民吸烟足以致命、吸烟引致癌病、吸烟引致心脏病、吸烟引致肺癌、吸烟引致呼吸系统疾病、吸烟祸及子女等。

有学者认为，这种短视造成的是社会效益负值，因为由吸烟导致的包括医疗成本、劳动力损失等社会成本已经远远高于烟草行业的总成本、缴税总额、就业贡献等价值总额，而且在未来20年这种负效益还会增大。同时，2016年公布的《公共场所控制吸烟条例（草稿）》比之前的"征求意见稿"有很大变化，被称为是一次退步，最直接的表现为包括餐厅、酒吧、咖啡厅、茶楼、歌舞厅、棋牌室、宾馆、酒店、机场航站楼等室内公共区域不列入禁烟范围，这让"全面禁烟"变成一纸空文，被认为是控烟立法进程的一次倒退。

进入新千年后，中国数次在公共场所全面禁烟的工作，在利益相关行业和部门敷衍了事，公众多年形成的陋习和有恃无恐的漠视所形成的强大阻力下，并未取得实质性进展，各种所谓的"史上最强戒严令"虎头蛇尾，收效甚微，甚至倒退。

"禁烟"，成为中国各种社会问题有令不止的一个典型缩影。

[1] 新华社2016年1月5日15：21：30，《2015年烟草行业实现税利11436亿元》。

[2]《法制晚报》2016年3月15日16：55：32，《国家烟草专卖局的副局长："烂肺"照片不上烟盒》。

伦敦酒吧

酒醉英伦

Binge Drinking Britain

“饮酒无罪，酒精无罪，有罪的是酗酒”，这是八九百年前，英国传教士在餐桌上堂而皇之地饮酒时的理论，其实社会上很多事物都是如此，看起来像是个哲学问题，但对英国来说，则是个实实在在需要面对的难题。

在伦敦出行，免不了乘坐地铁，晚间不时会碰到一些明显饮酒过量的青少年，他们聚集在车厢一端，用手机免提功能播放摇滚音乐，肆无忌惮地大声说笑。这时，其他乘客往往选择集中到车厢另一端，英国人本来在公共场所就不苟言笑，此时更为沉默，目光投向手中的报纸、书籍，他们甚至不会多瞟那些年轻人一眼，以免招来不必要的麻烦。

2008年6月1日对伦敦人是特殊的一天，因为从这天起，伦敦的公共交通系统将禁止乘客饮用含酒精的饮料，甚至不允许携带开启的含酒精饮料的容器，这是继公共场所禁烟后的又一项禁令。

在此之前，公交站、地铁站和轻轨等公共场所都贴出醒目标牌和招贴画，进行前期公告。海报上面写着：“公共交通禁止饮酒：让每个人的旅程愉快舒畅……”这是当时刚上任不久的市长鲍瑞斯的新举措，他希望通过禁令减少因为饮酒引发的反社会行为和暴力事件，让乘客感到更加舒适和安全。禁令规定：任何人拿着开了盖的酒瓶或者易拉罐筒都会被乘务人员或者警察请下车。2009年则出台更严厉规定，这类行为会被定性为刑事犯罪。英国的另一项《公共空间保护法令》也赋予警察特殊权力，他们可以命令人们，特别是18岁以下青少年停止在公共场所饮酒，进而没收酒瓶、罚款，甚至逮捕。

英国酿酒的历史很长，因为酗酒造成的社会问题和争论也由来已久。

罗马人攻占大不列颠岛时，当地人喝的是一种用大麦、蜂蜜和苹果等为原料酿造而成的酒。此后，南部沿海地区开垦荒林、扩耕土地，种植的粮食产量增加，蜂蜜酒原材料减少，麦芽酒逐渐取代蜂蜜酒。此后，在修道士们不断调配下，麦芽酒成了大众饮品，甚至每家都能自己酿制。现在通常把加了啤酒花的称为“啤酒”，没有加啤酒花的叫作“麦芽酒”，而酒吧里则用“熟啤酒”和“苦啤酒”区分。熟啤酒是利用冷却装置在低温设备中采用底部发酵的方法酿造，苦啤酒则是在常温下，用表面发酵方法酿造而成的麦芽酒，因为加入啤酒花后苦味增强而得名。

早在11世纪，伦敦普通人家就把酒纳入早餐，理由很有意思——为了“解渴”。在他们看来，五六度的麦芽酒和面包、肉类等一样，是日常饮食的一部分，饮粮食酿造的酒比喝白开水有营养。其实这背后还涉及我们今天所说的“食品安全”问题，麦芽酒和啤酒在酿造过程中有一个把生水煮沸的环节，使得喝酒比直接喝生水更安全。在进口美酒的刺激下，英格兰本地酿酒业也开始兴起。据统计，1300年前后，拥有八万居民的伦敦已经开设了1000—2500间小型酿酒作坊，产品质量不比今天的啤酒差。

然而，“为了健康，干杯！”逐渐成了饮酒的最好借口，无节制地喝也形成一股风气。出人意料的是，最放纵的酒鬼不是普通市民，而是拥有很高社会地位的神职人员，在街头因酒滋事的也大多是同业公会的商人。当时的“补赎法规”对酗酒有明文规定：主教带头酗酒，立即免职；普通教士酗酒，补赎30天；普通人则只需要15天。

翻开伦敦12、13世纪的历史档案，因为酗酒造成的滚下楼梯、台阶、码头，甚至掉出窗口的案例比比皆是。而在酒精刺激下，一句话或一个眼神就引发一桩命案的事情更是不足为奇，深夜的伦敦街头，爱尔兰军刀、短剑、斧头和小刀常常在酗酒者手中舞动得呼呼作响，由此可见酒后暴力已经严重影响了正常的社会秩序。

可以说饮酒的历史也就是抑制饮酒的历史。1604年，詹姆斯一世继位第二年，颁布禁止过度饮酒的法律，其中对带来的危害是这样描述的：过度饮酒是对上帝恩赐的滥用，导致商业一蹶不振、工匠荒废手艺。总之，过度饮

（左）威廉·霍格斯作品，展现的是英国穷人酗酒，以暂时忘却生活艰辛的场景
（右）关于神职人员尝酒的绘画

酒把很多国民推进贫困深渊。两年后，政府又制定新的禁酒法，不仅对过度饮酒的人课以五先令罚款，或者六小时拷脚刑罚，还对出现醉酒现象的酒吧课以三年禁止营业的处罚。此后很长时间，包括饮酒在内的很多娱乐内容都遭到清教徒抵制。

进入19世纪，议会几乎是以平均三五年的间隔出台一个与酒类管理相关的法案，各种禁酒协会大量出现，但抑制过度饮酒的效果并不理想。后来，随着政府更迭、两次世界大战的影响、新消费娱乐方式的涌现、各种禁酒和控制酒类经营政策的出台、酒类产业的兴衰等，饮酒和禁酒一直像孪生兄弟般相伴而行。

2005年11月23日午夜起，一项新的24小时执照法在英格兰和威尔士生效，有超过一千家酒吧、夜总会和超市获得昼夜售酒的执照。此前，英国一直沿用第一次世界大战时期的法令，所有酒吧和超市必须在晚上11点停止卖酒。有人批评这是一项鼓励过量饮酒的政策，也有人认为它将激化饮酒产生的暴力，因为如果酒吧在同一时间关门，大群喝醉酒的人会一起涌到街道上，很容易发生冲突。《卫报》2010年4月做的一次民意调查显示，六成的人不认为24小时卖酒有什么负面作用，这一数字与他们曾经报道的三分之一英国人每天饮酒超过正常值比较吻合，从一个侧面反映了英国人喜欢喝酒的嗜好。

与印象中酗酒的都是叛逆青年和豪爽工人阶级不同，英国存在着很庞大的“隐蔽酗酒”人群，他们拥有光鲜的职业和地位、成功人士的形象、良好的社会关系和广泛的人脉关系网。比如，20世纪80年代，为便于职员们喝酒，酒吧甚至作为很多办公室的组成部分，形成特有的“狂饮文化”，不少人就是那时喝上瘾的。一位资深媒体人回忆当时的情景：“你在这头编着报纸，办公室那边的人们就喝光了酒柜里的酒。”

每逢周末，街巷里能看见成群结队的帅哥美女，打扮得光鲜亮丽，挨个酒吧地转着喝，家家生意都火爆，充满欢声笑语，不少人最后烂醉如泥，宿醉街头。英国广播公司一名记者曾经开玩笑地说：“这儿的人通常在工作的几天不沾酒，但是一到周末，喝起来的架势就像世界末日到了。”

随处可见的酒馆是英国一景，酒馆的英文是Pub，“Public House”的缩写，原意为“公共场所”，感觉其实很像中国以前的老茶馆。这种具有“社区中心”性质的地方常常体现出一种“半家庭”的状态，长久以来，有钱有闲的英国人就喜欢这个家庭以外的场所，有界限、有遮掩、半公开、半私密，就着啤酒谈天说地。酒馆空间通常不大，内部陈设也不光鲜亮丽，经年累月烟熏后发暗的四壁屋顶和裸露的、并不笔直、一不小心就可能碰头的木头梁柱透着陈年气息。然而这并不影响顾客消费，酒价格不高，品种丰富，口味多样，轻松随意，大家习惯于下班后去喝上一杯，和人聊上一会儿，这种物美价廉的社交方式是英格兰结社模式普及性和向心力的体现。

可以说酒吧是“英国人的第二个家”“灵魂的归宿”“心灵的家乡”，深深渗透进不列颠人的基因里，被视为英国文化的重要组成部分，难怪卡梅伦首相也以去酒吧喝一杯的方式让访英的中国领导人走一次“英国基层”。

与吸烟不同，适量饮酒有助于身心健康，买上一杯酒，顾客就可以在这里交友会面、谈情说爱、消遣游戏、读书写作。据说英国文学就起源于酒吧，中世纪的杰弗里·乔叟创作了《坎特伯雷故事集》，托尔金在牛津的酒吧写出魔幻小说《指环王》，乔安娜·罗琳则在爱丁堡的酒吧塑造了《哈利·波特》，至今你都能找到那些诞生经典的座椅和角落。

第一次世界大战期间，其他公共设施开放时段都有限制，但伦敦地铁内却有30多家合法经营的小吃店，其中有几处站台还设有酒吧间。这些位于地

"禁酒令"生效前夜，地铁里饮酒狂欢的年轻人

下的小酒吧不只是为人们提供小酌几杯、暖暖身子的地方，"它们给人一种深邃幽暗的心动感觉，让人能与伦敦，甚至和生命之源做一番深层次的交流。"小说家艾里斯·默多克（1919—1999）深情地回忆那一段在她记忆里的美好时光。此后，伦敦也曾允许乘客和下班的工人们在地铁内"借酒浇愁"，是"为了缓解大家因为担心犯罪事件而产生的紧张和焦虑情绪。"

如历史上每一次禁酒一样，鲍瑞斯的"新政"有众多支持者，当然也有反对之声。一些人列举数据与他理论，2007年，有16亿人次乘坐伦敦地铁，但只有1,806例受到袭击的报案，也就是说每449,690人中才有一人出事，概率很低，这在统计学中被称为"无意义数据"，也证明伦敦地铁确实很安全。

对禁令有引经据典、口诛笔伐的，也有用实际行动抗议的，6月1日，禁令生效前一天，几个民间组织在地铁车厢里举行了长时间狂欢酒会，把其中一条地铁环线变成临时"流动酒吧"，他们喊出"环线聚会：最后一天在地铁里饮酒"的口号，以一种近乎于行为艺术的疯狂方式"抗议"禁酒令，主张自己"自由饮酒的权利"，表达不满。

法令生效前，"流动酒吧"行动不会受到制止，但为防止发生意外，周六和周日，伦敦警方还是部署了比平时多的警力，在入口处告诫那些携带酒精饮料的人们，如果在6月1日后还这样做的话，是要给自己找麻烦的。据统计，有2700多人参加了地铁饮酒抗议活动，足可以装满三列地铁车厢，在酒精作用下，局面一度失控，这些饮酒者袭击了4名列车驾驶员、3名地铁职工、2名警察。最终，有17人被拘捕，罪名是破坏公共秩序、袭警和吸毒。

从全社会的角度看，只是阻止人们在公共交通系统里饮酒似乎并不能杜绝恶性行为，地铁里滋事的醉汉往往是在酒吧或者俱乐部里已经把自己喝迷糊，然后摇摇晃晃地去赶最后一班地铁回家。所以有人认为，除非把喝醉酒的人乘公车和地铁也列为犯罪，不然，这项措施意义不大。从另一方面看，有人说鲍瑞斯的禁令是"疯狂的"，因为很难说到底有多少人在公共交通系统中犯罪是在酒精刺激下实施的，小偷、乱涂乱画者和性骚扰者毕竟是极少数。

虽然我从未在地铁里见过喝酒的人攻击其他乘客，不过这背后潜在的问题却不能忽视。英国警方的数据显示，2005年在公共交通系统中发生的与饮酒有关的犯罪行为上升了30%。针对那些认为自己"小题大做"的批评之声，鲍瑞斯说他坚持强制禁酒，是因为"一些人喝酒后可能存在的攻击行为，让人们在深夜乘地铁时会感到害怕"。

其实，2008年6月1日禁止在公共交通系统中饮用含酒精的饮料之前，伦敦就已经出台过一个范围更广的措施，那就是划定"饮酒控制区域"。人们行走在大街小巷中，不经意间就会看到一些电线杆和建筑物上设置的警示标志，提示行人此地"酒精过敏"。

伦敦官方对"饮酒控制区域"的定义是：公共场合的饮酒会造成滋扰，需要通过一部永久法律来控制。在该区域内，警察或被授权的人员，比如公园的管理者，有权对手持开启酒精饮料的人进行询问。如果这些人拒绝交出容器，或者继续饮用，将被开具40镑罚单，如果仍然不听劝阻，将会被逮捕和起诉，最高罚款为500英镑。

"饮酒控制区域"最早试行是2007年6、7月间从英国东南部一个叫做"红山"的地方开始的，当地官员解释法令是针对那些会引起反社会行为的酗酒和与酒精饮料饮用相关的危险因素，以便人们放心地生活、购物和工作，而不用担心和害怕酒徒。"控酒区域将为本地居民带来完全不同的感受"，这位名为琼·斯皮尔斯的官员说，但是她安慰大家不用担心正常携带的含酒精饮料会被没收，家庭野餐饮酒和有营业执照的路边小酒馆也不在控制之列。

2008年10月1日后，"饮酒控制区域"逐渐增多，面积也在扩大，有

时刻提醒人们禁止饮酒的警示牌

的地方甚至覆盖整座城市，总数量已经超过700个。为了让公众了解具体的“饮酒控制区域”，各行政区域还在官方网站中公布地图，清楚地标明范围。这与伦敦实施的公共交通系统禁酒形成互补，在一定程度上减少了带着酒瓶子登上公车或者地铁的醉酒者。

英国把10毫升纯酒精定义为1单位，酗酒的标准是男性每天饮用量超过8单位，约等于3品脱高度数啤酒；女性超过6单位，相当于3杯175毫升红酒。而1987年，英国健康部门给出的合理饮酒标准是男性每周最多21单位（每天不超过3—4单位），女性每周最多14个单位（每天不超过3—4单位），如果喝多了，48小时内不再饮酒，以便让身体得到恢复。由此可见，现在酗酒的量已经远远高于正常标准，而且很多人喝得比这个还要多。

2010年4月欧洲一家调查公司的研究显示，12%的英国人承认他们一晚出去喝酒的量是十杯以上，高于其他参与调查的欧盟27个国家，英国也由此获

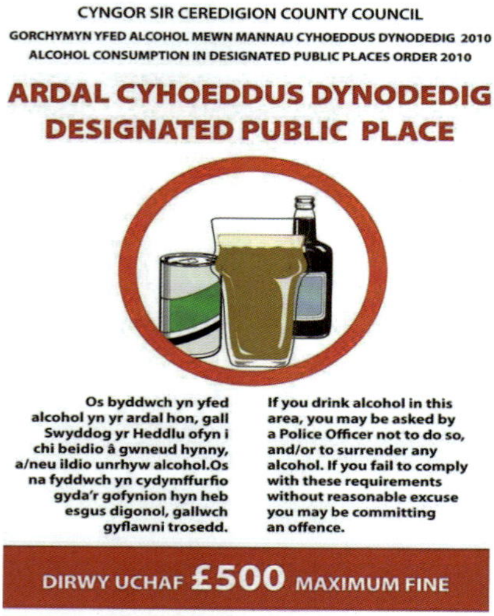

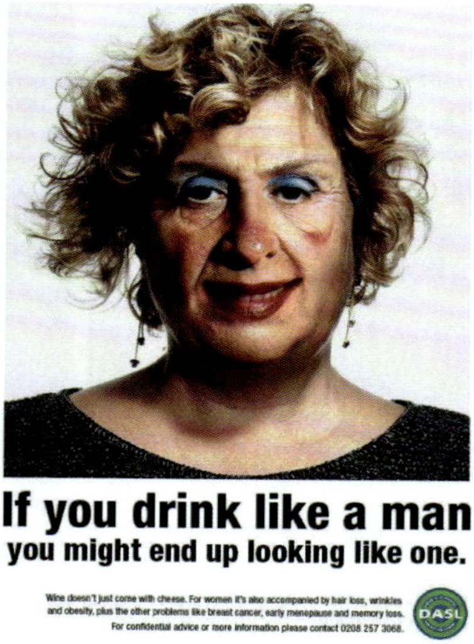

（上左）威尔士语和英语双语通告，其中重点强调500英镑罚款
（上右）伦敦地铁里的禁酒公益海报
（下）形象标示出每天饮用酒精饮料的合理数量

得“欧洲酗酒之都”的外号。有医生预测，如果缺乏有效控制，未来20年酒精将造成7万人死于肝病，14万人会因为饮酒而引起中风、心脏病、癌症、暴力、自杀和意外事故。由于处置酗酒造成的事故和应急服务支出10亿英镑，一年的相关医疗费用达到27亿英镑。酗酒对英国人的形象和声誉造成不良影响，甚至被前任首相卡梅伦视为不光彩的“丑闻”。

伦敦地铁通道里常常能见到公益海报，提醒人们酗酒带来的危害，其中针对女性酗酒的大幅宣传画令人印象深刻，一名中年妇女眼神迷离，蓬头垢面，酒糟鼻子泛着油光，脸上有喝高时磕碰的痕迹。配图文字为：“如果你像男人一样饮酒，下场就会和她一样。”下面用小字说明过量饮酒给女性带来的“麻烦”，比如乳腺癌、过早绝经、记忆力丧失，并提供了帮助热线电话。

2012年1月26日，英国国家统计局发布的数据显示，由来已久的饮酒文化给这个国家带来很大麻烦，与酒精有关的死亡人数从2009年的8664人上升为2010年的8790人，其中67%的死亡者是55—74岁之间的男性。酗酒引发的肝病是主要死亡原因，而且人数逐年上升，每周死亡100人，与此相反，吸烟造成的死亡人数同期有明显下降趋势。

为此，公共卫生部门发起名为“为了生活而改变”的运动，帮助人们意识到过量饮酒对身体带来的危害，并出台新措施，赋予地方政府更多权力和预算以控制酗酒。其中一项引起争议的措施就是提高税率，抬升酒类商品价格，以增加酗酒者的成本。面对这一全国性问题，卡梅伦觉得政府需要重视，他呼吁英国酒吧、超市和酒类产业不要只顾着赚钱，还要负起应有的社会责任。

“饮酒无罪，酒精无罪，有罪的是酗酒”，这是八九百年前，英国传教士在餐桌上堂而皇之地饮酒时的理论，其实社会上很多事物都是如此，看起来像是个哲学问题，但对英国而言，则是个实实在在需要面对的难题。所以，禁酒将会如漫长历史中曾经发生过的一样，是长期的工作。

也许英国人在考虑这个问题时会想：来、来、来，喝了这杯再说，干杯！

伦敦的街道

伦敦治堵
London Congestion Charge

买汽车不等于就要无原则、无节制地使用，怎么使唤自己的车看似是个私人问题，可一旦车上路就会变成社会问题。当我们抱怨交通拥堵时，是否想过自己驾车上路也是制造拥堵的一份子，问题不是出在你所驾驶的机器上，而是操控和管理这些机器的人的脑子里。

英国街头各种款式的小车是一景，德国戴姆勒集团的Smart，大众甲壳虫，奔驰Mini Cooper，欧宝Corsa，法国雪铁龙C1、C2和C3，日本尼桑Micra、三菱COLT、美国福特KA和本田Fit等。这些车的体积还不算最小的，街头经常有充电汽车驶过，长1.5米，宽1米左右，停在路边就像儿童玩具车。

杰里米·克拉克逊是英国著名电视娱乐节目《超级动力》（*Top Gear*）的主持人，他曾经把一辆小尺寸电瓶汽车拖进英国广播公司办公大楼的电梯和会议室，身高1.96米的杰里米边走边说："以后不用担心丢车了。"为了证明小车的灵活机动，杰里米开着它在各办公室间穿梭，甚至在当天直播的新闻节目中，主持人背景里数次出现这辆车子游弋的"诡异"车顶。

大多数英国人的住宅类似我们的联排或者双拼别墅，屋后有一座花园，房前临街是一块能停放两三辆车的空地，路两侧也能泊车。家门口的车平时主要功能是"倒短"，即由一人负责开车到地铁站接送其他家庭成员，这段路距离不长，一般也就是公交车的几站地，通常被称为"最后一公里"。傍晚时分，常常在运行的车厢里听到邻座乘客提前打电话给家人，等到达后出站，外面已经停了一溜车子，要不了几分钟就可以到家。

（上）（中）英国街头满是两厢和一厢的小车
（下）电视节目中，杰里米·克拉克逊把汽车拖进英国广播公司办公大楼

碰上休息日天气好，经常能看到在门前空地上洗车的英国人，由于没有风沙和很大灰尘，虽然都是露天停放，但车辆都干干净净。在工作日，伦敦住宅区的大街小巷里也停满一排排、一行行私家车，车多不足为奇，但以两厢车或者旅行车居多，且不少都停放着则一定有原因。

伦敦地铁是世界上最古老的地铁系统，自1863年第一条线路开通至今已有150多年历史，11条线路密密麻麻几乎覆盖伦敦每个区域，铁路也是四通八达，虽然票价每年都在上涨，但轨道交通仍然是人们日常出行的首选工具，2015—2016年度运送乘客13.4亿人次。在伦敦乘坐公交系统通勤不会被认为是件跌份儿的事情，穿行在古老的隧道中，即便车厢里拥挤不堪，空气混浊，西装笔挺的绅士和优雅矜持的女士也照样淡定地读书看报，不少政党领导、政府官员、专家学者都是每天背着硕大的双肩书包或者干脆拖着拉杆箱加入乘坐地铁的人流中。

除了地铁，公交车也是很重要的交通工具，公交站牌上不仅标明站名，还有到站的准确时间，只要记住点儿提前候车，一般不会错过。各趟公车的到达时间通常是以一个小时为单位均匀分配，相互错开，避免要么老等车不来，要么一来好几辆扎堆的情况。公交车上安装有提醒司机停车的按键，如果到站没有人按键要求下车，也没有人在车站等车，司机就会一直开下去，提高运行效率。中国不少城市的公交车上也有类似装置，但基本是摆设。

英国人在日常使用汽车上的克制并不完全是出于环保意识高和自觉性强，更重要是有各种制度措施限制。就以停车费为例，那些必须开车到市中心上班的人要支付价格不菲的费用，虽然很多停车场无人看守，大家还是通过自动缴费机按照停车时间付费，然后把凭据放在挡风玻璃后，以便工作人员检查。别以为没人看就能逃票，如果不自觉缴费被发现，罚款是很重的，一不小心车轮就会被套上大大的锁，让你动弹不得，同时还有一张提示单会告知："在你交费之前，不要试图打开锁并开走车。"

进入伦敦中心的老城区，不时会看到路边的指示牌和车道上出现一个大大的字母"C"，红底白字十分显眼，这是提醒机动车司机已经进入"征收拥堵费的范围"（Congestion Charge Zone，简称CCZ）。这项收费的目的很明确，就是减少中心区交通拥堵，提高公交车行驶速度，进而改善市民生活质量，收来的款项则用于投入城市公交系统建设。

伦敦交通拥堵由来已久（古斯塔夫·多雷绘）

英国人对道路收费始于20世纪30年代，当时私人轿车和公交车的广泛使用推动了社会发展，同时也比之前的马车辐射范围更广，但满载货物的车辆对道路磨损很大。1933年发布的《索尔特报告》建议地方政府限制重车上路，以减少维护道路带来的负担，机动车要为道路付费，这一报告对此后几十年英国机动车征税产生很大影响。

第二次世界大战后的英国城市乡村满目疮痍，百废待兴，遭受空袭的地区正在重建，经济也慢慢恢复，连接各地的新修道路上机动车越来越多，并逐渐挤满村镇，到了20世纪60年代，随着车辆迅速增多，情况更加糟糕。1963年11月25日，一个以交通和道路研究机构学者牵头的团队发布名为《城镇交通》的报告，对机动车引起的潜在危害提出预警，并建议在英国城市试点“道路收费”的做法，即通过付费方式达到“约束汽车使用者”的目的。1964年，由英国交通和道路研究实验室负责人鲁本·雅各布·斯米德领导11名经济学家和工程师组成团队发布报告，他们不建议征收过路费，但支持对繁忙的路网系统收取拥堵费。

伦敦是著名“堵城”，交通问题由来已久，早在20世纪初，各种载客和拉货的畜力车在市中心街道上挤作一团。“道路收费”方案提出40年后，伦敦成了第一个“试验区”，2000年肯·利文斯通担任伦敦市长，在英国他可是响当当的人物，这位1945年出生的官员23岁时加入工党，在英国政坛没少折腾，一直是“异类”。他担任大伦敦议会主席时，曾经把英国持续上升的失业人口数据张贴在议会大楼上，与隔泰晤士河相望的威斯敏斯特议会“叫板”，由此惹恼了当时的首相“铁娘子”撒切尔夫人，她于1986年撤销了这个机构。利文斯通并未因此沉寂，2000年5月，当选为大伦敦地区第一任市长，按照《1999年大伦敦机构法案》要求，市长必须制定交通规划，“以促进和鼓励大伦敦地区安全、协调、高效和实用的交通设施和服务”。利文斯通承诺采取收交通拥堵费的方式，限制车辆进入伦敦中心区域。

2001年的统计显示，每天上午7—10点高峰时段，约有110万人进入伦敦中心区，其中13.7%，也就是15万人使用私家车。这种状况与1991年的16.8%相比，虽然没有明显变化，但此区域的早高峰车速则从1974年的每小时约23公里下降为2000年的每小时16公里，晚高峰更慢，为每小时15公里，甚至不如100年前的马车时代，在欧洲排名也是最后。英国广播公司著名时事评论员、电视主持人安德鲁·马尔的专题片《鸟瞰英国》中有一项统计：英国人开车，一生有六个月是浪费在堵车的等待中。

2003年2月17日，伦敦正式划定在商业、金融和娱乐中心区域开始征收5英镑“拥堵费”，时间为周一至周五的上午7点到下午6点半之间[1]，期间进出不限次数，周末、公共假期、圣诞节至新年间不收费，公交车、小型公车、出租车、急救车、消防车、警车、摩托车、微型三轮车和替代燃料的机动车都在免征范围之列，可以通过在线和电话等方式支付。科技进步和更多

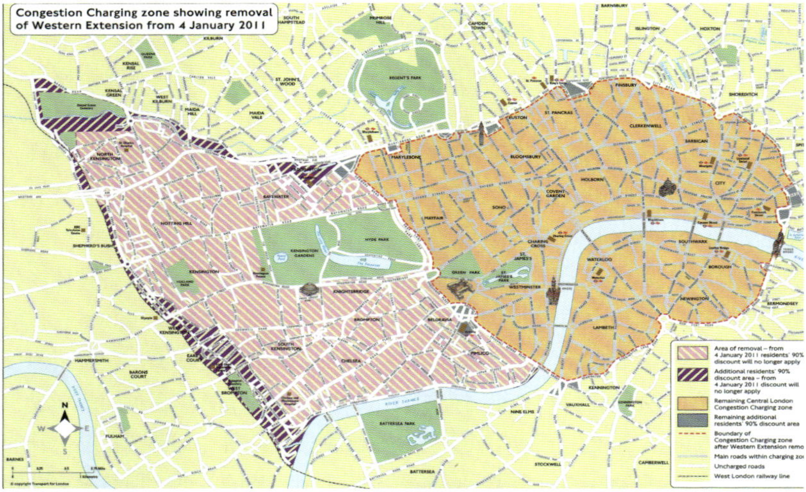

（上）伦敦“拥堵费”征收范围，右下侧曲线是泰晤士河，左边菱形的范围是2007年拓展后又取消的区域
（下左）伦敦市中心大堵车　　（下右）看见字母“C”，就是进入收费区域

[1] 现在实行的时间是上午7点至下午6点。

监控设备投入，让整个收费区域尽在交通部门的掌控之中，如果没有缴费就驶入划定区域，且在当天没有按规定补缴，会被自动号牌识别系统记录，130英镑的罚款通知就会寄到你家里，如果在14天之内缴纳，可以打“五折”，也就是65英镑。

征收第一天立竿见影，有19万辆机动车进入收费区域，比此前少了25%，虽然当时是学校放假期间，车辆相对少一些，但收费对交通缓解的效果还是很明显。半年后的研究报告显示，进入收费区的车辆较收费前平均每天减少六万辆，以前开车的人有50%—60%改为乘坐公共交通，20%—30%的绕道行驶，避开市中心收费区，15%—25%采用拼车方式出行。自从征收“拥堵费”后，骑自行车的人数增加，交通拥堵缓解20%，环境污染也有所改善，汽车尾气排放量减少13%—15%。首个征收年度的收费总额是1.21亿英镑，主要用于改善公交覆盖区域、增加夜班车次数、安装公交车监控设施、完善道路基础条件，特别是增强通往学校道路的安全性等。

2007年2月19日，伦敦市长选举开始前一年，利文斯通决定将收费区域向西扩大一倍，包括肯辛顿、切尔西、骑士桥、诺丁山等富人区，希望再减少15%的交通堵塞状况。被圈入其中的六万多市民不干了，组织游行抗议，因为这会让他们一年增加不少费用。其实，收费区中的居民在1月19日前事先登记备案，不仅能免除10镑的登记费，如果一次支付一周以上费用，还可以得到一折优惠，也就是说每天8英镑、每周40英镑的交通拥堵费，实际只要缴纳4英镑就可以，收费区附近居民也有不同程度折扣。一位伦敦议会的议员说：“拥堵费向西区拓展意味着更多的人将体会到安全感，更少污染的街道和更高效率的公交服务。”

2010年5月24日，利文斯通的继任者鲍瑞斯宣布，从2011年1月4日开始，拥堵费调整为10英镑，比之前执行的8英镑上涨2英镑，是最早征收费用的两倍[1]。但为了兑现自己竞选时的承诺，他取消了2007年拓展出的区域，恢复最早的收费范围。正如当时因为扩大范围遭到反对一样，这次缩小面积也招来质疑，环保组织“洁净空气运动”担心环境质量会反弹，而利文斯通则认为砍掉近一半的收费面积，将少收五千万英镑，这是自己继任者“缺乏经

[1] 2014年6月涨到每天11.5英镑，不缴费将会面临65—195英镑罚款。

济头脑”的表现。

其实，任何一项措施都有利弊，就拥堵费而言，收费区域划定永远都不可能做到所有人认为的“合理”。总之，要享受驾车的便捷和舒适，就要承担额外的“负担”，这看起来似乎很公平。而政府需要做的是用征缴来的费用不断改善公共交通，为市民提供舒适、快捷、方便的替代交通方式。至于究竟是多花钱开车，还是省点事儿利用公交系统，那就是个人的选择了。

2012年7月开幕的奥运会期间，有530万人聚集到伦敦，这给并不乐观的交通状况带来更大压力，伦敦交通部门负责人彼得·亨迪也证实，一些热点区域需要减少60%的交通流量才能避免比赛期间的严重塞车现象。鲍瑞斯在2012年1月底接受采访时形容那种状况堪比千禧年蠕虫带来的“恐慌”，鉴于伦敦市区并不宽敞的街道，为了不让拥堵更为严重，引起伦敦出租车司机和生意人在此间“逃离”都市，伦敦交通部门与伦敦奥组委商议限制使用奥运专用道，这在一些同样举办过类似赛事的国家是很难想象的。

市民本已备受堵车之苦，此类专用车道更是成为伦敦人对奥运不满的焦点之一，即将于2012年5月面临市长选举的鲍瑞斯当然不能不考虑选民们的感受，他建议国际奥委会的官员和前来采访的记者们使用公共交通，这位自行车爱好者说：“我敦促他们做明智和正确的选择，去乘坐朱比利地铁线[1]。我们在交通网络上投入了大量资金，你们会很享受地铁和公车，并且发现它们又快又方便。”

2013年是伦敦拥堵费开征十年，期间总收入26亿英镑，12多亿投入公共交通、道路和桥梁改造，以及人行道和自行车道项目，9.6亿用于公交系统升级。因为收费，除了住在划定范围内的居民和有钱人的车辆，伦敦几乎成功地把其他机动车全部“屏蔽”在伦敦核心区之外，但实施13年后，缓解拥堵的效果似乎越来越不明显。根据交通分析公司Inrix的统计，2003年，伦敦市中心机动车平均时速为10.9公里/小时，比收取拥堵费之前的8.8公里/小时提速不少，但到了2015年，这一数字下降为8.3公里/小时。也就是说2016年伦敦市中心5公里左右的路程，走走停停平均需要近半小时，比项目启动时的2003年多花5 —10分钟。

[1] 伦敦主要地铁线之一。

看看伦敦市中心林立的塔吊就能想象，这些在建高楼为保障安全进行道路围挡会影响交通，让本不宽裕的道路变得狭窄，而建成后，大量公司和人员入住所带来的人流、物流加剧交通压力；11.5英镑的过路费对于在该区域众多世界级金融机构工作的精英们也许只是一个小数字，时间和便利对他们更重要；私家车“网约”投入运营的数量迅速增加，与传统黑色出租车形成竞争；快递公司车辆载着人们网购的商品，穿梭在本就拥挤的大街小巷，用最短时间送到客户手中，以至于有研究者呼吁，请人们把快递发到家里去，别给市中心“添堵”；收费限制开车进城，必然要发展公交规模，鼓励低碳出行，公交专用道、自行车道、人行道都要挤占有限路面，这些因素抵消了拥堵费带来的治理效果。

不过，尽管如此，很难想象如果没有拥堵费措施，伦敦市中心的交通会是怎样一番景象。

拥堵费是限制车辆进入城市核心区的办法，但交通顺畅更多需要疏导，目前还有通过车载电台、手机应用、GPS定位等方式发送交通状况报告，道路标示提示、提供免费停车场指南、调整工作时间错峰出行等措施在很多交通状况不容乐观的城市实行。买汽车不等于就要无原则、无节制地使用，怎么使唤自己的车看起来是个私人问题，可一旦车上路就会变成社会问题。当我们抱怨交通拥堵时，是否想过自己驾车出行也是制造拥堵的一份子，问题不是出在你所驾驶的机器上，而是操控和管理这些机器的人的脑子里。

有限的道路空间，不断增加的车辆，解堵需要更多智慧和措施，也需要更多人配合。

英国议会大楼

“自讨苦吃”的公仆们

Public Servants， Private Grief

当我把同样的内容与英国朋友交流时，他们对此颇不以为然，大家觉得公仆、政治人物不应享有特权，却必须接受媒体和纳税人更严格的监督，为社会树立良好榜样。

英国前首相戴维·卡梅伦是自行车爱好者，一向支持公众绿色出行，减少环境污染，缓解交通拥堵，他常常骑车上下班，这本是好事儿，但因为像平常人一样疏忽大意和“耍小聪明”，反而给自己招来“麻烦”。

事情是这样的，2008年3月21日，当时还是在野保守党领袖的卡梅伦骑自行车从位于伦敦西区的诺丁山家中出发去威斯敏斯特议会开会，为了赶时间他一路飞奔，没想到后面却有《每日镜报》的记者暗中“盯梢”，而且还真捕捉到了他违反交通规则的“现行”，包括英国广播公司在内的各大媒体也跟着“小炒”了一把。

《每日镜报》记者拍下卡梅伦在30分钟行程中闯红灯、逆向驶入单行道和上错车道的录像，记录每个细节，甚至精确到几时几分，然后配上相应交通法规，让读者看看他违反了哪一条，这个不大不小的“新闻”成为那几天英国人关注的焦点。

第一幅图片是卡梅伦刚好通过路边树立的醒目禁止通行标志牌，录像显示卡梅伦曾瞄了一眼，但是似乎视而不见。地面上也有大大的标志提示正确行驶方向。图片配有各种文字说明和解释，“交通部门的《道路交通条例》规定道路使用者必须遵守交通信号，否则将面临处罚。这项规定对骑自行车者和驾驶摩托车者同样适用。”

（上左）卡梅伦骑车在单向车道逆行　（上右）卡梅伦闯红灯
（中左）卡梅伦没有按照规定从左侧绕环岛　（中右）再次闯红灯，不远处就是英国议会
（图片来源：Daily Mail）

上午8点53分，卡梅伦可能觉得要迟到，所以干脆闯了红灯。自行车安全组织“红灯停”的发言人表示：他的行为令人失望。“理查德·乔治骑自行车者旅行俱乐部”也站出来讲了一个显而易见的常识：这种行为很不明智，骑车者应该等到绿灯亮再通行。

在接近议会时，卡梅伦没有按照规定从左侧绕行安全岛的护柱，而是直接从右侧穿过去。当通过最后一个红灯，即将进入议会的院子时，图片显示，他的自行车前轮越过白色的线，也就是说他又一次闯了红灯。“红灯停”组织表示：卡梅伦不仅在道路上干了危险的事情，而且还给骑车人做了一个不好的榜样。

其实，早在2006年，媒体就曝光卡梅伦自己骑自行车上班，但是后面却跟着一辆轿车，专门为他载公文包、文件和鞋子，有画蛇添足和作秀之嫌。而《每日镜报》拍摄的画面中，卡梅伦的山地车上加了一个挎篮，自从被媒体监督，他改为亲自携带这些用品，只是顾此失彼，又犯了新错误。

媒体报道出来后，卡梅伦立即向公众道歉，他说："我知道遵守交通规则的重要性，很明显我犯了错误，对此深表歉意。很高兴《每日镜报》对我进行监督，这将规范我的行为。"从图片上看，当时有不少人也闯了红灯和没按规定路线行驶，不过公众和媒体对政治和公众人物的要求更苛刻些。

这件带有小报性质的曝光因为卡梅伦的道歉而平息，没想到四个月后，卡梅伦又因为自行车成了新闻焦点，不过幸好这次犯错误的不是他。

2008年7月23日，回家途中的卡梅伦顺便去超市买点沙拉酱，但一转眼，停在门口用锁链拴好的自行车就不见了，那可是朋友送给他的礼物，"是无价之宝，我骑了它五年"。卡梅伦对此深表遗憾。超市监控录像显示，这辆银黑相间的斯科特牌自行车是被一帮小混混"顺"走的。因为此事成为英国第二天各大报纸争相报道的焦点，没几天，就物归原主了。

小偷们似乎对在野党领袖的车子格外青睐，时隔不到一年的2009年5月6日清早，正当卡梅伦打算骑车去参加议会例行辩论时，却发现7点30分还停在门口的车子居然又一次"消失"了。结果，卡梅伦只好向同事借了一辆自行车，才按时赶到会议地点。英国在野党领袖自行车两次被盗的经历反映了这样一个事实：英格兰和威尔士一年要丢11万辆自行车，而据说实际数字三倍于此，不幸的是，酷爱骑自行车的卡梅伦也没能幸免。

考虑到骑行者的安全，也为了让机动车容易识别，在英国骑自行车要穿专门的反光服和戴头盔，晚间还特别要求自行车的前后要安装警示灯，不然就是违法，但是像很多普通人嫌麻烦一样，卡梅伦也不喜欢骑车戴头盔。2010年4月7日，他没戴头盔上路的事情被媒体披露后，又引来了"预防受伤和意外事故组织"的抗议，他们认为卡梅伦继闯红灯后再次给公众做了不好的示范。不过，也有支持卡梅伦的，"全国自行车组织"的负责人就认为，把不戴头盔与"危险"和"不负责任"联系在一起是无稽之谈，如果为了身体健康、交通通畅、环保低碳和经济实惠而鼓励公众多使用自行车，就要让大家即便身着普通服装也能享有安全和舒适的日常骑行。

此时，距离2010年5月11日，卡梅伦在大选中战胜前保守党首相布朗，当选英国最年轻首相只差1个月零4天。

同样来自保守党，2008年当选伦敦市长的鲍瑞斯也喜欢骑自行车上下班，一头像稻草似的乱发是他很鲜明的个人特征，他也因为不喜欢戴头盔遭到质疑。一天骑车停在十字路口时，旁边一起等待红灯的伦敦市民认出了鲍瑞斯，但这哥们儿很不客气地问他："你为什么不戴头盔？"在公众眼中，交通规则对所有人都适用，市长也不能例外。

鲍瑞斯为此专门通过媒体向公众解释："我是不想让自己的头发变成头盔的形状。"但既然已经被质疑，就是再不喜欢也得遵守法规，于是媒体拍到鲍瑞斯在伦敦街头西服革履，戴着头盔，身背双肩包骑车的"滑稽"镜头。有媒体和公众的监督和关注，既能规范名人们的行为，他们也能很好地利用这些所谓的"负面报道"来塑造形象，此为"危机公关"的法宝之一，我的英国朋友就觉得"一个能知错就改的人值得信赖"。

估计有读者习惯性地认为鲍瑞斯骑自行车也是为了作秀，以显示他的亲民，那么，发生在2009年11月2日的一件事情也许能证明这种想法有失偏颇。这天晚上，英国纪录片导演弗拉尼·阿姆斯特朗走在伦敦北区回家的路上，年初的2月，她刚刚推出一部反映全球气候变化的新片《愚蠢时代》。就在弗拉尼边走边专注于手机上的短信时，突然路边闪出三个像好莱坞电影里打扮的街妹，她们身穿连帽卫衣，其中一人手舞铁棍，将弗拉尼重重地推到一辆轿车旁，准备实施抢劫。此时，一名男子刚好骑车经过，弗拉尼见状大声呼救。路人停下车来，冲着她们喊："你们知道自己在干什么吗？"然后冲上去抢下铁棍，并且骑车追赶仓皇逃跑的女孩们。

几分钟后，吓跑袭击者的男子返了回来，他坚持要送弗拉尼回家，惊魂未定的女导演这才发现"见义勇为者"看起来好面熟，原来是市长鲍瑞斯。就在这20分钟的路途中，弗拉尼不失时机地向市长推介自己新片中提出的"10：10"理念，即鼓励每一位英国人在2010年减少碳排放10%，她建议鲍瑞斯能考虑在伦敦地铁里推广这一倡议。作为感谢，弗拉尼赠送了一枚"10：10"计划徽章和《愚蠢时代》的碟片给鲍瑞斯。面对得知此事前来采访的媒体记者时，她称赞市长就像"驾驭闪亮自行车的骑士"，尽管她是被鲍瑞斯击败的老市长肯·利文斯通的支持者，但弗拉尼不得不承认："如果你发现自己陷入黑暗小巷和麻烦中，我想鲍瑞斯比利文斯通会更有用些。"

年轻的鲍瑞斯喜欢骑自行车，年长的利文斯通则常常选择地铁出行，英国广播公司的新闻中不时能看到记者在距离议会很近的地铁口采访他。老头身穿风衣，带着厚围巾，背上一个大大的双肩包，与日常穿行在伦敦的普通人没什么两样，如果不是特别在意，你丝毫不会觉得他就是世界大都市的管理者。不时有伦敦市民在地铁里拍到利文斯通或站、或坐、或排队、或读书、或看报的图片，作为城市普通一员的体验与他的决策有着密不可分的联系，这可以从《南华早报》的一则报道中窥见一斑。2006年，在一次到上海开展中英文化交流的活动中，利文斯通面对采访说，他每天乘地铁上下班，途中不仅可以看书读报，还可以发现公共交通存在的问题，并由此制定对策。

但是2009年3月17日，利文斯通却因为乘车没买票而受到质疑，成为媒体焦点。当时已经卸任的“老市长”乘火车从伦敦的帕丁顿火车站前往伯克郡，按照规定，应该购买7.5镑的单程车票。出站时，没票的利文斯通说自己赶火车，怕迟到就没买票，工作人员让他补了票然后放行。铁路公司的发言人说：“如果乘客的解释充分合理，火车站的经理有权免除罚款。因为利文斯通是初犯，他们决定不处罚。”

担任伦敦市长期间，利文斯通曾经警告逃票者：对占公家便宜的人实行“零容忍”。这次该自己面对质疑了，因为无票乘车至少要被罚款20英镑。“纳税人联盟”的马克·华莱士表示，铁路公司的解释很虚伪，仅仅因为是名人，利文斯通被免除罚款，而其他人使用同样的借口则早就被检举了。自由民主党的发言人诺曼·贝克也说，这件事传递了一个错误信息。

无独有偶，2008年4月21日，英国前首相托尼·布莱尔乘地铁去希斯罗机场赶飞机到美国参加一场演讲，结果发现前一天助手给他准备的零钱找不到了，而乘客既可以提前买票，也可以在车上补票。虽然随行的保安人员打算替他支付24.5英镑的费用，但是检票员还是让布莱尔通过了。

这也招来公众质疑，一个旅行者组织表示，他们对布莱尔享受的“特权”表示愤怒；地铁乘客说：应该一视同仁；“15分钟路程就要15.5镑”，有人借此表达对伦敦高昂交通费的不满；一名妇女也没掩饰自己的惊讶：“他为什么没像其他有钱人一样去打出租车。”或许，这也是不少中国读者的疑问，即便是“退役”首相，也不至于自己掏钱乘坐地铁呀。那么，“现役”首相是否应该区别对待呢？

2011年4月8日，《每日邮报》刊登了一幅时任首相卡梅伦和妻子萨曼莎在斯坦斯特德机场普通候机厅的照片，两人看起来并没有享有什么特殊待遇，而是等到其他乘客都登机了才走进通道。图片拍摄者是同机乘客，对卡梅伦偕夫人度假如此低调有些惊讶，他说："看到首相夫妇出门度假时跟普通人一样，这让我觉得很欣慰。"这是卡梅伦当选英国首相后第一次出国度假，目的地为西班牙南部的马拉加，两天旅程是为萨曼莎提前庆祝40岁生日。这趟廉价航空没有头等舱，同时段来回机票每人152镑，住的是中等三星级家庭酒店，双人间每晚120欧元，约合105英镑。即便不是公家掏钱，以卡梅伦的资产也不至于如此节俭，就连一些英国媒体和公众也质疑这是不是为了亲民而安排的一次"勤俭秀"。

三个月后，卡梅伦提出从环保低碳排放的角度考虑，他要求所有大臣和公务员出行只能乘坐经济舱。随后他首次出访美国，放弃政府包机，改乘商业航班，然后从华盛顿乘火车去纽约，抵达之后与纽约市长布隆伯格一起在街头品尝热狗，东道主请客，花了2美元，其中还包含小费。

这些前任和现任的"公仆"们如此低调出行，除了自律以外，更多是源于英国政府和公务人员的定位，他们是以服务公众为己任，而不是以高高在上的管理者自居。英国的政府政绩考核主要标准有三条：第一，是否尽可能少花钱多办事，以最少资源取得最好效果；第二，是否花得好，通过比较投入资源和产出效益进行评估；第三，是否花得明智，通过比较预期效果和实际效果进行评估。

早在2004年，英国下院首次公开2003年度经费开支报告，让公众了解公务经费是怎样支配的，其中包括时任首相布莱尔在内的659名议员的差旅、住房和办公等费用，结果人均11.8万英镑的花销引起公众不满，媒体也纷纷报道。有报纸还刊登文章为议员们如何省钱支招，比如平时乘坐公交车和地铁，多走路和骑自行车，乘火车和飞机也别选择头等舱，并且提前购好回程票，这一算，不仅能节省上千万英镑，还有益身心。

我曾把这些新闻和故事说给中国朋友听，他们的反应是布莱尔、卡梅伦、鲍瑞斯和利文斯通简直是"自讨苦吃"，按照我们见怪不怪的做法，无论是在野党领袖，还是世界大都市领导，都是重要的政治人物，理应享受专车接送的待遇，何必自己亲自骑车上下班和乘坐地铁出行？而当我把同样的内容与英国朋友交流时，他们对此颇不以为然，大家觉得公仆、政治人物不应享有特权，却必须接受媒体和纳税人更严格的监督，为社会树立良好榜样。

奥斯卡获奖影片《至暗时刻》有一个很戏剧化的片段，面临艰难抉择的时任首相丘吉尔走到伦敦地铁中去倾听人民的声音，看着不知所措的民众，他风趣地说："没见过首相乘地铁啊！"

2016年底，有一位刚履新的中国地方官员在首次通过媒体直播亮相发言时，两次念错一个在中国近代史上很著名的专有名词，瞬间成为新闻，传遍社交网络，沦为笑谈。异地做官的领导，一时不熟悉情况，公务繁忙没时间写稿、备稿，善良的当地群众似乎都是可以理解的。而且从网络传播的实际效果看，这次口误歪打正着地让更多人了解和知道了那段历史。相关部门完全可以另外寻找时机，让这位领导自我调侃一番，然后大大方方地向公众道个歉，形成新一轮网络传播。这非但不会有损高大上的形象，反而给人留下知错就改、坦诚担当的印象，变"坏事"为"好事"。然而，实际情况是，当地传统媒体对此保持沉默，网络段子传播一度受到限制，一件小事变得讳莫如深，白白浪费了重塑形象的好机会，也折射出一些领导干部和周围的人只喜欢听赞扬的话，还不习惯于面对民意和主动承认自己的失误，我想如果是英国公众来评论此事，有人一定又会说：这给人们做了一个不好的示范。

多年前，中国某地一位市委书记也曾经乘公车上下班，只不过那是一场特殊安排的"表演"，因为公交线路是从领导居住的政府小区直达机关门口，而且领导乘车被很拙劣地"偶遇"，就算不是很细心的公众也能从报纸和电视的报道中那些相互穿帮，手持相机、摄像机、采访本的记者身影看出端倪，即便这样的作秀，书记乘车次数也是寥寥无几。没多久，这官员高升走了。几年后，在部级的位置上因为"严重违纪"被查处。

有一段时间，为了体现领导亲民形象，乘公交、扫大街等被"偶遇"新闻时有发生，只不过公众已经习惯了这种昙花一现的作秀，一笑了之。作为政客，偶尔在公众和媒体面前秀一把容易，难得的是坚持，那就不是用"秀"能简单解释的，而是制度的结果；作为媒体，按照上级指令，配合做一次浓妆艳抹的"正面报道"容易，但本着媒体独立原则对当权者们的所作所为进行坚持不懈的监督则难能可贵，让"人民的公仆们"，对舆论和公众心存敬畏，即便是那些看似微不足道的小错误也不敢掉以轻心。

纪念木椅是送给公众的礼物（Cassia 摄）

献给公众的礼物

Gifts to the Public

纪念碑令人仰视，而“纪念椅”让人亲近，虽然他们的身体已经逝去，却以另外的方式为生者服务，似我这样疲惫的路人也因能够歇脚而心存感激。

3月的爱丁堡乍暖还寒，太阳没落山，寒气就已经往骨头里钻了。

在苏格兰的首都徒步一天后，我走到爱丁堡城堡下的停车场，等朋友开车来接。见路边有两把朝向城堡方向的木制长椅，靠边坐下，顺势抬眼仰望，整个城堡不偏不倚出现在面前，太阳在这座标志性建筑上投下最后一抹霞光，城堡如同镀了一层金箔，闪闪发光。

在英国各地，此类木椅随处可见，遍布路边、河岸、绿地和公园，供人歇息，通常旁边还会配备一只垃圾桶，方便人们随手把废弃物扔进去。

随着阳光一点点消逝，城堡变成碧空下的一个剪影，连同整座小山黑压压一大片挡在眼前，奔波一天的身体感到丝丝寒意，不由得裹紧衣服。在四处张望等待朋友的车子出现时，无意中看到一块铜牌嵌在身后的靠背上，凑近细读，五行文字映入眼帘：

为了纪念
约翰·普尔和他的儿子吉姆·普尔
1906—1982
爱丁堡电影和娱乐业的两位伟大先锋
他们的家人为此感到骄傲并铭记

心中默念时不由得一激灵，原来这是为纪念一对故去的父子而设立的椅子。以前在其他地方坐过不知多少这样的椅子，但从未注意上面不起眼的小牌子，总以为是生产厂家的铭牌或者广告之类的东西，视而不见。为了证明这不是一次偶然发现，我挪到旁边的长椅，果然靠背上也有一块类似铜牌，上面刻着：

厄尼·芬利
1951年2月13日—1997年7月17日
怀念敬爱的朋友和同事
你曾经和我们所有人在一起，并且改变了我们
马丁·卡瑞有限公司全体员工

很显然，这是企业为曾经做出贡献的员工设立的椅子。虽然只有短短五行字，脑海中已经闪现出主人公的形象和他与同事一起工作的场景。问号不断产生，这位46岁去世的主人公是一个什么样的人？怎样的业绩让他深受大家喜爱？后来上网搜索，虽然没有找到厄尼·芬利的资料，但是看到企业网页。这是爱丁堡一家私人投资管理公司，运作着110亿英镑的资金，为欧洲、北美等地客户提供服务。

也许除了他们的亲人、朋友和同事以外，没有几个人真正关注和在乎铜牌上的内容，但这是我第一次认真阅读镶嵌在一把普普通通椅子上的纪念牌，两位艺术工作者和一名企业管理人员就以这样亲切、温暖的方式和来自中国的普通路人建立起一种“特殊关系”，以至于完全忽略了太阳落山后袭来的暮色和寒气。

自此以后，便痴迷于观察各地的“纪念椅”，有时甚至专门拍摄和记录上面的铭文。

英国有不少厂家专门制作销售纪念椅，椅子通常在1.5—1.8米之间，材质有柚木、白橡木、橡木、红木、松木等，如果不在木条上雕刻文字，可以定制各种形状的铜或不锈钢铭牌。无论哪种，最多能刻一百多个单词，价格含刻字费用从200—1500英镑不等，类似捐赠还有纪念树、纪念墙等形式。椅子一般放置在公园、高尔夫球场、教堂花园等公共场所，除了纪念逝者之

（上左）1971年的木质纪念椅　（上右）1962年的石质纪念椅
（中左）73岁去世的莫里斯·利科尔约翰有35年高尔夫“球龄”，纪念他的椅子就设置在球场边
（中右）作曲家、词作家和剧作家莱昂内尔·巴特的纪念椅
（下左）苏格兰小城圣安德鲁斯的公共纪念椅　（下右）坐在纪念椅子上读书的人

外，人们也会为退休、结婚、生日等购买设置木椅。

因为公共空间有限，也考虑景观等因素，虽然是捐赠，但纪念椅并不能随意摆放，而要遵从地方政府公共设施管理部门的规定，按照程序申报，在椅子材质、铭牌内容、尺寸样式等方面经过审批后，才能在指定位置安放。有些“风水好”、热门的地方摆放时间还有期限，比如十年。如果椅子破损，即便没有到期，也会被替换。还有一种模式则是捐赠者向公园等部门购买椅子，请他们代劳选择合适区域摆放。受捐公共部门负责日常清洁，定期对硬木椅子进行防腐处理，金属材质椅子则油漆粉刷防锈。

海边小镇圣安德鲁斯是苏格兰最古老的大学镇，2011年因为英国王子威廉和王妃凯特结婚引人瞩目，两人均毕业于圣安德鲁斯大学，并在此相识相恋。此地还拥有苏格兰历史上曾经规模最大的教堂，也是风靡世界的高尔夫球运动发源地。穿行于小镇幽深的街巷和开阔的果岭球场时，随处可见供人休闲的长椅和上面的纪念牌，边走边拍，边揣摩一个个名字后面的生命，以及他们和这座古城的联系。

不知不觉中，来到海边一处高地，刚刚登上小山丘，一把长椅出现在天地之间，一位老者端坐于上，侧身凝望着远方。他前面是望不到头的大海、空无一人的海滩和乌云翻滚的天空，除了海浪和鸟的鸣叫，一切都安静极了。为了不打搅他，我放慢脚步，在老人身后十多米外停了下来。我不知这把长椅是不是老人为逝去的亲人设立的，也不知老人此刻在想什么，这一刻，在滚滚乌云和涌动海浪的映衬下，海边的长椅和老人像极了一尊雕塑。

伦敦西南方向有个地方叫里士满，泰晤士河抵达伦敦市中心前在此转了弯，冲积出一个小岛。由于里士满地势高，风景好，视野开阔，是有钱人聚居的风水宝地。18世纪乔治时代风格的彭布罗克旅馆距离里士满公园不远，院内有个一百多年历史的“诗人角”，放置着一些刻有著名诗人诗句的椅子，而最为特别的是2002年为纪念歌手伊安·杜力设置的太阳能“音乐椅”，椅背上刻着他那首《快乐的理由》的歌词，来访者可以坐下，并通过椅子上的耳机插孔收听伊安的八首歌曲和访谈录音。

里士满河边山坡上有一块长100多米，宽20—30米的空地，遍植树木，历来是人们休闲赏景的好去处。空地边背靠街道，一字排开有几十条木椅，看成色和款式；设立的年代参差不齐，但上面都有铜牌或者雕刻的铭文。本以为只有我对这些东西感兴趣，没想到拍摄时，镜头里出现的一位老妇也在逐一仔细观看，原来她是来“探望”故友的，这里每一把椅子都有故事。

椅背上那些充满深情的“话语”里，有享受打高尔夫球乐趣的长者、风华正茂的青年、花匠忙碌的身影、海滩嬉戏的孩子和2004年东南亚海啸灾难来临前沙滩上休闲的度假者。缅怀故人，不用焚烧纸钱，不用摆放祭品，只需到长椅上坐坐，欣赏离去的亲人、朋友和同事曾经面对的风景，享受他们钟爱的阳光，呼吸同样清新的空气，这种感觉仿佛穿越时空，与逝者对话。

不是每个人都能像伟人、名人一样拥有纪念碑，但这种“纪念椅”对普通人而言却起到同样作用，纪念碑令人仰视，而“纪念椅”让人亲近，虽然他们的身体已经逝去，却以另外的方式为生者服务，似我这样疲惫的路人也

（上）苏格兰小城圣安德鲁斯海边的椅子
（下左）科利特夫妇的纪念铭牌，他们生前是不是也像这对老人一样看风景

因能够歇脚而心存感激。

曾经见过有的椅子安装两块牌子，上面一块刻着：他喜欢新鲜的空气，这里是他最钟爱的地方之一。下面一块写道：她很享受在这里的日子，看世界在眼前来来往往。原来椅子是科利特先生的夫人和子女们在他2001年87岁去世后设立的，而科利特太太在丈夫去世三年后，也离开了，享年88岁，下面那块牌子是2004年后子女们增补上去的。

一对夫妻，两个生命，相隔一千多个日夜，浓缩在两块挨着的小小纪念牌上，就如他们生前并肩坐在一起那样。科利特夫妇和很多前人给后来者留下了椅子，时光流逝，人来人往，但是眼前的风景却似乎没有什么改变，他们一定很满意自己生前选择的这种与朋友交流的方式和地点吧。

我伦敦住所附近的小树林边，有一把1971年放置的木椅，因为风吹日晒，颜色已经变成深褐色。但除了自然侵蚀，没有任何人为破坏的痕迹，上面的铝牌显然有人经常擦拭，四十年前，这里还是一片荒芜，木椅能保存得如此完好实在令人惊讶。一位当地朋友对我说："善待一把为大众服务的椅子是对逝者最好的尊重和纪念。"

相对于我们很多公共空间，比如公园、海滨、步行街和社区等基础设施投入不足，缺乏供游客、行人休闲的椅子，由公众以纪念目的捐赠，一举几得，英国人的纪念椅似乎是一个可以借鉴的好经验。但遗憾的是，在我们生活的城市里，经常能见到这样的场景，某个地方由政府出资设置的公共设施，材质不可谓不坚实，石头的、金属的，造型不可谓不新颖美观，但是它们的"寿命"却很难长久。不是被无德者拦腰斩断，故意损坏，以泄莫名的情绪，就是被贪图小利之人大卸八块，搬回家，或者送入废品收购站换取一点私利，很少有能长期"服役"、惠及公众的。

承载捐赠者情意、供人休憩的椅子是一面镜子，折射着公民的素养和社会的文明水平，而面对公德缺失、监督乏力，我们的石头和金属往往没有人家的木头来得更为坚硬和长久。

An

Inquisitive Approach

to

Discovering Britain

第四辑

为了统一风格，老式茅草房的加盖部分也采用相同工艺，新旧相得益彰

乡村撒切尔

Thatcher Country

扒掉茅草房，盖上千篇一律的砖瓦楼，甚至只是靠粉饰乡村临街农舍的外立面，以造成所谓“焕然一新”的错觉，并不能说明生活质量的真正提高。在传统基础上，不以追求外在形式的改变而获取虚荣，因地制宜地发展传统工艺，使之不仅具有实用性，更有观赏性和保留价值，则体现出一种更高的境界。

30年前，如果问中国人他们知道的最有名的英国人是谁，估计得到的答案十有八九会是：玛格丽特·撒切尔。这位英国历史，也是欧洲历史上第一位女首相，素有“铁娘子”之称，她执政11年，通过一系列大刀阔斧的改革，带领英国走出低谷，成为1827年以来唯一一位连续三次大选获胜的首相。

不过，很少有人知道大名鼎鼎的“撒切尔夫人”原名其实是“玛格丽特·罗伯特”，“撒切尔”是她与丈夫丹尼斯·撒切尔结婚后改的姓。而“撒切尔”这个在英国乃至全世界知名度很高的姓氏则源自中世纪，原意是一个古老的手工行业——葺屋顶者。这是一种帮人用茅草建盖屋顶的职业，由此也可以推断女首相丈夫的祖先在若干年前，也许就是为千家万户建盖遮风避雨屋顶的手艺人。

“茅草”是人类最早使用的建筑材料之一，有一万两千多年历史，使用稻草建盖房顶的建筑最早出现在非洲和亚洲，而用这种材料作为房屋的主要墙体要晚很多年。不列颠人使用干草的历史可以追溯到公元前500年，葺屋顶正式成为一门谋生的手艺则是在中世纪。随着生产方式转变，人们从散居逐渐集中到村镇居住，需要建盖大量房屋。制造工艺并不复杂，曲木搭建框架，枝条编织篱笆，外面涂抹泥浆作为墙壁，由于此类建筑承重能力有限，质地轻、成本低、保暖、易于更换、比想象要更经久耐用的稻草就成为理想的房顶材料。

经过实践和总结，用在建筑上的稻草看似简单，但却有相应要求和标准，其中长度1—2.5米、平均1.6米的稻草最理想；直径为5—10毫米；笔直，有一定强度，同时又不失柔韧性；不能有叶子；稻草的一端要逐渐变细，并且空心。

在英语俚语中，“It's raining cats and dogs（天上落下猫和狗）”是形容倾盆大雨的，但很少有人知道这个匪夷所思、充满画面感的生动比喻却是来自茅草屋顶。天高云淡的日子里，厚厚的茅草屋顶上面空气清新，阳光充足，鲜有人打扰，于是便成了小动物们的“天堂”。小猫和小狗常在上面行走，小老鼠、小鸟和各种小虫子也不会放过在这堆暖和的稻草中安家落户的好机会。但英国的天气说变就变，刹那间大雨倾盆，猝不及防，光溜溜的稻

NATIONAL SOCIETY OF MASTER THATCHERS

NATIONAL COUNCIL OF MASTER THATCHERS ASSOCIATIONS

葺屋顶是门手艺活，有专门的行业协会

草立马变得湿滑，正在溜达的猫和狗仓皇避雨时难免“失足”从房顶上滑落下去，于是便有了那样充满画面感的描述。

从19世纪起，英国乡村开始大规模采用这种建筑形式建造房屋。1800年前后，仅英格兰就有95万座茅草屋，至今还有24,000座茅草屋受到政府严格保护，英国是欧洲保留茅草屋最多的国家。同时“茅草房”还被列入英国遗产名录，成为英国美丽乡间不可或缺的景观。

工匠们把稻草或者芦苇一捆捆码好，层层叠叠铺在屋顶上，然后像理发一般修剪整齐，再用特制的金属网罩住，根据不同建筑式样塑造成不同形状。新盖屋顶一般是金黄色，在阳光下熠熠生辉，随着风吹日晒，颜色逐渐加深，最后变成黑色。这种屋顶的使用寿命为25—50年，通常维修时处理和更换的都是最上面一层，令人惊讶的是，有的老屋顶打底草居然还是600多年前最初盖房子时就铺上去的。

因为屋顶坡度大，茅草屋远看好似浓密的头发压在一颗小脑袋上，而且窗户和门上还会做特殊处理，像眉毛和胡子，十分卡通。因为形象上酷似，英语单词里也用“Thatch”来形容乱蓬蓬的头发，2008年5月当选伦敦市长、2016年担任英国外交大臣的鲍瑞斯就是这种发型。

茅草房因为重量轻，一般盖两层比较合适，如果墙体外面的保护层不够好，老鼠等小动物容易趁虚而入，损毁房屋内部结构，所以石灰泥浆很重要，为了防水采用薄膜隔离的同时，还要让自然产生的水汽能散发出来。防火要求高，手工制作价格贵，还容易受到气候因素影响，看似简单的“废物利用”其实还有很多技巧和学问，造成建盖和维护成本增加。

2009年，一向受到保护的乡村茅草屋就面临由气候变化带来的问题，全国茅草屋顶工大师协会负责人玛乔丽·桑德斯说，温暖、潮湿又缺少阳光的冬季造成茅草屋顶被霉菌和苔藓侵蚀，影响屋顶使用寿命。更糟糕的是，随后而来的多雨夏季，因为农作物收成不好，致使更换、维修的主要原材料——稻草和麦秆供应紧张，价格飙升。

按照英国遗产协会的规定，如果茅草屋所有者没有妥善保护好这些登记在册的“古董”，或者未使用传统稻草、麦秆工艺维修老房子，将面临两万英镑罚款，甚至可能坐牢，这让业主很紧张。玛乔丽·桑德斯说：“2008年，一些地方有35%的稻种没有播种，秋季欠收，造成高质量麦秆和稻草

紧缺，现有原料库存价格从去年每吨600英镑上涨到现在的1600英镑。所以，大家面临的是用两万英镑维修，还是被罚同样金额的款。政策确实需要灵活些。”

面对自然不可抗力和公众呼声，英国遗产协会表示同意行业协会的建议，“我们也为糟糕天气造成的欠收担心，所以建议茅草屋的所有者考虑在下一个好收成来临之前，进行临时修补，而不是彻底维修。我们支持大家使用本地特有材料，比如芦苇杆，但要在我们指导下工作。”

据说现在每年有差不多50座上了年纪的茅草屋面临遭到破坏和即将消失的危险，这种古老民居数量减少的原因有很多，比如有更便宜的替代品、保险价格高，或者有人觉得不够时尚。而另一方面，从20世纪70年代起，茅草屋又有了复苏迹象，这得益于技术手段改进和人们对传统文化的认同，英国每年都有专业组织评选“茅草屋大师”，颁发年度茅草屋建筑奖，以此推动这项古老工艺的使用和传承。当然还有环保理念深入人心，《麦秆建房》一书的作者芭芭拉·琼斯说英国每年有大约200万吨稻草、麦秆，以此替代砖块，从环保角度是很有意义的。

现在，不少建筑商和机构推广“绿色计划”，设计、建盖用稻草、麦秆为主要原料的建筑。英国郊外的新建普通民居不少都采用这种工艺，一般是先处理好地基，在工厂里按照设计图纸制作框架和建筑构件，然后运到工地组装，再填充经过特殊加工的稻草和麦秆，最后用石膏等装饰材料覆盖，方

英国一处乡村农舍维修前后的对比

便快捷。房屋重量轻，保温、防火，还抗震。

通常情况下，建盖一座186平米的房子，需要300捆标准三卷麦圈，每平方米造价约为220—280英镑。用作建材的“废物”在硬度、直径、长度、干燥程度等方面都有更高质量的标准，保证建好的房屋安全舒适。我在伦敦居住的房子墙体就是麦秆填充，用手轻轻敲击，能听出是空心的，但是不用担心质量。

媒体也积极介绍和推广，英国电视第4频道的一档生活类节目《宏伟计划》（*Grand Design*）就曾在全国年度建材展会上，用一周时间直播一幢三层楼房是如何拔地而起的，每天让现场和电视机前的观众“围观”施工情况和进度，直观、生动、有趣。日常播出的节目中也能看到有人不惜花费比新建房屋更大的代价去整修老式茅草屋，外面保留原汁原味的老房子格局，里面则进行改造，现代设施一应俱全，别有一番情趣。

中国是个农业大国，秸秆等“废物”的数量巨大，属于占地、运输成本高的特殊废物，如何处理一直是个难题，焚烧便成了最简便的方法。于是收割过后，很多地方的田间地头便燃起一堆堆火，烟雾缭绕，乌烟瘴气，颇为“壮观”。据报道，因为焚烧秸秆，2010年5月25日，成都市中心的空气污染指数达255，为中重度污染，老年人和儿童患呼吸道疾病的人数猛增，更严重的是因为能见度太低，甚至威胁到飞机起降和航空安全。

最终焚烧秸秆地区的基层领导受到处分，他们也道出自己的“苦衷”：

麦秆建房的各道工序和造型各异的茅草屋顶

“现在还没有一套切实可行的利用方法。”四川农业大学专门研究这个问题的陈强教授则认为：“目前，秸秆作为燃料，密度低，储存空间大；作为饲料，成分单一；用作建材，收购成本高，市场竞争力不足。”

在我看来，除了这些“废物”的缺点带来处理难度之外，政策和引导的问题更突出，新农村建设，或者说体现农村翻天覆地变化的标志之一便是农民朋友们扒掉自家破旧的茅草房，盖起砖瓦房，自然也就不会有更多人关注如何用他们最熟悉的材料，提高工艺和建筑水平，提升居住质量。一边是挖土烧砖，一边是焚烧秸秆，宝贵的土地资源没有有效保护，该利用的大量再生资源没有引起足够重视。

如果说古人使用麦秆、芦苇、稻草盖房子是受技术、材料等的限制，不得不发挥聪明才智，就地取材，因陋就简，歪打正着地把这门手艺发展成为特色，甚至是“艺术”，那么，今天继续使用这些可降解的“生态”资源则已经和贫穷、富裕没有直接关系，体现的是人类对环保、便捷、传统和文化的重新认识。

推倒茅草房，盖上千篇一律的砖瓦楼，甚至只是靠粉饰乡村临街农舍的外立面，以造成所谓“焕然一新”的错觉，并不能说明生活质量的真正提高。在传统基础上，不以追求外在形式的改变而获取虚荣，因地制宜地发展传统工艺，使之不仅具有实用性，更有观赏性和保留价值，则体现出一种更高的境界。

拯救博勒市场

拯救博勒市场

Saving an Old Market

伦敦的那些白领是幸福的，他们可以在一座拥有几百年历史的农贸市场里享用午餐，我们这些旅游者是幸运的，可以像几百年前的伦敦人一样穿行在透过顶棚照射下来的阳光中去品味来自世界各地的美食。

和一位旅居伦敦十多年的朋友闲聊，问他周末一般都干什么，他说有时会去家附近的农贸市场，倒不是为了买东西，而是在那里可以免费品尝各种食品。这哥们儿说得有声有色，听得旁边的几个人都直咽口水，恨不能马上也去。

转眼过去一个多月，带一名刚到伦敦的中国留学生去警察局登记备案手续，办完事后，因为此地距离泰晤士河边的伦敦桥南岸不远，那里有座600多年历史的哥特式建筑——索思沃克大教堂，便一个人步行过去逛逛。

没走多远，从一个岔路口望去，里面人头攒动，好不热闹，我心想一定是个什么有意思的“好去处”，于是跟着人流走进去，迎面看到的是一座典型英国工业时期的钢架结构建筑，拱顶下面“扣”着一个巨大的农贸市场，光线从玻璃顶上透下来，在薄雾和烟气的折射下，形成一道道光柱。忽然想起不久前朋友提到的农贸市场，绕到市场另一侧的入口处，看见上面写着“博勒市场”[1]，还真是朋友提及的地方。

市场雏形在罗马人统治时期就已经存在，最早记载出现于1276年，1756

[1] Borough Market直译是“行政区市场”的意思，应该是描述性的说法最后变成了正式名称。

年正式在现在的位置落成，当时占地4.5英亩，因为靠近泰晤士河，交通便利，逐渐成为伦敦最重要的食品市场之一。19世纪时，博勒市场已经是一派欣欣向荣的景象。“一座宽敞的建筑物……它是科文特花园的翻版，被运货马车和小贩手推车塞得满满的。古老的博勒市场是一个迷人的、值得好好研究之地……它向我们表明伦敦充满了画面感。”[1]

现在这座维多利亚风格的建筑是1851年设计的，1932年在市场入口处新增加了“装饰艺术风格”，2004年使用皇家歌剧院花卉大厅柱廊改造中拆卸下来的构件，经过数次扩建和翻修，形成今天的规模和样式。不同历史时期的元素，为食品批发市场增添了艺术气息和历史厚重感。

博勒市场的主业是批发，周一至周五每天2—8时营业，零售市场的营业时间则不统一，只在周四11—17时、周五12—18时、周六9—16时开张，整个市场经营时鲜蔬菜、花卉、水果、糖果、酒类、咖啡、奶酪和肉制品等。来自英国各地的人们在此进行交易，经营者会很自豪地告诉你这是“地球上最大的食品市场和英国品质最高的市场之一”，可以找到世界各地不同文化背景的食品。

那天到达时正值午餐时间，市场里人头攒动，最热闹的是卖三明治和汉堡的摊位。老板面前一字排开各种调料瓶子和配料盆，味道不同的肉饼和烤好的面包片热气腾腾，两片面包、一根火腿肠，配上一些蔬菜和调味酱，价格3.35镑的汉堡就做好了。与我们的肉夹馍和煎饼果子一样，博勒市场里到处是这样的路边摊风味小吃，烟火气十足。

一个摊位前的老板兼伙计是个长相清秀的姑娘，戴着手套，飞快地往烫手的面包里添加各种配料，几秒钟就能做好一个，动作娴熟，忙得不亦乐乎，秀气的脸上不知什么时候抹了一块烤焦的面包渣，她却全然不知，专注地招呼着客人。西装革履的顾客大都是附近写字楼的白领，他们根据自己的喜好在不同摊位前排队购买，然后三五成群站在市场外就着一杯咖啡或者啤酒吃下，这就是他们的午餐。

市场里还有各种肉制品销售，其中一家火腿店的两名伙计正在仔细地从整只火腿上把肉片下来，分成小包装。见我用相机对准他们拍摄，其中一人

[1] *London: A Pilgrimage*, Blanchard Jerrold.

（左）如果只看外观，很难把这座建筑和农贸市场联系起来
（右）历史上的博勒市场

伸手递来一片。因为从来没有吃过生火腿，我犹豫了一下，他笑着说："试试！"并用鼓励的眼光看着我。我迟疑地把生火腿片送入嘴中，味道确实不错，鲜而不咸。如朋友所说，在这里还能品尝各种甜点、奶酪、啤酒、红酒等，既饱了眼福，又尝了鲜。

整座市场很大，品种繁杂，因为有肉制品，地上不可避免地粘着油渍，但是整体而言干净整洁，无论是卖什么的，老板都精心擦拭自己的柜台和用具，认真码放好货品。没有污物遍地、脏水横流、臭气熏天的情况。

这里不仅是买食品的好去处，也是很多英国电视厨师制作节目的天然演播室，不少电影也在此取景，著名的有《哈利·波特与阿兹卡班的囚徒》《BJ单身日记》《两杆大烟枪》等。走到出口处，看见一个电视摄制组正在拍摄，这种情景在市场已经是司空见惯，媒体也像旅游者一样把市场当成了反映英国人生活的一个侧面，透过这扇"窗口"展现英国人的活色生香。

英国城市形成的过程伴随着农贸市场的发展变化，中世纪时大家选择便利的空地自发交易，商贩们从摆地摊到支起临时货篷，后来为了便于商品储存和加工，逐渐盖起房子，前店后厂，并因为不同阶级的需要分出档次。岁月迁延，到了19世纪，工业化带来变革，很多人进入城市，他们需要居住和工作，但没时间和空间自己种植作物，对市场的依赖性更强。于是市场及周边区域规模不断扩大，聚集各种手艺人，货品齐全、生活便利，区域中心和主要街道围绕着市场形成街区，那些赚了钱的经营者又投资翻盖新建筑，上面住人，楼下营业。所以，英国几乎每一座城市的市中心都有一条商业街名叫“高街”，就是这样发展而来的。

由于博勒市场所在的泰晤士河南岸具有特色鲜明的伦敦街景和城市布局，有特殊的历史和建筑价值，20世纪70年代中期这一地区就被列为“行政区高街保护区”，但即便这样，博勒市场也曾面临过被拆迁的危机。

1991年，英国铁路部门提议投资55亿英镑建设一条穿过伦敦的南北向铁路，项目名称为“泰晤士纽带”，计划加长和改造已有车站的站台，增加新的铁路设施和机车。工程一旦实施，博勒市场很大一部分建筑和与它相连的20座列入英国二级名录保护的房子将会被拆除，势必会影响这一片区的历史风貌，因而引起不少人的关注和反对，他们发起了一个名为“拯救博勒市场”的运动。

英国国会下院议员西蒙·休斯表示欢迎“泰晤士纽带”项目，但他认为如果因为建设铁路而破坏博勒市场的特点和品质，当地社区居民是不会原谅政府和铁路部门的。西蒙说：“在当地居民、企业和议员的支持下，我将为了保护市场的历史特色和建筑竭尽全力，我们不能用破坏有价值的历史遗产来换取未来。”一位自由民主党的成员也说这座市场所处的区域是伦敦历史文化的一部分，同时也是南岸遗产保护不可分割的内容。

最终，经过多次质询，双方达成一致，“泰晤士纽带”项目在拖延很多年后，于2006年获得通过，2009年开工，预计2018年完成。调整后的项目工程计划在最大程度上保存现有的博勒市场和周边区域。2010年，位于行政区高街上的两座妨碍工程的建筑被拆除，而市场主体则被保留，继续在高架桥下经营着。其实，从1860年在附近第一次修建铁路时，这座农贸市场就遭遇过被拆除的危险，但它总是在很多人的努力中，一次次幸存下来。了解了市场在城市发展中所起的作用后，便不难理解为什么人们如此珍视这样一个貌似并不起眼的地方，因为它是城区发展的原点，蕴藏着丰富的人文信息，是历史的重要一环，不能轻易抹去。

经过重新规划后的市场，与索思沃克大教堂连在一起，夕阳照射下，金黄的教堂映在市场餐馆的玻璃幕墙上。巨大的圆弧拱顶上，通往卡侬街火车站的列车不时从上面通过，隆隆的响声和振动一点也没有影响到下面市场的交易，反而变成了一个很独特的元素。

不远处，直刺蓝天的伦敦新地标与周围老城区形成强烈反差。穿过古老、幽暗的桥拱，便是泰晤士河，船坞停放着15世纪的西班牙大帆船，它曾经环游世界14万英里，伊丽莎白一世下令保护它，并使其成为世界上第一座海事博物馆。走过湿漉漉的狭窄街道，一处残垣断壁映入眼帘，它曾经是罗马人时期修建的教堂遗存，也是伦敦中世纪最大、最重要的建筑之一，已经列入“英国遗产”保护名录，根据残墙建设配套的现代建筑供人们参观……

现在，博勒市场成为泰晤士河边一个集旅游、休闲、美食、宗教和体验伦敦人日常生活的好去处，在这里，历史与发展交织，生活与时尚同存。城市布局和功能的形成是长时间社会、历史、文化变迁和积淀的产物，今天的老街区就是过去的新城区，现在成为旅游热点的农贸市场当年就是街边的一个农产品交易地点，取代老房子的新建筑将成为这里的新成员，一切并非一成不变。所有变化，有发展过程中不得不做出的妥协，有顺其自然的新旧更迭，不是一蹴而就和急功近利的运动式改造和拆迁能完成的。

为了阻止修建铁路的计划，市场刊登出了1910年的老照片，并用绿底白字强调了这座“有历史的博勒市场面临着2000年轨道发展计划的威胁”

6
SENS
Gluhwein
the parmesan cheese co.
the parmesan
Cereal fed
White pig
5.75
/100gr
Jamón de
Jabugo
Bellota:
Acorn-Fed
Joselito
Cured 1½ years
Bellota:
Acorn-Fed
9.90

琳琅满目的商品

正如市场旁工地上打出的口号“搬迁和完善（Moving and Improving）”一样，如果没有多年在同一个位置上的经营和发展，如果没有歌剧院建筑构件的搬迁和在这里重组，如果没有因为铁路项目的修建带来的抗争和改造契机，如果没有“保护为先”的思路，市场不会拥有如此丰富的沉淀和韵味。

在英国历史中徜徉时，思绪总会不自觉地回到中国。中国西南有一座以四季如春闻名的城市，在市中心曾经有一条街道名为“尚义街”，从20世纪80年代最初自发形成，到后来经过有意识的培育，成为全国知名的花卉批发零售街市，吸引着来自各地的游人。遗憾的是，在风起云涌的城市拆迁改造中，这条独具特色的街道没能幸免，让步于政府“开发”，在短时间内被拆除，并迅速建起高楼大厦，城市的一张名片就此不存，不能不令人觉得可惜和遗憾。

其实，放眼中国的各座城市，消失的又何止是“花街”，正是在一次又一次拆旧筑新的建设中，我们的城市越来越难以找到历史遗迹，看到的都是一个个干瘪而空洞的地名，以及与周围环境很不协调的、充斥着旅游商品的“伪文物”。为了打造所谓的“城市形象”，修建一条条仿古街，新建一座座“老房子”，却拆除了真正的老房子、老街区，结果使很多昔日的历史文化名城变得徒有虚名，浅薄而可笑。

也许在有些官员眼中，一个“卖菜”的地方没有什么历史文化可言，但英国人却很珍视这些看似不起眼的地方，这是他们很多辈先人生活的一部分。伦敦的那些白领是幸福的，他们可以在一座拥有几百年历史的农贸市场里享用午餐，我们这些旅行者是幸运的，可以像几百年前的伦敦人一样穿行在透过顶棚照射下来的阳光中去品味来自世界各地的美食。

这让我想起了英国一位考古学家在一座教堂录制鉴宝节目时说的一番话：“当清晨的第一缕阳光穿过教堂窗户的彩色玻璃照在流动的人群身上时，我不禁赞叹道：‘太棒了！’因为那看起来很像是中世纪的某一天，那时一个集会也正在教堂里举行，我们展现的是不列颠历史的一个小小的片段。”

英国随处可见的公共绿地

身边的绿色空间

Green Space with Me

想必那些最顽固不化、对伦敦一向抱有成见的诽谤者也必须承认，伦敦佬拥有一大片绿茵。

“想必那些最顽固不化、对伦敦一向抱有成见的诽谤者也必须承认，伦敦佬拥有一大片绿茵。我所熟悉或听说过的任何一座首都都无法与风景如画的圣詹姆斯公园、摄政公园和肯辛顿公园相提并论。这些开阔地里有郁郁葱葱的隐蔽处和植被茂盛的风景，将人们的心灵带到离齐普赛街[1]的噪声和灰尘几百英里远的地方。”这是17世纪英国诗人布兰查德·杰罗尔德（1832—1883）在他1872年出版的作品《伦敦：一次朝圣》中的描述。“绿叶下的伦敦为外国人提供了源源不断的惊喜和欢乐。”我就是他笔下众多“外国人”中的一员。

2007年1月启程赴英国前，得知建成于1863年的世界上第一条地铁“大都会线”经过预定的住地附近，站名叫作“北威克公园”，听起来是个不错的地方。到达伦敦当天已经是下午6点多，冬季日照短，太阳早落山了，虽然“新家”紧挨着这座“公园”，但是黑灯瞎火的，我并没看清它的真面目。

第二天，由于时差的原因，早早就醒了，百无聊赖地等到天色发白，打开窗户透气，这才发现自己居然面对着一片大草地，这个惊喜让我的倦意顿失，赶紧穿衣下楼，步行几分钟便来到了向往已久的“北威克公园”。

[1] 齐普赛街（Cheapside）是伦敦市中心一条从古老街市发展而来的街道，距离圣保罗大教堂不远，很多金融机构设立于此。在中古英文里，Cheap（今天意为“便宜”）就是“市场”的意思，附近有面包街、牛奶街以及鸡农和菜农做买卖的“鸡鸭路口”。

冬日的伦敦郊外，蒙蒙细雨无声无息，空气中弥漫着湿漉漉的青草香味，远处的铁路线和住宅在雨雾中若隐若现，一排排红色房顶上烟囱冒出的热气让沉寂一夜的城市开始显露生机。走近才发现其实所谓“公园”就是一大片草地，周围没有围栏，而是遍植树木，宽阔而平整，显然经过精心的维护和修剪，即便是冬天也仍然保持青绿。

头天晚上穿过的地铁隧道口处，更是有几株大树盘根错节，镇守着公园一角，如屏风般挡住来来往往行人一览无遗的目光，有点中式园林的味道。此时，周围树木的叶子都落光了，露出它们“苗条”的身形，高低错落，骨感十足，颇具典型不列颠韵味。

英国人并不讨厌的乌鸦落在光秃秃的树枝上，叫声在空旷的草地上格外刺耳，不仅大有中国古代山水画的肃杀意境，也与经典电影里的英国场景吻合。围绕公园的小道不时有晨练者跑过，紧随其后的是自家小狗，或者是急匆匆去赶地铁、神色凝重的俊男靓女，大家互致问候，或者相视一笑，我的英伦生活就从这样一个萧瑟的冬日清晨开始了。

北威克公园也是提供体育锻炼的场地。英国人喜欢板球，每当风和日丽的天气，就会看到一群群年轻人身着白色运动服在草地上打球。板球起源于英格兰，又名木球，由两队各十一人进行对抗，被视为英国国球。据说早在13世纪，英王爱德华一世就曾在英格兰东南部的肯特参加过类似板球的运动。因为崇尚体育精神和公平竞赛，板球是绅士运动的代表项目。后来板球被带到英国在全球的殖民地，如印度、巴基斯坦、孟加拉等，而这座公园所处的区域也有不少印巴移民的后裔，所以打球的很多是这些肤色黝黑的年轻人。

当然足球也是常见的运动项目，虽说只是座公园，但草坪因为定期修剪，质量一点也不亚于我们国家体育训练基地的专业足球场，不仅平整，而且草的高度适中，还配有球门和规范的边线，对喜欢踢球的人来说简直就是享受。周末常能碰到业余赛事，于是我与替补队员们坐在草地上观球，和在中国一样，总有几个爱显摆的人充当教练，在场边大喊大叫，指挥比赛，虽然他们用的是英语，但说的基本都是“传球”“向前跑”等字词，也不时因为场上队员的一脚臭球，冒出句F字母开头的英国国骂，周围少不了几个姑娘在阳光下进行日光浴，等待着帅哥男朋友“收工”。

我和旁边的英国小伙子聊了起来，问他们在这里踢球是否需要交钱，有人告诉我，如果只是几个人踢着玩是免费的，但拉开架势比赛，就要交费了。

“那一场球多少钱？”我问。

“8英镑，”他们回答，“不过要自己带两边的球网，裁判的钱也要另付。”

20多个人玩一下午只付8英镑！即便在金融危机前折合人民币也只相当于120元左右，也就是说分摊到每个人身上不到10元，如果按英镑计算简直就可以忽略不计了。正聊着，比赛结束了，小伙子们兴奋地讨论着刚才的输赢，我注意到一名貌似队长的人给裁判付了钱，随后着装整齐、像模像样的裁判在场边换好衣服，骑着自行车走了。两个年轻人也麻利地取下球网，大家意犹未尽地说笑着离开北威克公园。看到这样的场景，对英国足球为什么如此强大就不会感到奇怪了。

当我们一个接一个地举办“世界瞩目”的大型活动和运动会，变着法儿地上演隆重的开幕式，靠燃放烟花和高规格的接待创造一项项世界纪录，包揽众多金牌，让对手为之“汗颜”和瞠目结舌的同时，在中国的一座中等城市水质有保障的泳池里游一次泳却要支付50—100元不等的费用；踢一场像样的球要承担800—1000元的场租，城市里只见高楼大厦如雨后春笋拔地而起，体育场馆和公共绿地却变成稀缺资源。

虽然北威克公园周围住了很多人，还有学校、医院、教堂、商店、地铁站等公共设施，但是生态保持得很好。踢球时，如果不小心把草地铲起一块，会有人赶快拾起来补回去，春天公园开满成片的野花，不会有人刻意采摘，而是任由割草机修剪。

当然，秋天的落叶也没有人去打扫，它们在树下腐烂，变成肥料滋润着土地，也发挥护根作用，所以冬季走在公园边的树林中，无论在什么光线下总能看见树下是黑黑的一圈，像阴影一样，那就是腐烂后的树叶与土壤混和形成的腐殖土，要不了多久，当春风吹拂的时候，黑色的土地上又会重新长出鲜嫩的青草，周而复始，生生不息。

有一次，一位朋友来找我聊天说事儿，很晚才离开公寓，因为不熟悉路走到公园旁的小道上，结果发现后面居然有一只狐狸尾随，他走它也走，他停它也停，这哥们儿花了好长时间才甩掉“尾巴”。第二天，大家都笑话他

London
Parks & Gardens Trust

（上）草地上休闲的两家人
（下）伦敦公园和花园基金会的标志

胆小，同时也感慨生态好，我也曾经多次在朋友家见过大摇大摆穿过院子的狐狸家族。除了狐狸，随处可见松鼠等小动物，鸟类更是数不胜数。

冬季漫长的黑夜过去后，英国人迎来百花齐放的春天、绿草如茵的夏季和浓墨重彩的秋日，公园提供了长时间享受阳光的好去处，人们携带自己做的美食和饮料，在草地上铺开大大的防潮垫，扶老携幼，欢度假日。

还有一次，碰到四位老人在北威克公园绿地边休闲，征得同意后给他们拍照，但是旁边的狗不乐意，冲着我一个劲儿地叫唤，老人不好意思地向我道歉，于是借机攀谈起来。他们说这次是来看在附近北威克医院住院的母亲，因为时间尚早，就先休息一会儿。

和年轻人不同的是，他们因为腿脚不方便，不能席地而坐，其中年龄稍大的两位男士就坐在自带的折叠椅上，女士们则站着喝咖啡，吃点心，看起来其乐融融，走出好远我还能听到他们的欢声笑语在草地上回荡。其实，类似北威克公园的绿地在伦敦随处可见，住所周边就有几个规模不等的公园，向不同方向步行出去一段距离便可以发现更多公园。也就是说无论你住在伦敦的什么位置，要找到一片名叫“公园”的地方并不是件很困难的事情。

据伦敦公园和花园基金会的统计，在伦敦有大大小小2470多座公园、花园、草坪广场、墓地和教堂庭院，绿地面积超过181平方公里，这数字不包括普通民宅房前屋后、公共建筑周围、泰晤士河边等的绿地。伦敦的绿色空间还有一个重要的组成部分，那就是承载着历史的八个皇家园林，以前都是皇室狩猎场，总面积超过20平方公里。几百年间，英国花园的内容也发生了很大变化，1500年英格兰大约有200种人工栽培植物，到了1839年，数量上升为18,000种，翻了90倍。

“宽阔的绿地是伦敦的荣耀，没有什么比研究这里更有优势。伦敦人会为此奋斗，比争取任何其他权利或者特权的时候都要激烈。”出生在伦敦的诗人布兰查德说。早在19世纪末、20世纪初，英国皇室就下令建造开放式绿地供市民使用，但随着社会变迁、两次世界大战爆发、城市发展和有意无意的损毁，当时还不成规模的公共绿地也面临被蚕食的危机。1931年，英国政府出台《伦敦广场法案》，推动对已有的400多块绿地进行保护，从此为伦敦人营造了一个不错的生活、工作和休闲空间，有人说如果没有这个法案，今天的本地人和游客可能就享受不到这么多随处可见的绿地了。

现在，一些很神秘的私人绿地也逐渐对外开放，每年还有“花园绿地开放周末”活动，供大家走进私家花园，分享枝繁叶茂的奇花异草和修剪得如地毯般漂亮的草坪。而且近几年来，伦敦人对建造花园的兴趣似乎越来越高，还有专业组织提供帮助和辅导。电视台则推出花样翻新的园艺和居家节目，教观众如何建造漂亮花园。

不少园艺专业人士和爱好者也组织起来，建立网站，梳理伦敦的公共绿色空间，他们搞讲座、办杂志、建立通讯录、交换自己的新发现、设计适合不同人群的行走路线、研究和探寻绿色空间背后的历史文化背景。这些网站提供详细的行走路线和景点介绍，还有语音指南供人下载，只要用手机播放就可以边走边听，畅通无阻。行走其实是很好的社交方式，在众多开放的绿色空间中，人们花20—40英镑就能成为户外活动组织成员，利用节假日结伴出行，在行走园林、草地和公园的过程中结识新朋友，学习新知识，同时锻炼身体，尽情享受生活。

从空中俯瞰英国民居，最明显特征就是整齐的联排建筑，房前是空地，

英国各地的春景

屋后有院子。一项统计显示，20世纪90年代以后，欧洲国家如法国、意大利和德国新建的房子50%以上都是公寓式住宅，而英国只有15%。与此相反，70%的英国人拥有独立住宅，这一比例远远超过英吉利海峡对岸的欧洲邻国，因为英国人更愿意住在带有一块私人绿地的小院子里，而且甭管手艺高低、面积大小，都会在院子里铺设草坪，或者购买一些盆栽鲜花装点，设置给小动物喂食供水的用具，同时搭建一间工具房，存放园艺工具。主人会因为自己精心打理的院子赢得客人赞许而感到自豪，在他们的生活中，落地窗外的花团锦簇是一种生活背景。在哲学家培根眼中，花园是人类的快乐中最纯洁的快乐，它是对人类精神最有力的振奋。没有了花园，任何房屋和宫殿都只是粗陋的手工制品。

牛津大学社会问题研究中心曾经对英国人DIY习惯进行过研究，发现只有12%的女人和2%的男人自称从来没有自己动过手。在另一份调查中，超过50%的成年男性在调查前四周内动手做过东西，约1/3的女性曾自己装修房子。52%的英国男性和45%的英国女性亲自修建草坪[1]，这些人甚至可以称为对私家花园异常热情的园艺家，被精心呵护的私人花园也就成了距离英国人最近的绿色空间。

特别是经过漫长的冬季，春天到来之际，家家户户的院子里似乎是在一夜之间盛开了漂亮鲜艳的各色郁金香、红玫瑰、黄水仙，共同把英国装扮成一座大花园。在诗人布兰查德眼中，“绿树丛中采撷新鲜的玫瑰可以与图画中看到的所有美好相媲美”。随处可见绿色的英国没有哪座城市喊过“创建园林城市”的口号，反而是前伦敦市长鲍里斯·约翰逊2008年上任后干的头几件事之一就是带头植树，因为他在竞选时就曾经批评伦敦的绿地太少，树木太少。

北威克公园是每天必经的地方，常常会在同一个地点，用同样的焦距、景别和角度给公园留下影像，这样一拍就是两个春夏秋冬。碰到天气好时，心情舒畅，一大早出门，太阳也刚升起来，阳光透过清爽的天空和树叶直射下来，置身空旷的草地上，满眼绿色，心中不禁充满欢欣惬意。

[1] *Watching the English: the Hidden Rules of English Behaviour,* Kate Fox.

作为伦敦的符号之一，英国警察是游人争相合影的对象

苏格兰场的公共安全教育

Safer London

这项旨在提高公众意识的新措施通过海报等方式知会市民，特别是年轻人，当被询问时，他们有权获得一份材料，上面会注明被询问人应该享有的权利。这既是保护当事人的权益，也能约束了警察的行为，避免职权滥用。

距离伦敦奥运会开幕不到一年的2011年8月，英国一些城市发生严重的打、砸、抢、烧骚乱事件，引起公众对警方处置突发事件能力的质疑和批评，对奥运会安保工作感到不安。2005年7月7日，英国申奥成功第二天，伦敦地铁和公车连续遭到恐怖分子袭击的场面还令人心有余悸，而2012年是伦敦奥运年，平时反恐形势已经很严峻的英国更是不敢掉以轻心，7月27日至9月9日奥运会和残奥会期间，比赛相关的参与者有45万，其中记者有2万，所有比赛门票超过110万张，再加上旅游者和本地人，安保工作面临巨大压力。

为保障每座场馆的安全，英国官员和部门各司其职，首相“采取一切必要的财政、计划和具体操作，保证奥运会安全和顺利举行”；内政大臣“协调运动会所有安全和应急服务事务”；财政大臣承诺为奥运会提供“全部必需的财政支持，包括安保方面的支出”。由此可见政府部门对安全问题的重视程度。

伦敦警方开展名为“反击恐怖主义”的公共安全活动，发动每名在伦敦工作、生活和观光游览的人帮助警方防范恐怖分子潜在的严重威胁，他们设置反恐热线，安排专业警官分析和研究公众提供的线索，并有针对性地采取措施。为了让大家充分了解活动内容，警方制作了40秒广播广告，在公共场所张贴海报广告，向全伦敦地区家庭分发140万份宣传折页，有报纸这样形容："伦敦奥运会的每一个举动都在监控之中，包括你。"

这种气氛随着奥运会的临近日益强烈，在人员密集的机场、地铁、车站、道路和场馆等公共场所会有警察巡逻，当然这就包括他们在街头对认为可疑的人员和行为进行询问。对没有问题的受盘查人，警察会出具一份问询登记表的备份，上面的内容包括被询问人姓名、性别、年龄、住址、车牌号和证件号码等基本信息，以及被询问的原因，然后就是处理结果选项，包括简单询问、搜查、拘捕等，背面则是各种犯罪分类和相应的代码，有盗窃、吸毒、携带武器和恐怖活动等。

其中在"为什么是你？"一栏中这样解释：请你站住并不意味着你会遭到拘捕或是你做错了什么。在很多情况下，警察拦住某些人只是他们在目标公共场所寻找嫌疑人的一种手段。当然，警察必须告知拦住你的原因，他们通常还会问几个问题，比如"你在干什么？""你为什么要这样做？"，除非必要情况，一般警察不会搜查路人。询问后，警察必须给当事人一份问询备份的做法源于2004年9月出台的规定，这项旨在提高公众意识的新措施通过海报等方式知会市民，特别是年轻人，当被询问时，他们有权要求获得一份材料，上面会注明被询问人应该享有的权利。这既是保护当事人的权益，也能约束警察的行为，避免职权滥用。

这样做的目的用问询单上的一句话解释就是"为了一个更加安全的伦敦共同努力"，同样"标语"还出现在大伦敦警察局，也就是我们熟知的"苏格兰场"办公楼前一个转动的标志牌上，可以理解为伦敦警察的工作目标，达成目标需要由很多具体细致的工作构成，其中少不了公众的参与。

从2003年开始，伦敦警方就分主题开展公众防范犯罪教育，通过广播电台、媒体广告、俱乐部传单、互联网、邮递折页、户外海报，甚至酒吧的啤酒杯垫等不同形式告知公众犯罪的危害和避免犯罪的技巧，提高公共安全意识。宣传内容涉及枪支管理、滥用毒品、家庭暴力、青少年持枪和持刀犯罪、恐怖袭击、社区联防等。值得一提的是，宣传海报设计简洁明快，重点突出，很适于传播。

禁毒宣传是中国读者很熟悉的内容，我们常见的宣传画除了标语，就是各种吸毒造成严重后果的图片，虽然触目惊心，有很强视觉效果，但放在公共场所总令人感到有碍观瞻。伦敦警方的禁毒海报则是通过一幅因为吸毒而逐步改变的面孔，让人看到毒品对人的摧残。如果抽掉中间四幅照片，估计观者很难把前后两个形象与同一位女士联系起来。在形容枯槁的脸庞下有一行警示语：不要让毒贩子改变你邻居的面孔。

2006年9—11月，警方推出一幅针对11—16岁青少年滥用枪支的海报：在冷色基调的画面中，空旷的房间，一排停尸柜，一具蒙着白被单的遗体。广告语是：携带枪支会送你去最冰冷的地方。没有血腥画面，没有触目惊心的特写，但平静的语言和画面折射的却是极端而残酷的场面。

这些主题教育不是运动式推广一阵就没了下文，警方在不同时期根据治安形势变化，会从不同侧面发布新款海报。同样是滥用枪支问题，2009年，他们针对15—19岁、来自非洲和加勒比海地区的女性开展了有针对性的活动，海报也不是以持枪的严重后果为诉求，而是提示大众，如果窝藏枪支，

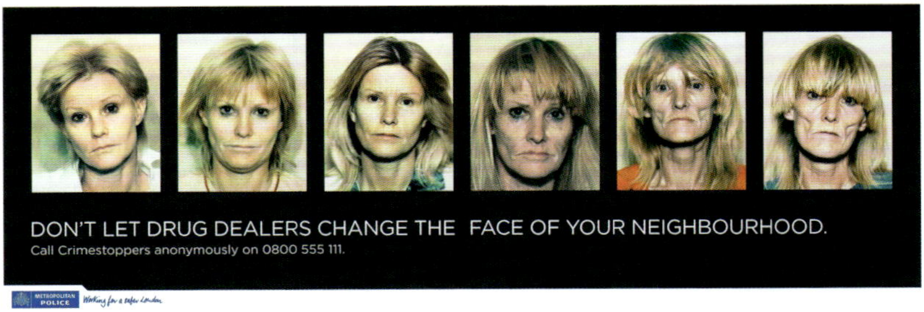

（上）伦敦警方的禁毒海报　（下左）针对窝藏枪支的海报　（下右）关于举报性侵犯的海报

一样也是犯罪。“一旦被捕，面临的是五年刑期。”

对大多数人而言，遭到强奸和性侵犯是件难以启齿的事情，警方公布登有专业帮助中心信息的海报，图案十分简洁，鼓励受害者大胆举报。通过文字排列形式感的变化，生动展现一名受害人的心理渐变过程，从十分恐惧到情绪舒缓，再到最终放松下来，勇敢面对现实。

这八行主题广告语是：

我感到非常、非常害怕，我不能说出我遭受的强奸。

感到非常、非常害怕，我不能说出我遭受的强奸。

非常、非常害怕，我不能说出我遭受的强奸。

非常害怕，我不能说出我遭受的强奸。

害怕，我不能说出我遭受的强奸。

我不能说出我遭受的强奸。

不能说出我遭受的强奸。

说出我遭受的强奸。

恐怖活动是英国当下面对的最主要问题之一，不时发生的恐怖袭击事件让政府头疼，也对公共安全造成潜在威胁，发动大家一起防范恐怖袭击变得尤为重要。“相信你的直觉：它能粉碎恐怖分子的计划，拯救生命。”这是海报中给人印象很深的一句话。

警方描绘恐怖分子的特征，并且用直观图像和文字表现出来：“恐怖分子需要仓储空间；使用多个身份证明文件；没有特殊原因，但大量购买不常用的化学材料；因为这些物质有毒有害，他们还使用保护装置，比如面具等；常有不明目的的银行转账。除此以外，如果你在租车行或者汽车销售部门工作，是否见过令人起疑心的消费行为？你碰到过有人在敏感场所拍照吗？你知道哪些人常常登录与恐怖主义相关的网站？一个人拥有数量众多的手机，是不是有点不正常呀？有没有人经常旅行，但是目的地却飘忽不定？”

2010年3月8日，英国警方推出新一轮的“全国反恐活动”，把上面提到的概念组合在一起，用生活中的场景展现出来。那是一个在英国司空见惯的车库，几乎每家住宅都有类似空间，不同的是，门前停着的车和车库都堆满化学材料。海报的标题是：“勤杂工？防虫害？还是炸弹制造者？” 犯罪行为是在特定时间和空间里进行的，从理论上说，必然会留下蛛丝马迹，何况是那种需要很多杀伤性原料的恐怖袭击。“他们会用汽车装载大量化工产品、化肥和燃气罐，这些都是用于制造炸弹的原材料。”

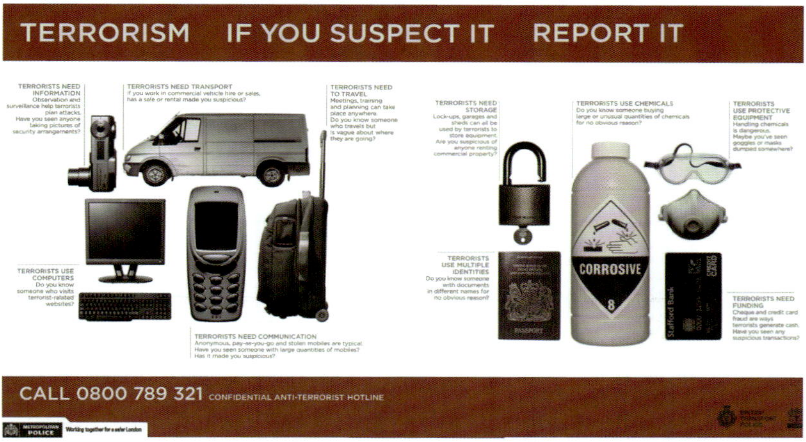

针对恐怖分子行动特点的海报

可以想象的是，恐怖分子会把这些物品储藏在房子和车库里，就像海报画面一样，如果大家留意，甚至可能曾经见过丢弃材料。“恐怖行为，如果你怀疑，就举报吧。”也许有人会觉得大惊小怪地给警察局打电话是多此一举，浪费时间，不过这些提示在防范恐怖分子上，确实十分有效。反恐作为一项长期工作，每年在警方的宣传活动中都有体现，比如2013年开展的“也许没啥，但是……”，通过广播、社交媒体、街头海报、挨家挨户投送折页等途径告诉大家，每个人都承担着维护社会安全和帮助警方的责任，相信自己的直觉，也许小小的怀疑之后拨打反恐热线，就能引起警方重视，进而侦破筹划中的恐怖活动。“请协助我们营造一个反恐的环境，你的电话真能救命。”

无论是反恐、防范青少年犯罪，还是防盗，都离不开市民参与和配合，正如海报上写的一样：“不要想着靠别人。”用我们的话讲就是“社区安全，人人有责”，这也是伦敦警方从2006年2月起开展的“安全邻里”活动的主题。活动海报设计采用英国人喜闻乐见的“找不同”游戏形式，即在两幅相似图片中找出不同点，以展示开展“安全邻里”活动前后带来的变化，比如路上的警察增多，墙上的涂鸦减少，儿童游乐场旁边的“问题少年”消失等等，用互动方式传递有效信息，让大家体会共同参与给所有人带来的好处。

如果说2006年的“安全邻里”海报设计还停留在对概念的图像解读上，那么2007年1月开展的宣传则走实用路线——在伦敦地铁和其他公共场所都能看到印有六名警务人员照片的海报，上面写着“当犯罪活动在你周围发生时，这六副面孔会及时出现”。也就是告诉公众，由一名警察队长、两名警察和三名社区服务警员共同构成一个团队，以630户居民为一个社区单元，向居民提供服务，同时公共交通安全、反社会行为、吸毒、酒后滋事、涂鸦和噪声等也在他们的管辖范围之内。这些警务人员走访社区，召集座谈会，与当地居民沟通交流。一项调查显示，有64%的社区居民认为“安全邻里”团队掌握当地情况，62%的社区居民相信他们能处理好社区发生的事情。2013年伦敦警方又在几个地区试点警察动态通报，让居民知道他们正在辖区做什么，结果显示，这对增强群众对警方的信任很有好处。

入室盗窃同样能通过预防，防患于未然。伦敦警方曾经在圣诞节期间推

（上）“安全邻里”找不同海报
（下）“当犯罪活动在你周围发生时，这六副面孔会及时出现”

出一幅海报，标题很有意思：“今年你给谁送礼物？”传统的圣诞节，人们不免会添置一些贵重物品，如果疏于防范，给盗贼以可乘之机，一不小心，圣诞节就变成给小偷送礼物了。

英国每年从10月以后，一直到来年的3月，都是夜长昼短，盗贼会根据某户人家的灯光，判断家中是否有人，从而选择入室盗窃时机。防范的办法其实很简单，比如给家里的灯安装一个定时自动开关，这样能营造室内有人的错觉；如果外出度假，则可以请邻居帮忙清理邮箱和不时在自家车位上停

（上、中）警方海报
（下左）守在伦敦警察局外面的记者，墙上写着“为了一个更加安全的伦敦共同努力”

车。我在牛津的房东就装了一个定时开关，每天下午4点多启动，所以无论家中是否有人，总能远远看见从起居室玻璃窗透出的亮光。房东还在靠近大门外侧的窗台上放了一只假猫，第一次开门时，无意瞥见“猫”直勾勾地瞪眼睛盯着我，着实吓了一跳，只是不知这样的心理战对窃贼是否有用。

疏于防范的代价是沉重的，2016年圣诞节前，一位定居苏格兰爱丁堡的作家朋友，在与丈夫外出看电影后，回家发现被盗，相机、电脑丢失，更令人遗憾的是，存有多年世界各地采访旅行资料、图片的硬盘也被顺走，警察表示通常这样的盗窃案很难抓到窃贼。“感觉人生被清零。”朋友用自己的经验教训提醒大家不能掉以轻心。

相较于恐怖活动和入室盗窃，冬季因为日照时间短，临近传统节日，街头抢劫发生的概率更大。针对这一情况，近年来，警方先后开展了防范街头骑机动车或者自行车抢劫手机、平板电脑、首饰等的活动，提醒路人提高警惕，保护财产不受侵害。警方还与学术机构合作，在不同地区推广不同防范手段，从中找出行之有效的办法，进而在更大范围推广，摆放猫形装置就是其中之一。研究表明，虽然经过多年安全教育，很多伦敦人觉得对街头犯罪已经有足够警觉，并知道防范技巧，但当真碰上事儿时，却感到害怕，放弃反抗。2016年底，一名与劫匪搏斗的普通英国老年妇女手持奖章的形象出现在街头巷尾，这幅海报旨在鼓励公众要挺身而出，敢于“做一名英雄”，用正能量震慑犯罪分子，制止犯罪行为。

行走在伦敦街头和公共场所，能看到巡逻的警察、荷枪实弹的警察、骑自行车的警察、跨着高头大马的警察、驾驶机动车的警察，当然还有在闭路监视器后面你看不到的警察。作为一座人口稠密的国际大都市，伦敦总体而言是很安全的，这有警察的努力，也少不了公众参与的功劳。

奥运会检验的是高危时期警方的应对能力，而他们需要面对的更多是平时如何保障这座拥有860多万人口[1]城市的安全，社会治安问题光靠警察不能完全解决，要通过生动的公共安全教育提高公众防范意识，让他们成为社会治安参与者。

从这个角度看，长期不懈的公共安全教育和防范措施显得尤为重要。

[1] 2016年统计数据。

苏格兰一英里街上的老式窗户

一扇通向英国社会的窗口

Organised Hospitality

需要感谢的是那些热心的志愿者家庭，他们的热情、善良、包容和开放，为我们这些外国人打开了一扇通向英国社会的窗口，让走进英国普通人家的生活成为可能。

2008年春节前夕，中国不少地区遭遇罕见暴风雪袭击，突如其来的自然灾害使电力受损、供给短缺、交通受阻，正值世界每年一度最大的人口迁徙——春运，大量旅客滞留在火车站、机场和长途汽车站。雪灾不仅让中国人焦心，远在欧洲的英国人也很关注，英国广播公司和当地主要报纸都有相关报道。

此时，我收到一封邮件，关切地询问我在中国的家人是否受到暴风雪的影响，希望他们平安。落款是："你的叔叔和婶婶，格雷厄姆·柯蒂斯和卡伦·柯蒂斯。"

"叔叔和婶婶"是我通过非盈利志愿者组织**HOST UK**结识的一对普通英国夫妇，该组织由外交部、英联邦总署、英国文化委员会和维多利亚同盟会等多家机构创立，成员为一些愿意接受国际学生、学者到家里度周末的英国普通居民，目的是给在英国的外国学生、研究人员和访问学者提供深入接触和了解英国的机会，"在一段不长的时间里，与普通英国人一起生活，和他们共同分享英国的平凡日子"。与此同时，来自世界各地的学生们也可以向主人介绍自己国家、民族的文化，开拓英国人的眼界。

这是体验不列颠真实生活的独特机会，参与者只需自己支付来回路费，主人则负责安排周末的食宿和活动，相对于两天的热情接待，这点花费"很超值”，还能学到不少在大学课堂里接触不到的东西。项目规定申请者必须是外国留学生或者访问学者，年龄满18岁，在英国的学习是全职，时间不少于三个月，申请者一共有两次访问机会。

每次申请会有一笔43—50英镑的“申请费”，只是HOST UK针对不同学校有不同收费方式。英国有超过80家学术机构加入该项目，约1/3学校的学生申请是免费的；有的学校是第一次申请免费，第二次申请交费；还有的是每年度一开始申请的29名学生免费，后面的收费。总之有很多排列组合，但这些都不用申请者操心，学校会为费用“埋单”。不过，牛津、剑桥、爱丁堡、格拉斯哥、卡迪夫、布里斯托尔等著名大学没有加入此项目，他们的外国学生和学者如果想参加就得自掏腰包。

我通过HOST UK网站登记注册，没过多久，就收到确认邮件，告知经过匹配，有一户人家很愿意邀请我去访问，并提供详细信息。随后主人格雷厄姆和卡伦夫妇发来简短而热情的邀请信，与我商量去他们家度周末的时间、详细告知火车时刻和联络方式，所有信息一目了然。

几天后，我踏上列车，前往距离伦敦175公里、位于东北方向的贝克斯，那里因为靠近入海口，水上运动比较盛行。英国乡村的秋天美景从窗外划过，火车很快就到达沿线的一座没有站房的小站，这就是我的目的地。下车的人不多，接站的人更少，不用仔细分辨，冲我招手的两位老人显然就是格雷厄姆和卡伦夫妇。此前我给他们发去自己的照片，在鲜有陌生面孔的英格兰乡村，他们一眼就能认出一名外国人。我们像老朋友一样握手、拥抱，丝毫没有陌生感，回家路上就开始聊个不停。

我对他们说：“按照中国人的习惯，你们是长辈，应该喊叔叔和婶婶。”据我的观察和经验，英国有教养家庭的孩子仍然用“妈妈”和“奶奶”等敬语称呼长辈，而不像我们的教科书里介绍的那样，没大没小地直呼其名，这与中国尊老爱幼的传统其实是一样的。

“好吧，那我们就当你的英国叔叔和婶婶喽。”格雷厄姆用他一贯的淡定语气回答。就这样，我第一次以客人的身份应邀住进普通英国人家里，主人成了我的“英国亲戚”。他们也第一次接待一名学者，了解很多关于中国的事情，感觉陌生而好奇，这就是HOST UK乐于看到的。

柯蒂斯夫妇的家位于一座名叫奥尔德比的普通英国小镇，辖区面积12.61

（左）HOST UK的标识　（右）格雷厄姆·柯蒂斯和卡伦·柯蒂斯夫妇

平方公里，全镇175户人家，约450人，大家抬头不见低头见。他们家是两座传统英式木结构房屋经过改造贯通起来的住宅，刚好在丁字路口旁，按照中国的风水属于很好的位置。

女主人卡伦退休前是名小学教师，头发花白，身材苗条清瘦，说话轻声细语，且总是面带笑容，是位和蔼可亲的老太太，从脸庞看，年轻时一定是标致的美女。男主人格雷厄姆身材微胖，一头银发，戴着大大的眼镜，属于典型的矜持英国男人，退休前供职于当地邮政局。当把车停进车库时，还得意地向我“炫耀”了一项“发明”。原来，他在车库里固定位置处悬挂着一颗小小的螺帽，当汽车挡风玻璃轻轻碰到它时，就意味着停车的位置刚好合适，不会撞到前面的保险杆。

与德国和北欧等国的乡村民居相比，英国普通人家的房子在建筑审美上没什么特点，虽然外表普通，室内却总是营造得温馨舒适。卡伦带我参观了楼上楼下，房屋间架不高，主人没有刻意用装修隐藏房梁，而是任其歪歪斜斜地暴露在外面，甚至故意用深色油漆粉刷，以便一眼就看出房子的“年龄”和历史，自然而朴实。只是在一楼靠花园的餐厅里，其中一根横梁实在是有点低，卡伦特别提醒经过此处要小心，以免碰了头。热情的主人早就准

（左上）格雷厄姆家的花园
（左下）主人准备的客卧，干净、简洁，普通英国民居少有花哨的装饰，用料纯朴自然
（右）读报的柯蒂斯先生

备好了位于二楼的一间宽敞客房，卧具都是清洗干净的，窗外就是小路，因为人少，车辆也不多，全然没有临街房间的嘈杂。

如英国绝大多数家庭一样，屋内打扫得干净整洁，除了厨房和餐厅，其余所有房间都铺设地毯，对吸音起了很大作用。起居室摆放着一个隔板被压弯的木质书架，上面堆满各式各样的图书，宽大的沙发斜靠在窗前。英国普通人家很少有专门书房，他们的阅读基本是在起居室或餐厅里完成，藏书则根据房子空间码放在书架和门框上，实用而不刻意。

卡伦带我参观房屋时，格雷厄姆则坐在沙发上读起了顺路买回的报纸，阳光透过窗户照在他身上。即便有客人光临，也不改变自己的生活习惯，这让我多了一份轻松和随意。

客厅里最现代的电器要算桌上的苹果电脑，一看就是刚添置的，像很多中国同龄人一样，这两位生活在宁静乡村的老人对新媒体还很陌生，对互联网也充满了新奇。“他每天都会去网上看看新闻，接收女儿们发来的邮件。”卡伦边说边从书架上取下相册，给我展示以前的“访客”，不少都是如我一样的黄皮肤面孔，看得出他们很喜欢中国。

家庭是社会最基本的单元，HOST UK的目的就是让外国人体验最普通的英国生活，其实居家过日子都是由柴米油盐等琐事组成，英国人也不例外。周六一大早，吃过主人准备的英式早餐后，我跟着格雷厄姆叔叔驾车去超市买菜，到旧厂房改造的乡村市场购买当地人自制的生活用品，有造型乖巧的彩色肥皂、腌制的香肠和腊肉、刚刚采摘的鲜花，当然老头还不忘记买一份报纸。

卡伦婶婶则带我在小镇四处转悠，她背个小包，步履轻盈，干练敏捷，与我说话的间隙，不时与路边栅栏里的邻居打招呼，并把我介绍给他们。当穿过农场牛圈时，老太太甚至和牛“攀谈”起来，就像老朋友似的，她对小镇的一草一木如数家珍，充满感情。

行至一座农场门口的屋檐下，卡伦取下背包，来到一个倚墙摆放的小冰柜前，把里面的新鲜鸡蛋从纸托盘里取出，放到自己带去的容器中，然后把一英镑硬币投入冰箱旁的盒子内。这种完全自助的小生意没人专门看守，靠的是相互信任和顾客自律。

晚饭后，我们围坐在沙发上，略显疲惫的格雷厄姆叔叔打开放在角落的小电视看新闻，带我逛了一天的卡伦婶婶则用笔玩填字游戏，这是很多英国人的嗜好。没一会儿，格雷厄姆关掉电视，抱怨节目不好看，领我来到院子里的工作间。那是他制作手工的地方，工具齐备，光各种型号的改锥就放了一大排，操作台上摆着几件半成品，其中一只木质海螺刻得惟妙惟肖，格雷厄姆说自己的很多业余时间都是在这里度过的。

听说我研究英国媒体，他边摆弄手工活，边和我讨论起电视。在格雷厄姆眼中，电视充斥着重复的新闻、无聊的体育消息和毫无价值的八卦花边。生活在小镇中，他并不在乎每天紧跟时事，阅读报纸已经能够满足对信息的需求，即便是互联网也没有太多地改变他们平静的生活。在这个信息爆炸、技术飞跃的时代，我们工作时对着电脑、乘地铁抱着iPad打游戏、坐在家里的沙发上刷朋友圈、现在就连乘飞机也可以玩手机了，似乎一刻不接触信息，心中就会产生无限恐惧和不安。看着专注于填字游戏的卡伦婶婶和痴迷木工房雕刻的格雷厄姆叔叔，生活似乎并不因为占有更多信息就能变得充实和快乐。

英国各地随处可见供人行走的步道，一般都是穿行于田野、树林、池塘和缓坡，既可以休闲娱乐、锻炼身体，又可以欣赏宜人风光。奥尔德比也不例外，小镇居民规划了一条步行需要两个小时的步道，沿途可以看到当地人文和自然景观，他们还起了个好听的名字：石头步道。这就是我们周日上午的行程。

步道建立是基于一个“奥尔德比千禧年”项目，正式命名时间选择在2002年6月2日，这一年是伊丽莎白二世女王登基50周年。之所以取名为“石头步道”是因为他们精心设计和制作了七块石刻，分别安放在沿途不同位置，行走中每隔一段距离就可以找到一块碳化石灰岩，并且解读上面的“天书”和图案。

每块石头都有名字，分别是“行者之石”“救赎之石”“重生之石”“摆渡船之石”“破晓之石”“智慧之石”。上部是一个北欧古文字符号，类似我们的象形文字，代表着“Aldeby”地名中的每一个字母；下面是古基督教图案，象征马匹、皇冠、十字勋章、湖或者水、火、气、土四种构成世界的元素以及物质和精神世界。最终，这些图案和字母汇集在一块名叫“命运之石”的石头上，上面便是地名“Aldeby（奥尔德比）”，下面则为一个极具装饰性的交叉图案，传递出人们对世界、自然和自身的感知与领悟，整块石头透着远古的神秘和图案之美。

不过，如果不注意，或者没人特别介绍，外人很可能会忽略这些放置在田间地头、水边湖畔的石块，因为它们实在是太普通了。创建这条步道的人希望参观者看见的不只是七块石头，而是通过它们了解人类的过去和带着思考走向不可知的未来，只是这些很重要的事情却往往被人们如忽略不起眼的石头一般视而不见。

一个人口不到500的小镇规划出这样一条与众不同的“步道”，给行走其间的人们提供了互动、乐趣和思考。叔叔和婶婶对这些石头和它们代表的意思如数家珍，言语间满是自豪和兴奋，他们带我穿过丰收后的麦田、充满野趣的池塘、历尽沧桑的教堂、生机勃勃的河流，时间就在这走走停停中不知不觉地过去了。

这样的步道在英国随处可见，如果你访问当地人家，他们多半会安排一次类似行走，带你了解历史沿革和建筑风貌。虽然那些内容放在整个不列颠

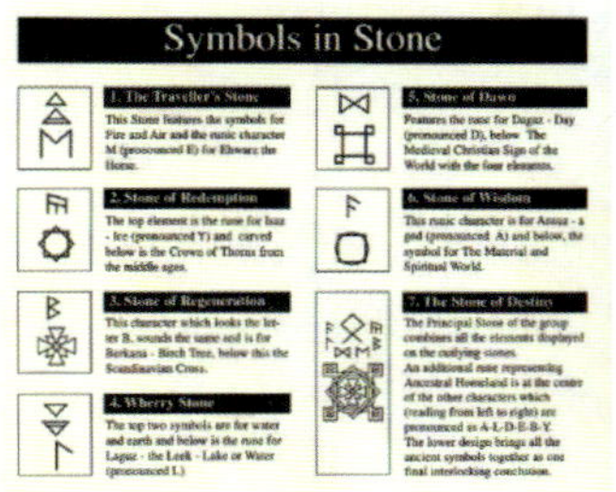

从上到下，从左到右分别是：
石头步道总体介绍、立在小镇路口综合所有符号的命运之石 、重生之石、摆渡船之石、行者之石、救赎之石、 智慧之石、破晓之石

的历史中可能微不足道，但对生活在其中的人们则如空气般每天都能呼吸和感受到，而一个国家的历史和文化也正是由这些貌似不起眼的部分组合而成的。

小镇入口处树立着一座扬帆起航的帆船雕塑，作为地标，不张扬，但很精致。英国很多小镇的中心，或者主路口位置都有这样的标志，呈现的一定是当地最有特点的形象。奥尔德比因为濒临一条名为威伍尼的河流，渔业发达，水上运动也很普及。威伍尼河全长50多公里，形成于冰河时期，水深平均4米多，是一条水量很大的河流，也是天然运河，属于布罗德斯国家公园的一部分。这里地势平坦开阔，一共有7条河流和63块面积不等的平原，从空中俯瞰，河流沿岸一片郁郁葱葱，有大片森林和草地。

走过步道后，柯蒂斯夫妇驾车载我来到河边，在被茂密水草遮蔽的岔道里，两位老人身手敏捷地跳上一艘船，麻利地跪在船沿上揭开罩在上面的篷布，一艘帆船展现在眼前，没有链子，没有上锁，他们的“水上交通工具”就这样静静地放在岸边，无人看守，也不用担心有人偷盗。

那天下午，天空多云有风，是个航行的好天气。桅杆竖起，扬起风帆，卡伦婶婶像电影《渡江侦察记》里的民兵女队长一样把船推离岸边，然后纵身跳上船，一看就知道是年轻时练就的功夫。借着风势，小船在哗哗的水声和呼呼的风声中驶上了主航道，卡伦在船后掌舵，格雷厄姆通过绳子操纵帆布，“利欧、利欧”，老太太喊着他们约定的口令，格雷厄姆就把帆拉向另外一侧，船在两人默契配合中沿威伍尼河呈“之”字形前进，每到改变方向时，所有人都很配合地向另外一侧倾斜，以保持平衡，正所谓同舟共济。

格雷厄姆主动把操控风帆的绳子交到我手上，让我试试。其实有个好舵手，拉帆的工作基本没什么技术含量，只要听着婶婶的口令行事就可以了，这是我第一次操纵真正靠风力驱动的帆船。阳光不时从云层穿出，倾泻下来，两岸如画的风景缓缓向后方滑去，我们与相对而过的船只打招呼，举起相机拍下岸边“谈情说爱”的白天鹅，忙得不亦乐乎。

在叔叔婶婶的精心安排下，体验典型英国小镇人们的居家生活，行走于充满历史感的步道间，驾船驶过大自然杰作的国家公园水道，人文和地理相得益彰，充满魅力，这是属于我的经历和感受，而HOST UK的其他走访者也会有各自的体验和感悟，这些都构成了对不列颠最普通但又最自然的印象。

虽然小镇奥尔德比只是HOST UK众多走访地中的一站，但这里的人和物就像一滴晶莹剔透的水珠，正是这无数的水滴共同折射出6000多万人口和24万平方公里不列颠岛的璀璨。

HOST UK至今仍然不定期地通过邮件发来简报，通报该组织最新动态和家访故事。作为众多参与者的一员，两天半的时间虽然短暂，但由此建立的友情却是长久的。我与英国“叔叔和婶婶”一直保持着联系，每逢圣诞节、公历新年和中国春节，都会发邮件互致问候，对中国的好感和好奇让他们多年来一直接待中国人。2014年，他们搬到牛津郡南部，离女儿们近一些，如之前一样，发邮件告知新家的详细地址、最近的火车站和汽车站、新的电话座机号码，并特别说准备有客房，随时欢迎“回家”。“我们结识了不少新朋友，每天很忙碌，也很开心。”

2017年是HOST UK项目开展30周年，范围覆盖英格兰、苏格兰、威尔士

（左）奥尔德比小镇的标志　（右）掌舵的卡伦婶婶

随处可见的英国乡村风景

和北爱尔兰，所有东道主都经过机构验证和备案，确保客人的安全。我第二次申请访问时，当地有位志愿者“联络员”提前数次与我联系，介绍要去访问人家的情况和注意事项，工作具体而细致。通常这些愿意接纳外国人的英国家庭各具特色，有受教育程度很高的专业人士和高级技术人员，有平日里忙忙碌碌的中青年或者赋闲在家的退休老人，有独居人士或夫妇，有几代同堂的大家庭，他们生活在小镇、乡村、城郊、海边等不同地域。

提到旅行，是走马观花、休闲娱乐，还是借此机会拓展视野，增长见识，陶冶情操，每个人都有自己的目的。基于多年运行的经验，HOST UK对一些想法与机构宗旨不符的人提出建议，帮助访问者厘清思路。英国各地大多风景优美，但并不是我们通常所说的旅游景点，即便主人带你参观他们生活的地区，“游玩”也并不是主要目的，更别简单地将其视为廉价旅游的机会，项目是为来自不同国家的人面对面沟通、分享日常生活、促进文化交流设立的。放下平日占据我们生活空间的手机，利用有限的时间在东道主家结交新朋友，与他们交谈，开拓思路，吸纳新鲜事物，也许一个又一个在此前人生经验之外的惊喜正在等着你。30年来，无数在英国学习的外国人从中受益。

中国一些地方因为举办大型运动会或者活动，由政府或旅游部门组织外国游客付费的家访项目，搞得受访者和家庭像演戏，而访问者好似花钱逛公园一般，失去自然状态，看不到真实生活。很多次在脑海中设想借鉴HOST UK的做法，在中国也建立一个类似机构或体系，让外国留学生能进入中国家庭，体会中国人的普通生活。

作为项目良性运转的核心，HOST UK有一套信用体系作为保障，他们与英国的很多大学建立合作关系，每位申请者提供在编号码、登记信息之后，工作人员会向申请者所在的学术机构进行核实，而学术机构也有很多程序上的审核与把关，一环扣着一环，所以当HOST UK得到明确回复时，就能保证申请者的资质和身份，在安全上把好关。

但是，信用体系恰恰是我们最缺乏的，违规的成本很低，让一些别有用心的人费尽心思地钻空子，带来的一系列后果不可想象。加上这是公益行动，不赚钱但要付出不少精力，看看HOST UK发来的活动安排邮件便能体会他们工作的细致程度，内容涉及接待家庭成员人数、宠物种类、吸烟饮酒与否等，一应俱全，需要做大量资料收集工作，由此更对该组织和民间志愿家庭心存敬意。

好活动需要有好制度保证，HOST UK这种民间深入交流的项目只有在信用制度完善、信息沟通顺畅的社会体系中才有可能开展，而不会引起不必要的社会、治安等方面问题。当然，需要感谢的还有众多热心的志愿者家庭，他们的热情、善良、包容和开放，为我们这些外国人打开了一扇通向英国社会的窗口，让走进英国普通人家的生活成为可能。

把洗干净的衣物熨烫平整是房东太太薇妮每天必做的事情

一家之主
The Head of the Family

“太阳歇歇么　歇得呢
月亮歇歇么　歇得呢
女人歇歇么　歇不得
女人歇下来么　火塘会熄掉呢”
这个家确实离不开这位勤劳的爱尔兰女人

和墙上明星海报对应的是，房东薇妮太太喜欢把自己的照片放在地上，透过已经褪色的彩照，能看出年轻时的薇妮和丈夫吉姆可算是一对“俊男靓女”，望着他们的结婚照总让人感叹时光荏苒、岁月如歌，也就不难理解为什么薇妮喜欢老电影了，也许那里有她年轻时的梦想和故事。

有一天刚进房间，薇妮就把我拉到门外，指着路边的一辆轿车问：“好不好看？”我顺嘴说了句：“不错。”薇妮像获得支持一样，半带撒娇地冲着跟出来的丈夫说：“你看，康也说好看的，你就买吧！”那神情和语气，像个孩子。原来，薇妮一直想换辆新车，而我莫名其妙地给她充当了一次说客。虽然大家在一个屋檐下，但按照英国人的处事原则，通常并不主动介入他人事务，这种其乐融融的情形实属难得。

但是，和谐的日子却突然消失了。

2007年12月的一个冬夜，当时已是凌晨2点多，室外温度接近零度，还飞着蒙蒙细雨。我正在房间写论文，听到窗外的院子里有动静，便起身开门查看，只见薇妮穿着单薄的衣服趴在花台边呕吐。我连忙进屋取了外套披在她身上，然后又跑进厨房端来温水，虽然不知发生了什么，但直觉告诉我，她不在二楼的室内卫生间呕吐，而是跑到一楼院子里，情况有些不妙。随后，我把薇妮扶进客厅，她说要在沙发上躺一下。

平时像很多上了岁数的人一样，薇妮坐在沙发看着电视打个盹，也许是常年的习惯，身上也不盖什么东西。但是今天不一样，在室外待了很长时间，加上呕吐，让她本来就单薄的身体看起来更加虚弱，脸色苍白，手是冰凉的。于是，我又从房间取来被子，并且用平时喝水的户外水瓶灌了热水给她取暖。

不一会儿，薇妮在沙发上睡着了，我则把电脑搬到餐厅大桌旁坐下，边工作，边陪护着房东，一直到天蒙蒙亮。

此后，家里好长时间没有看见薇妮的身影，每天都是吉姆收工后给两个儿子做简单的晚饭，然后小儿子参与打扫卫生，一向好脾气的吉姆不时重重地砸放东西，搞得叮叮咚咚响，他还不时大声训斥老猫凯特。每天大家都忙忙碌碌，我也很粗心地忽略了这个明显变化，直到有一天同样租住于此的波兰姑娘夏洛特和她的同乡马沁在饭桌上小声提起薇妮，我才意识到情况很严重，从他们凝重的神情和只言片语中得知薇妮病了，而且病得不轻，是癌症。

晚上趁大家都休息后，我与坐在沙发上开着电视打瞌睡的老吉姆攀谈，问起薇妮的病情，老头睁开迷迷瞪瞪的眼睛，含含糊糊地回答没什么问题。

“我能去看看她吗？”我问。

“谢谢！她差不多出院了。”吉姆回答。

也许在他看来这是自家的私事，我也就没再坚持。

几天后，薇妮回来了，本来很有神的眼睛失去了往日的光彩，手肘上戴着一个护腕，里面应该是埋设的针头，连续治疗打点滴时就不用每天针刺。虽然已经是冬季，而且她刚从医院回来，这位辛勤的“蜜蜂”还是光着脚在地砖上走来走去，几乎是本能地开始打扫卫生，拦也拦不住。看着薇妮“带病坚持工作”的背影，不禁让人想起多年前一部中国电视纪录片的主题曲歌词[1]：

太阳歇歇么　歇得呢

月亮歇歇么　歇得呢

[1] 电视专题片《高原女人》的片尾曲，蒋明初作词。

女人歇歇么　歇不得
女人歇下来么　火塘会熄掉呢
冷风吹着老人的头么
女人拿脊背去门缝上抵着
刺柯戳着娃娃的脚么
女人拿心肝去山路上垫着
有个女人在着么
老老小小就拢在一堆了

一家老小，甚至我们这些租客都离不开这位勤劳的爱尔兰女人。

随着治疗的持续，薇妮的头发越来越少，有一天，干脆找来朋友帮她剃了个光头，面对着“焕然一新”的造型，那一刻她似乎释然了，拍着镜子看了又看，还开玩笑地问我们效果如何？此后，治疗似乎起了作用，她的病情和情绪逐渐有所好转，家里又有了笑声和生机，小心翼翼的房客们说话的声音也大了起来。

经历突如其来变故的家庭也在发生着变化，不时有邻居和朋友送来慰问鲜花。来访的朋友多了，宾主常常推杯换盏、笑语欢声畅谈到深夜。家里开始新一轮装修，一位来自北爱尔兰贝尔法斯特的装修工每天一早开始粉刷修理房间，下午把一切恢复之后离开。客厅里换了大尺寸高清彩电，墙上多了专门去照相馆拍摄的全家福，画面里是开心的笑容。老款欧宝不见了，如薇妮所愿，换成新款福特轿车。老两口在新一年夏季到来时去葡萄牙海滨度了

（左）薇妮的照片在家里最显眼的位置　　（右）薇妮生病后专门去拍的全家福

很长时间的假期，一家人整齐坐在餐桌上吃饭的时间也多了……

一个静谧的下午，阳光透过玻璃房顶撒满宽敞的客厅，独自在家的我看着焕然一新的起居室、大彩电、门口停着的新轿车、墙上的全家福、院子里盛开的花朵，作为这个家的临时成员，我为他们还能在一起享受这一切而感慨，如此的美好在过去也许是被忽略的，正是薇妮的病情唤起了全家人对拥有的、看似平常的幸福生活的珍视，幸运的是他们发现得还不晚。

大儿子迈克的女朋友是位单亲母亲，有段时间，薇妮周日清早常常在大木桌前戴着老花镜看婚纱杂志，兴奋时还拉我帮着参考，她甚至想让儿子举办印度风格的婚礼。自从家里多了新成员后，闲不住的薇妮有了一项新"工作"，每天下班后去接儿子女朋友的女儿蕾切尔，有一段时间，这个上小学的孩子吃住都在家里，"临时奶奶"薇妮尽职尽责，不光管生活，还监督学习，周末常常带着孩子出去玩，她也乐在其中。

"你以后能找一份玩的工作吗？"这是薇妮在蕾切尔贪玩时教训她的话，听得我直乐，她和中国家长们是一个腔调。

有几天薇妮除了日常料理家务之外，里里外外一通忙活，看起来像是为聚会做准备，第一次见她大碗大盘地做了好多食物。吉姆则在院子的草地上架起新买的餐桌和硕大的遮阳伞，并铺上雪白餐布，一看就是"盛宴"规格。周六一早，薇妮提醒我别做饭，和他们一起共进午餐。

中午，客人陆续抵达，还有远道而来的亲戚，从午餐一直吃到晚餐，喝香槟、聊天，好开心。其中一个女人很活跃，带着孩子和丈夫进进出出，与每个人打招呼，小院里薇妮和吉姆的笑声持续不断。这个欢乐的周末让大家回味了好久。

一个多月后的周六，早起的我碰到薇妮独自一人坐在餐桌旁看照片，神情凝重，抬头看见我，愣愣地问道："你还记得家庭聚会那天的这个人吗？"说着把手上的一摞照片递了过来，上面有薇妮和我见过的那个女人，还有她的家人，不过地点是在医院，她躺在病床上，所有人冲着镜头笑。

薇妮哭着说："她去世了！"

我感到很突然，毫无准备，不知该如何应答。此时才知道，几周前见过的这个女人是薇妮的妹妹安，患病突然去世。那次他们一家是从另一座城市专程赶来参加聚会，回去病情恶化就不行了。生活对这位普通的爱尔兰女人

治疗中的薇妮与妹妹在家庭聚会上的合影

确实苛刻了些，自己闯过难关，给全家人带来幸福和希望，却又要面对突如其来的打击，承受失去亲人的悲痛。

离开伦敦是在一个工作日，清晨，洗干净被单并晾晒好，收拾清理所有东西，恢复房间入住前的样子，留下那把跟随我的家门钥匙，它在窗前空空的桌面上很显眼。我给工作中的薇妮和吉姆分别打了电话，算是再次道别："保重！我会回来看你们的！"此后很长时间能收到薇妮和吉姆发来的没有标点符号、单词连成一长串的邮件，这是件很开心的事情。

再次见到房东夫妇是在两年后的圣诞节，不出所料，那个周末的下午，闲不住的薇妮边和我聊天，边熨烫衣物，为新来的租客收拾房间。厨房重新装修，木质操作台换成大理石，这是吉姆送给妻子的生日礼物。薇妮长胖了，又蓄起满头金发，精神状态很好，拉着我看家里的各种变化。令人惊讶的是，交谈中薇妮对我守护她的那个夜晚记忆犹新，并且很坦然地说起与死神擦肩而过的经历，乐观而淡定。当我告知本书有一章是专门讲述这些故事，并且征求她的意见能否发表时，她开玩笑地问："当然可以，我会在中国出名吗？"

"出不出名不重要，拥有现在的一切最重要，你是一家之主。"

听完我的话，刚才还乐滋滋的薇妮，放下手中的熨斗，她流下了眼泪。

圣诞节期间，英国家庭用贺卡作为装饰

客居英国

At Home in Britain

客居英国的日子，我用真诚、微笑一次次敲开英国人私密的“城堡”，用图片记录下他们看似平凡的生活瞬间，展现对不同文化的尊重、好奇和沟通的愿望，赢得他们的信任和好感，这些不列颠人会用他们的方式和行动告诉我：“You can come again.”客居英国的日子，我在介绍今日中国的同时，也在用他们那一套作为镜子，审视我们的过去、现在和未来。

《客居英国》是1992年中央电视台播出的一套中级英语教学节目，原版为英国广播公司的*At Home in Britain*，节目以八集情景剧形式，讲述三名来自不同国家的留学生居住在一个普通英国人史蒂芬·约翰逊家里发生的故事，用生动有趣的方式穿插日常英语教学。教材配一盒录音磁带，定价2.8元，书的封底印着几行小字：《客居英国》帮助您提高英语水平，了解英国社会。

虽然教材只有235页，但一个陌生人在英国日常生活中能碰到的场景基本都囊括在《客居英国》八集电视片中，从男主人史蒂芬和女儿潘妮去机场接来自瑞典的安娜开始，一直到在自家院子里为安娜举行欢送烧烤聚会；小到一个电源插头转换器，大到一所住宅的结构剖面图；从学校注册手续到医疗保障制度；从地铁站购票到乘火车出游。通过英国广播公司这生动的节目，我在学习语言的同时，加深对英国社会的了解，对这个国家也有了更多期待。

不列颠人的形象似乎总是与刻板、保守、封闭、矜持、傲慢、虚伪和强烈的个人主义等联系在一起。但真正接触之后就会发现，这也许只是他们

英国人典型的日常饮食
甜点和礼仪是不能少的

展现给世人的一个侧面，深入日常生活，你就会发现英国人真诚、善良、友好、幽默、乐于助人的另一面。

喜欢社交的英国人在每个领域都有社团和各种形式的俱乐部，钓鱼、扑克、插花、烹饪、自行车等应有尽有，只要愿意走出家门融入社区，总能找到有相同爱好的圈子。对于外国人而言，家属俱乐部就是专门为那些陪同家人到英国工作、生活的家属们准备的，俱乐部提供免费语言学习、技能培训和健身等活动，来自世界各地的人们可以在一起读书、做饭、郊游，既能消磨时间，又能结识新朋友，让异国生活不再单调和乏味。

新学期开学后，刚抵达英国不久的留学生就会收到社区志愿者发来的电子邮件，他们是居住在学校附近的中老年人，自发组织起来义务帮助初来乍到的外国学生。志愿者们利用周末，带着自己烘焙的蛋糕、点心与超市购买的饮料和零食，借用学校的场地开展活动，介绍英国文化、促进学生间的交流，大家一起做游戏，聊天。相互熟悉后，英国家庭便利用周六、周日轮流邀请这些外国人到家中做客，主人会准备丰盛的午餐，或者晚餐，聚会上能认识新的家庭和朋友，收到更多邀请，社交圈子就这样逐渐扩大。

我第一次应邀去的是玛尔塔女士家，她为客人准备了晚餐，有香肠、鸡肉蔬菜汤、牛排、土豆、甜点、冰淇淋、饼干、红酒和果汁，因为有中国客人，还专门煮了米饭，考虑周全。虽然与中国人请客讲究鸡鸭鱼肉俱全的菜品没法相比，英国食品的口味也不能与中华美食的色香味美相提并论，但主人的热情好客却毫不逊色。特别是开饭前，玛尔塔特意点上蜡烛，让客人在摇曳的烛光下享用一次别有情趣的英式晚餐。

此后，我和玛尔塔成了好朋友，并通过她结识了更多当地人，理查德和艾莉森夫妇就是其中一家。他们邀请我和朋友们去家中做客，但因为大家忙于其他事情，最终只有我一人赴宴，夫妇俩准备了十多人的午餐，结果是全家陪着我一人“享用”，这次特殊待遇也让我有更多时间与他们交流，因为

在英国人家中做客的中国留学生

投缘，我把理查德家变成了《客居英国》中的“史蒂芬家”。

男主人理查德是一位电器工程师，30多年前毕业于剑桥大学的伊曼纽尔学院，有着英国人的低调、理性、淡定和不时流露的幽默。当然，还有世界名校毕业生骨子里的优越感。他知识面广，对各种新鲜的和自己不了解的事物充满好奇，客厅书柜中摆放的也都是关于历史、建筑、文化、自然、旅游、园艺、烹饪的书籍和画册。女主人艾莉森每周有四个半天在幼儿园兼职工作，其余时间则在家打理家务，擅长烹饪和园艺，喜欢摄影和手工制作，社区图书馆是隔三岔五必定光顾的地方。两人内外分工明确，四个孩子都已成年，属于典型的英国家庭。

他们的房子在一座高尔夫球场附近，院子很大，挖了鱼塘，甚至为两个儿子弄了半块小型足球场。理查德有一间宽敞的木工房，里面工具一应俱全，像这个国家大多数男人一样，为了伺候房前屋后的花花草草，杂物间挂满各种尺寸的铲子和园艺工具，理查德慢工出细活地花了一年多亲自动手装修卫生间，家务活干得有滋有味。

周末我不时会收到理查德发来的短信：“晚上有什么安排？到我家来吧。”

“你们有什么特殊的活动吗？”我回复。

“没有，只是请你来喝茶。”然后约好时间，他开车来接我。

接下来的一个晚上，我“占据”他们家的大沙发，茶几上放着泡了英式红茶的马克杯，几样特别为我准备的小点心，夫妇俩则分别坐在两侧单人沙发上，我们的交谈像是一场专访，两人更像是记者，轮番提问，看得出他们对中国抱有浓厚兴趣。

时间久了，我像《客居英国》里的安娜一样，成了他们家的临时成员，我端着大杯子喝英式红茶时，理查德用中国功夫茶具泡普洱；圣诞节期间全家不仅吃艾莉森烤的火鸡，也品尝我煮的三鲜火锅；我用刀叉切牛排，他们用筷子夹鱼丸；我喜欢甜得发腻的布丁，艾莉森对萨其马很感兴趣；早餐我吃冰牛奶泡麦圈，给他们煮中国酸辣面条；我和他们一家老小玩英国游戏，他们也似懂非懂地在我的“指导”下码“中国城墙”……

《客居英国》中，瑞典的安妮随身带着相机，记录在英国的每一天。作为记者和媒体研究学者，相机也是我的工具，无论走到哪里都捕捉生活中的

镜头里的英国人

细节，这也是了解英国社会的一种手段。每到一户人家做客，征得主人同意后，我常常把房子里里外外拍个遍，包括主人家的所有成员，同时也不忘抓拍其他应邀前来的朋友和他们带去的美食。聚会结束后，回到驻地做的第一件事情就是挑选照片并调整好，通过电子邮件传给主人，并附上一封热情洋溢的感谢信。

虽然现在数码相机和手机拍照很普及，但英国人中能拍出好照片的人并不多，甚至一些家庭仍然还在使用老式胶片“傻瓜相机”，他们在追逐潮流方面远不如中国人的步伐快。当看到熟悉的家庭场景被我以不同视角展示出来时，他们的兴奋之情溢于言表，如果还能得到自己漂亮的肖像照片，或者生动的生活瞬间时，更是喜不自禁。

久而久之，我通过拍照结识了很多英国朋友和他们的家人。有一次聚会时碰到一家六口，父亲是一名演员，长得超级帅，母亲是家庭主妇，膝下三个英俊可爱的儿子。我根据孩子们的不同特点，分别给他们拍照，结果小朋友们拍上了瘾，追着我后面要求“再来一个”。此后经常碰到这家人，孩子们干脆不喊我的名字，而是直接叫我“Camera Man（摄影师）”。其他人也开玩笑地跟着喊，每个人对我的镜头都放松了一开始的警惕。相反，如果聚会时，我没有拿出相机，他们反而感到奇怪。

在活动过程中，常会碰到一些“摄影发烧友”，设备不错，手艺却很一般，他们每次看见我就会把自己的照片拿出来，请我点评，这种交流比起刻意地抬着酒杯、没话找话的英式社交聊天要有趣、实在得多。我会告诉他们怎么构图，怎么控制曝光，怎么抓拍，同时不吝辞藻地夸奖一番，于是皆大欢喜。

以相机为桥梁，我访问了不少英国家庭，走进他们日常生活的同时，也让他们了解中国。一次应邀做客，主人是两位退休老人，因为有中国朋友到访，他们还专门邀请自己的婶婶前来共进午餐。这位80多岁的老奶奶满头白发，精神矍铄，一大早出门，慢慢腾腾自驾车几个小时，从英国的另外一座城市专程赶来赴宴，席间聊起中国，她问现在中国人是不是还留辫子，让人哭笑不得。

以前听说一些英国人对中国的印象还停留在大清，一直觉得有些危言耸听和言过其实，可当真接触到时，才感到中国在世界经济中的崛起并不能轻易改变我们留给西方的固有印象，让世界了解真实的中国，需要做的工作还有很多。于是，接下来的聚会变成一次又一次中国知识的普及“讲座”。

判断真正英国人的标准有很多，其中有两点：第一是每周固定去教堂，第二是周末会泡在自家花园、当地的园艺中心，或者是DIY用品超市里。我的英国好朋友基本都与此沾边。虽然现在去教堂的英国人数量逐年减少，但他们还执着于自己的信仰，并践行着开明、善良、宽容、团结、奉献和爱人如己的基督教教义，向几乎毫无关系的人伸出热情的双手，从他们的笑脸上我看到的是，真正有信仰的人是幸福的。

离开伦敦前，理查德夫妇在花园里专门为我组织了一次烧烤聚会，同时邀请我在当地认识的朋友们参加。那天伦敦碧空如洗，阳光明媚，夕阳中，几位女士在草坪边的烧烤架旁忙碌着，不时用指针温度计插入香肠里测量温度，肉香伴着烟火味飘散在空中，男人们则边打着滚木球，边喝着红酒。这个场景像极了多年前在电视里看到的《客居英国》最后一集，史蒂芬夫妇在自家院子里给安娜送行，剧终时所有出场人物合影时一起说：“Cheese!”[1]

客居英国的日子，带着对昔日强盛帝国的好奇，我徜徉在不列颠悠久的历史长河中，解读独特文化对社会的影响，探寻他们的成功之道。

客居英国的日子，我用真诚、微笑一次次叩开英国人私密的“城堡”，用文字和影像记录下普通人平凡的生活，赢得他们的信任和好感，这些不列颠人用自己的方式和行动告诉我：“You can come again.”[2]

更重要的是，客居英国的日子，我时刻用他们那一套作为镜子，审视和思考着我们的过去、现在和未来。

[1] 相当于中国人拍照时说“茄子”，目的是让嘴角上扬，面露笑容。

[2] “欢迎再来”。

后记

Afterword

2017年10月中旬，英国国家安全部门负责人安德鲁·帕克在一次演讲中透露，英国未来发生新的恐怖袭击将不可避免，此前伦敦、曼彻斯特等地连续发生四起恐袭。帕克说虽然过去四年，他们侦破了20起预谋，但形势的严峻程度是他34年职业生涯前所未见的。帕克分析威胁来自多方面，恐怖行动越来越多，范围越来越广，实施越来越快，让侦查难度也越来越大。为应对新形势变化，安全部门的人员从4000名扩充到5000名。

来自英国国内的情况也不容乐观。2011年8月6日，为抗议一名29岁的黑人男子被警察枪杀，伦敦北部托特纳姆地区约300名居民聚集在当地警察局门前示威，结果演变成一场骚乱，进而曼彻斯特、伯明翰、利物浦等其他英国主要城市也爆发大规模街头暴力活动。严重的打、砸、抢、掠暴力事件，不仅震惊英国，也成为世界关注的焦点。这可是几十年来，英国警方在街头未曾碰到过的成规模违法行为，与人们心目中温文尔雅的“绅士英国”形象相去甚远。看着在动乱和战争地区才会见到的景象，很多人不禁要问：英国这是咋啦？

骚乱暴露了英国社会的很多问题，有媒体在2017年

8、9月间对此进行了问卷调查，受访者列出的原因有黑帮势力、政府削减开支、失业、种族关系紧张、薄弱的治安监管和道德水准下滑等。8月11日，时任首相卡梅伦就骚乱事件向议院发表陈述，反复提及国家面临的日益严重的青少年问题，有统计显示，近50%的英国青少年在没学到什么知识的年龄就离开学校，走向社会，其中一部分因缺乏管教变成街头小混混，惹是生非，成为社会不稳定因素。

在总结事件深层次问题时，他说："孩子们在不辨是非的环境里日渐长大，很多实例中，他们的父母，如果还在自己子女身边的话，对孩子们身在何处、与什么人交往漠不关心，更不用说关注他们在做什么了。这种大规模地忽视和缺少道德教育所带来的后果已经在很长一段时间里凸显，无须过多行为来证实，一切不言而喻。"

甭管在英国哪座城市，天一擦黑，就能看见一些形迹可疑、身着连帽运动衣的青少年出来溜达活动，三五成群聚在一起，其中有白人，更多的则是印巴、非洲、美洲移民的后代，这些人制造的犯罪案件一直是英国媒体重点报道的领域之一。初到伦敦时，朋友就提醒我，有的地方最好少去为妙。即便在世界历史文化名城牛津附近区域，大白天行走在路上，街边的涂鸦，不怀好意的眼神和特殊腔调的英语都让人有一种不安全感，不是十分必要一般不去，去了也是办完事情便迅速离开。

英国广播公司一档知名时事节目曾经报道过伦敦移民聚居区的问题，原来居住在那里的英国人因为治安越来越差而逐渐搬离，腾出的空间又被新移民填充，形成恶性循环。可喜的是，这些地方因为2008年伦敦奥运会的举办，英国政府借建设奥运村和配套设施的机会，进行大规模拆迁改造，使得伦敦东区一些地方的面貌有了明显改观，这样的例子在伦敦城市发展历史上并不是第一次。

对于近一半被认为教育"失败"的青少年而言，英国没有给予足够关注，而他们恰恰需要更多身心方面的辅导，以及人际交往、团队合作、解决问题和认真做事的技巧，套用流行词就是"培养合格公民"，这些都需要如对待科学般严肃认真的态度和缜密的政策保障。2011年8月11日，时任首相卡梅伦在议会说："我们需要在学校中建立更多秩序。"

另一方面，2011年8月发生的引起世界关注的重大事件中，我们也能看到诸如记者现场拍摄影像画面是否应该提交给警方作为证据的媒体伦理问题讨论、政府如何处置社交媒体在事件中的作用、公开对警察控制局面能力的质疑、公众在事件发生后的自发清扫行动，还有上面提及的对青少年教育问题的反思等。

像世界上任何国家一样，英国还面临着诸多其他社会问题和困境，最明显能感受到的就是时常发生的如地铁和铁路等公共交通部门罢工，往往让伦敦这样的大城市陷入混乱，2017年，仅英格兰就发生了七八次，每次24至48小时。记得2011年底，就在英国最重要的节日—圣诞节来临之前，11月30日，英国各地爆发大规模罢工，以抗议政府此前提出的公营部门养老金改革计划，要将员工退休年龄从60岁延长到66岁，并增加员工工作期间的养老金缴纳额度，降低退休后养老金支付水平等。

罢工由全英教师工会、公共和商业服务工会等20多个工会联合组织，参与者包括教师、政府工作人员、警察、边检人员、法院人员、机场工作人员、环卫工人等，波及十多座英国主要城市，举行超过一千场游行示威，估计全英范围内有200多万人参与此次24小时罢工行动，各地学校、医院、政府机构、入境边检等公营部门的服务停滞或受严重影响，而这只不过是众多罢工中规模比较大的一次。

作为外国人，在英国生活的每一天也并不总是舒心惬意，本书之所以没有更多呈现自己碰到的烦心事儿和接触的阴暗面，是因为如果我们只盯着别人的短处，不仅无助于自身进步，反而会生出狭隘的自以为是。

从本书第一版出版至今，过去了五年多，期间英国发生了很多大事，比如苏格兰投票公决脱离大英帝国未果，大不列颠王国全体公民投票脱离欧盟成功；书中提及的大伦敦市长鲍瑞斯现在是英国外交大臣，首相已经换成被称为“梅姨”的特蕾莎·玛丽·梅，她也是英国历史上第二位女首相；不时传来英国又遭到恐怖袭击的消息，令人揪心；当然，还有英镑大幅度贬值，想起十多年前1:15的汇率很是不爽。具体到我在伦敦的朋友理查德，这位资深工程师蓄起了英国最近很流行的大胡子，他家添了孙子；房东薇妮和吉姆家也有了两个孙子，小儿子菲利普大学毕业后在医疗系统从事信息管理工作，当年的蕾切尔小朋友马上就要上大学了，伦敦肯特路31号很长时间没有中国房客，“好像中国人已经不来英国了”，薇妮开玩笑地说……

我也从一名媒体人变成了培养媒体人的人。回头看，自己从未想到能这样一本本书写出来，一个个项目做下来，这要归因于多年记者生涯的锤炼和惯性，得益于在英国接受的学术研究训练，让我能用中国人的眼光看世界，从更广阔的视野审视身边的一切，把观察和思考变成一种生活方式，将对公共事务的关注与表达当成一种责任，不断探索未知领域，并且乐此不疲，乐在其中。

围绕本书写作进行的采访、资料收集、整理和思考一直在持续发酵和发挥作用，结合当下中国发生的种种情况，很多在英国观察到的经验通过专栏、专访、访谈等方式在报纸、杂志、广播电视和自媒体等载体上传播，真正做到了当初撰写本书的目的，那就是学习借鉴大不列颠先进的经验，为我们所用。

感谢英国驻重庆总领事艾佩诗女士撰写序言，感谢崔莹和尼克夫妇、高燕、李俊杰、廖以、曾莹、陈方凤、唐密等朋友的支持。本书很荣幸地得到中国驻英使馆前公参和联合国教科文全委会前秘书长田小刚、《中国国家地理》杂志社社长和总编辑李栓科、新东方教育科技集团董事长俞敏洪以及历史学者吴思四位前辈的肯定和推荐。与田先生数次在学术会议、华人社团聚会等活动中碰面，他的随和、亲切给人留下深刻印象。《中国国家地理》在李栓科社长理性、严谨、务实的风格引领下，不仅为读者展示美丽中国，还解析背后的魅力源泉。而把外语当作工具去了解世界，进而更好地认识中国，应该是如俞敏洪老师的新东方教育机构所乐于见到的。与吴思先生在中山大学短暂共事，每天晚饭后绕着大学城步行健身时，和他交流英国人的言行“潜规则”是件很有意思的事情。

这是我与本书责编阮清钰先生合作的第四本书，至今我还记得十年前的一天，发去邮件后很短时间，他便打来电话商议出版事宜的情景，那次及时高效的联络仿佛就发生在昨天。南方日报出版社副社长谭庭浩先生是我们共同的良师益友，希望在他的支持下，新的出版计划能稳步推进。

2018年5月4日